브랜드 경험 디자인 바이블

브랜드 경험 디자인 바이블

가장 강력하고 지속적인 브랜딩 전략

대런 콜먼 지음

소슬기 옮김

현호영 감수

유엑스리뷰

들으면 잊고,
보면 기억하고,
하면 이해한다.

- 공자

차례

3부. 브랜드 경험 조력자

추천사

효과적인 브랜드 관리의 핵심은 고객을 위한 긍정적이고 인상적인 360도 브랜드 경험을 만드는 것이다. 이 책은 명확하고 실용적인 방법으로 브랜드 경험을 구현하는 방법을 알려준다. 브랜드 경험을 성공적으로 관리하기 위한 최고의 가이드다.

바바라 메네기니(Barbara Meneghini),
토즈(TOD'S) 기업 고객 관계 관리 총괄

의미 있고 독특한 브랜드 경험을 만드는 것은 사실상 모든 조직의 비즈니스 성공 열쇠다. 콜먼은 이 책에서 포괄적이면서 매우 실용적인 로드맵을 제공하여 브랜드 경험에 대한 이해를 쉽게 하고 영감을 준다. 그의 원칙과 지침을 따르는 것은, 기업들이 장기적으로 브랜드 연관성과 수익성을 보장하기 위해 강력한 브랜드 경험을 디자인하고 제공하는 데 큰 도움이 될 것이다.

케빈 레인 켈러(Kevin Lane Keller),
다트머스 대학교 턱 경영대학(Tuck School of Business) 교수

이 책은 오늘날의 디지털 기업가를 위한 훌륭한 단권화 교과서다. 회사의 브랜드 경험을 확장하고자 하는 사람들을 위해 다양한 산업의 사례 연구들로 가득한 유쾌한 설명을 제공한다.

메르트 도르만(Mert Dorman),
터키항공 기업 마케팅 및 유통 담당 수석부사장

성공적인 브랜드를 만드는 것은 하루아침에 이루어지지 않는다. 만약 당신이 브랜드의 콘셉트 개발부터 출시하는 법, 시장에서의 강력한 실적, 그리고 평판 쌓기에 대한 통찰을 원한다면, 이것은 당신을 위한 책이다. 저자는 메시지를 명확하고 쉽게 실제 경험으로 변환하는 것에 대한 사례 연구를 제공한다. 여기서 제안된 접근방식은 체계적이고 훌륭한 관점을 제공한다.

스티브 프로핏(Steve Profit),
노보노디스크(Novo Nordisk Pharmatech A/S) 국제 영업 및 마케팅 부문 이사

이 책은 브랜드 경험을 구축함에 있어 총체적 접근법을 채택하는 것이 비즈니스 성과를 어떻게 향상시키는지 명확하게 설명한다. 실제적이고 실용적인 사례들로 가득 찬 유익한 책이다. 콜먼은 명쾌하고, 간단명료한 챕터들을 통해 브랜드 경험을 구축하는 과정을 분명히 설명하며, 경험이 풍부한 마케팅 임원들까지도 높이 평가할 수 있는 쉽고 매력적인 스타일로 글을 썼다.

콜레트 무라드(Colette Murad),
바클레이즈(Barclays) 커뮤니케이션 담당 부사장

강렬하고 응집력 있는 브랜드 경험을 구축하는 것은 브랜드 연관성을 유지하기 위한 핵심이다. 콜먼의 책은 실무자들에게 브랜드 경험을 구축하고 활용하는 데 도움이 되는 강력하고 통찰력 있는 도구를 제공한다. 이 책은 완전히 잠재적인 브랜드 경험을 조직에 전달할 수 있다는 것을 깨닫게 해주는 마케팅 간부들의 필독서다.

조지 크리스토둘리데스(George Christodoulides),
버크벡(Birkbeck) 런던대학교 마케팅 부문 학장

서문

버진 애틀랜틱 항공Virgin Atlantic은 기분 좋게 매혹적이고 정말 중독적인 경험을 선사하겠다는 주요 브랜드 약속을 기반으로 브랜드 경험을 구축했다. 리처드 브랜슨 경Sir Richard Branson은 항공사를 설립하고자 처음 마음먹었던 당시, 자신이 모든 벤처 사업을 시작하며 영감을 얻었던 것과 똑같은 기본 이념에서 추진력을 얻었다. 지루한 것을 눈부시게 바꾼다는 신념에 따라 정말로 특별한 브랜드 경험을 만들고자 했으며, 그 결과 고객이 실제 겪는 문제를 해결했다. 과거 1980년대에는 비행기 여행이 재미없는 경험이었는데, 스트레스를 많이 받고 불편하지만, 모두가 순응해야 했다. 리처드 경이 취한 대응은 버진 애틀랜틱 항공을 설립하여 사람들이 그 목적지만큼이나 여정 자체도 즐기도록 돕고, 하늘을 난다는 기쁨과 낭만을 복구하는 것이었다.

버진 애틀랜틱 항공에서는 브랜드 경험을 측정할 때 과학수사를 벌이지만, 기회를 해석해서 우리가 구축하는 브랜드 경험으로 옮길 때는 재기가 넘친다.

이 세상 그 어떤 사업안도 우리가 기내에서 사용하는 비행기 모양 소금통과 후추통, 윌버Wilbur와 오빌Orville을 도입할 수

브랜드 경험 디자인 바이블

있게 작성되진 못했다(역자 주: 윌버와 오빌은 세계 최초로 동력 비행기를 제작한 라이트 형제의 이름). 우리가 윌버와 오빌을 도입한 이유는 그것들을 보면 미소가 나오기 때문이다. 따라서 우리의 고객도 미소지을 것이라 여겼다. 윌버와 오빌은 버진의 주요 브랜드 가치인 '기분 좋은 놀람'을 실체가 있는 브랜드 경험의 접점으로 옮겼던 훌륭한 사례다. 사실 우리의 고객은 윌버와 오빌을 너무 좋아한 나머지 단체로 훔쳐간다. 우리는 이런 상황을 두고 브랜드 경험이 파손되어 수리가 필요하다고 생각하지 않으며 우리의 브랜드가 더 오래 가고 고객의 가정에서 계속 살아갈 수 있는 아주 훌륭한 기회로 여긴다.

리처드 경이 품었던 포부는 1984년에 그랬던 것처럼 오늘날에도 연관성이 있다. 한 회사로서, 우리는 계속해서 우리가 구축하는 브랜드 경험에 관해 면면이 고민하고 리처드 경이라면 무엇을 했을지 생각하기를 스스로 채찍질한다.

그 기업가 정신은 일상의 개척자가 되겠다는 우리의 브랜드의 포부에 깊게 박혀있으며, 그 혁신적인 정신은 객실 승무원이든, 음식이나 화물을 담당하는 직원이든 우리가 모든 신입사원한테 바라는 것이다. 우리는 고객을 직접 대면하는 직원과 그렇지 않은 직원을 차별하지 않는다. 누구든지 고객과 다른 동료를 위해 절차와 제품, 서비스, 커뮤니케이션을 자유롭게 재해석하도록 격려한다. 우리는 태도를 보고 고용해서 기술을 교육한다. 어떤 직무를 기재했는지와 상관없이, 우리

직원이 핵심적인 성격 특징 세 가지를 실천하길 바란다. 포용적이고, 낙천적이고, 모험을 즐기길 말이다. 이렇게 접근하여 문화를 조성하면, 그 안에서 브랜드 약속을 훌륭하게 이행할 수 있으며 브랜드 경험을 통해 약속에 활기를 불어넣을 수 있다. 우리의 브랜드 개성도 브랜드 커뮤니케이션과 전반적인 어조를 이끌어가는 데 중심 역할을 한다. 예를 들어, 우리의 웹사이트에서는 '여러분은 여기서 모험을 시작합니다' 같은 맥락으로 목적지를 가리킨다.

30년이 지나, 우리가 세계적으로 공급사와 더 많이 제휴를 맺고 네트워크 범위를 확장함에 따라 고객들도 더 다양한 곳을 여행하게 되었다. 우리의 공급망 속에서는 누구든지 핵심 브랜드 계획을 이해해야 하며, 직접 행동함으로써 목표하는 브랜드 경험으로 이 계획을 정확히 옮길 수 있어야 한다. 많은 최고경영자는 이사회에 '최고 고객 책임자Chief Customer Officer'라는 새로운 직책을 추가함으로써 이 도전 과제에 대응하고 있는데, 여기에 임명된 사람은 브랜드 약속을 규정하고 사업체에 속한 모두가 브랜드 경험을 전달함으로써 그 약속을 실현하도록 자극하는 일을 책임진다.

나는 이 책을 읽으면서 '이건 우리 팀에서 꼭 시도해 봐야겠다.' 또는 인사팀이나, 운영본부, 수익 관리팀에 있는 동료한테 이것에 관해 이야기해 줘야겠다.' 같은 혼잣말을 저도 모르게 중얼거렸는데, 우리가 함께 구축한 브랜드 경험을 향상한다는 목표가 있었기 때문이다.

이 책을 읽으면 응집력 있고 흥미진진하게 브랜드 경험을 전달한다는 도전을 이해하는 데 도움이 될 것이다. 브랜드 경험을 구축해가면서 연관성을 유지하여 궁극적으로는 브랜드 성과를 올리는 데 도움이 될만한 현실적인 해법을 갖출 수 있을 것이다.

끝으로, 여러분도 자기만의 브랜드 경험에 관해 생각하고 있을 테니, 우리 용감한 창시자가 다다른 최종 결론을 들려주겠다.

"가장 싸게 하는 방법이나 빨리하는 방법이 무엇인지 생각하지 말자. 가장 놀랍게 하는 방법이 무엇인지 생각하자."

여러분도 이렇게 생각하면서 이 책을 읽길 권한다.

버진 애틀란틱 항공 최고 마케팅 책임자
클레어 크로닌Claire Cronin

01

브랜드 경험을 통해 연관성을 유지하는 일에 관하여

코닥Kodak, 블록버스터Blockbuster, 시어스Sears, 영국 울워스 그룹Woolworths Group. 우상이었으나 그 영광이 퇴색하거나 사라지기까지 한 브랜드다. 이들 브랜드가 전성기를 구가할 무렵에는 아무한테도 꺾이지 않을 듯했다. 불멸에 가까워 보였다. 국내 시장은 물론 해외에서도 존경받았고, 존중받았으며, 사랑받기까지 했다.

어쩌다 상황이 이렇게 나빠졌을까? 단순하다. 연관성relevance*을 유지하는 데 실패한 나머지, 고객을 잃은 것이다.

....

* 　연관성(relevance)이란 브랜드를 향해 고객이 보이는 편향성이나 선호를 말한다. '브랜드 경영 분야의 살아 있는 권위'라고 불리는 데이비드 아커(David Aaker) 교수가 이야기한 바에 따르면 1. 제품이나 서비스가 속한 범주 또는 하위 범주가 이미 존재하거나 등장하는 중이고, 2. 해당 범주 또는 하위 범주에 관한 수요나 욕구가 일부 고객 부문에서 감지되고, 3. 고객 부문에서 생각하기에 어떤 브랜드가 해당 제품 범주나 하위 범주에 있어 중요

그 결과 아마존Amazon, 애플Apple, 구글Google처럼 현재 세계에서 가장 가치 있는 브랜드를 대표하는 기업과는 운명이 날카롭게 대비되었다. 아마존, 애플, 구글과 같은 브랜드는 직접 구축한 브랜드 경험을 핵심 동력으로 삼아서 번창하고 번영한다.

애플과 아마존 구글만이 브랜드 경험의 중요성을 이해한 것은 아니다. 코카콜라는 '마음을 전해요Share a Coke' 캠페인을 통해 고객이 자기 이름을 넣어 병을 꾸밀 수 있게 해줌으로써 더 개인적인 경험을 선사한다. 포르쉐Porsche는 상징적인 실버스톤Silverstone 경주 트랙에서 드라이브 행사를 열어서, 새 차주한테 구매한 신차를 유쾌하게 경험해 볼 기회를 준다. 스미르노프Smirnoff는 세계에서 가장 멋진 클럽에서 신나는 하우스 음악 파티를 열어서, 사람들이 그 경험에 몰입하는 와중에 브랜드를 즐길 수 있도록 한다. 레드 불Red Bull은 기상천외하고 환상적인 이동수단이 참가하는 경주를 전 세계에서 조직해서 '아드레날린이 치솟는 쾌감'이라는 경험을 선사한다. 더블린Dublin에 있는 기네스 스토어하우스Guinness Storehouse에 가면 맥주를 한두 잔 벌컥대며 브랜드의 유산과 역사를 음미할 수 있다.

이런 브랜드는 바람이 바뀌면 변해버리는 유행이나 일시적인 인기에 고개를 숙이지 않는다. 자기가 하는 일이 유행에

....

할 때 그 브랜드에 연관성이 생긴다. 브랜드의 연관성이라는 개념이 생소하다면, 브랜드가 고객이나 시장과 연관된 정도라고 생각하면 이해하기 편할 것이다.

따르는 것이 아님을 알고 있다는 뜻인데, 그러면 연관성은 어떻게 유지하는 것일까? 다른 말로 하면, 브랜드 경험을 구축하면 된다. 하지만 브랜드 경험을 구축하는 일은 어려우며 나는 많은 고위 관리자가 이 과제에 직면하는 것을 본다. 브랜드 경험의 구축 계획을 어디서 시작하고 어떻게 세워야 할지 파악하기란 어렵다. 이 책을 읽으면 문제를 해결하는 데 도움이 될 것이다.

> 한때는 기업에서 고객 경험customer experience, CX을 전략적 우선순위로 여기기도 했지만, 고객 경험을 훌륭하게 만들어내는 일은 상당히 어려운 과제임이 드러났다.
>
> B2B 브랜드에서 근무하는 경영진 중 32%만이 적절한 경험을 전달하는 데 필요한 기술과 도구와 자원을 잘 갖췄다고 생각한다(이는 2014에 같은 조사에 응답한 40%와 대조된다).

이 책은 누구에게 도움이 되는가?

이 책은 다음과 같은 사람들에게 도움이 될 수 있다.

• 브랜드나 마케팅, 경험, 서비스를 디자인하거나 관련 직종 (예컨대 커뮤니케이션이나 창작 분야)에서 근무하는 사람. 여러분이 최고 마케팅 책임자이거나 고위 관리자, 간부라

면 다음과 같은 도움을 받을 것이다.

- 브랜드 경험 디자인 계획을 더 자신 있게 이끈다.

- 이사회를 위해 탄탄한 브랜드 경험 사업안을 개발한다.

- 진보적이지만 실행 가능하여 즉시 사용할 수 있을 만한 통찰, 도구, 양식, 기술을 광범위하게 적용한다.

- 자신이 내건 브랜드 경험 제안을 더 확신 있게 옹호한다.

- 브랜드 경험을 구축했을 때 기업이 얻는 가치를 과학적인 방식으로 설명한다.

• 브랜드팀과 긴밀하게 일하는 고위 간부. 여기에는 최고경영자, 즉 인사부나 재무부, 고객 서비스부, 정보 기술부, 영업부, 전략부, 운영부의 대표가 포함될 수 있다. 이 책에서 제공하는 지식, 도구, 기법, '전문가의 조언'은 다음과 같이 도움이 될 것이다.

- 브랜드 경험 디자인을 주로 책임지는 직원과 더 생산적으로 협업한다.

- 브랜드 경험을 구축하는 데 여러분과 여러분 팀이 수행하는 역할을 제대로 인지한다.

- 조직 내에서 브랜드 경험에 관해 대화할 때 더 자신 있게 의견을 말한다.

이 목록이 광범위해 보일 수도 있다. 실제로 그렇다. 브랜드 경험을 전달하는 것은 모두가 해야 하는 일이기 때문이다. 여러분이 최고경영자든 호텔 안내원이든 상관없다. 여러분도 브랜드 경험을 구축하는 데 수행할 역할이 있다. 이건 아주 간단한 문제다.

브랜드 경험이란 무엇인가?

나는 브랜드 경험을 '신중하게 배열하고 동기화하고 엄선한 접점들'이라고 정의하는 것이 유용하다고 생각하는데, 이때 접점들이 '서로 결합하면, 이해관계자는 전체 여정을 거쳐 나아가는 동안 브랜드와 정서적으로 관계를 맺는다'.

경험을 전달하려면 접점을 '신중하게 배열'해야 한다. 고객과 여타 이해관계자가 여러분이 제공하는 경험을 부분별로 겪으며 나아가야지만, 여러분은 그들이 문제를 해결하거나 목표를 달성하거나 관련 '임무를 완수'하도록 차근차근 도울 수 있다. 브랜드 경험을 구축할 때는 이것을 궁극적인 목표로 삼아야 한다.

고객이나 여타 이해관계자는 최소한만 노력하거나 '마찰'을 겪으면서 한 접점에서 다음 접점으로 움직이거나 '이행'해야 한다. 채널을 따라가거나 아우르며 접점을 경험하다가 그 흐름이 끊기면 이해관계자는 옳다구나 다른 곳으로 떠난다. 경험은 '아주 매끄럽게' 이어져야 한다. 그러려면 접점들을 동기화해야 한다.

브랜드 경험을 구축하려면 조직 차원에서 노력해야 하며 고객 서비스부, 인사부, 영업부, 재무부, 운영부를 비롯하여 다양한 부서가 동참해야 할 수도 있다. 브랜드나 마케팅 담당 부서뿐 아니라 조직에 속한 모두가 참여하는 것이다. 그러려면 조직 전체를 동기화해야 한다.

접점을 찾아 '신중하게 선별'했다면, 전달하는 데 집중해야 한다. 브랜드 경험을 전달하는 접점은 엄청나게 많아질 수도 있다. 하지만 선택에 관해서는 대개 모자란 편이 더 낫다. 경험 중 관련 가치를 제대로 전달하지 못하는 부분이 있다면 제거해야 한다. 잡음을 더하고, 비용이 들고, 여러분이 전달하는 경험의 명확성을 희석할 것이기 때문이다. 마법을 일으킬 수 있게 전체 경험을 창조하는 일은 접점을 결합하는 방식에 달려있다. 이 결합 방식에 따라 여러분이 구축한 경험은 특별하고 흉내 내기 어려워진다.

여러분은 이해관계자가 브랜드와 '정서적'으로 관계를 맺게 해야 하는데, 우리가 주로 감정에 따라 선택하기 때문이다. 이성적이고 인지적인 과정을 무시해야 한다는 뜻은 아니다. 하지만 나는 감정이 중요하다는 점을 강조하는 것이 유용하다고 생각하는데, 감정이 이렇게 중요한 역할을 하는데도 놀랄 만큼 많은 이사회에서는 이를 자주 간과하기 때문이다.

이해관계자가 브랜드와 어떻게 관계를 맺는지에 집중하는

것이 중요한데, 사람들이 덜 수동적으로 변하고 있기 때문이다. 사람들은 자기가 참여할 수 있는 몰입 경험을 찾아서, 활발하게 이바지하고, 친구나 아는 사람들과 공유한다. 브랜드가 내세우는 주장에 진정성이 있는지 판단할 기회를 찾기도 한다. 관계를 맺음으로써 이 기회를 얻는 것이다.

여러분은 전체 여정에 주의를 기울여야 하는데, 여러분이 전달하는 전반적인 브랜드 경험은 가장 약한 접점만큼만 좋을 것이기 때문이다. 브랜드 경험을 구축할 때는 이해관계자가 여러분의 브랜드와 관계를 맺어야 한다. 여러분이 구축하는 브랜드 경험의 일부로써 이해관계자가 접촉해야 하는 것은 브랜드의 본질-브랜드의 가치, 에센스, 약속, 포지셔닝, 성격-이다. 브랜드 로고나 브랜드에 생기를 불어 넣어주는 여타 시각적 신호 형태를 한 장식이 아니다.

나는 브랜드 경험과 고객 경험을 구분하는 데 도움을 주고자 '이해관계자'라는 단어를 의도적으로 사용했다. 이점은 미묘하지만 중요하며 여러분도 이런 관점에서 이 책을 읽어야 한다. 브랜드 경험과 고객 경험은 관련이 있긴 하지만, 브랜드 경험은 더 넓은 그물을 던지는데, 이해관계자라는 범위를 염두에 두고 경험을 구축하기 때문이다. 이 범위에는 고객뿐 아니라 지역 공동체, 직원, 공급사를 비롯하여 여러 사람이 들어간다. 사람들은 '브랜드 경험'과 '고객 경험'이라는 단어를 혼용하는 경향이 있다. 이렇게 하면 관점이 좁아지며, 경험을

구축함으로써 브랜드가 관계를 맺어야 하는 중요한 이해관계
자 집단을 간과하게 될 것이다.

여러분은 이 책을 읽어가면서 일부 연구와 통계가 '고객 경
험'을 가리킨다는 점을 발견할 것이다. 그렇다고 의욕이 꺾이
진 말자. 고객 경험은 브랜드 경험에 포함되는 부분집합이니
말이다. 이 책의 목적은 '브랜드 경험 청사진'을 통해 확실히
믿을 수 있는 원칙을 공유하는 것이며, 이 청사진은 여러분이
고객을 포함하여 다양한 이해관계자에게 브랜드 경험을 전달
하는 데 도움이 될 것이다. 이 목적을 지원하기 위해, 나는 여
러 조직에서 얻은 다양한 사례 연구와 '전문가의 조언' 코너를
수록했는데, 브랜드 경험을 구축하는 원칙을 어떻게 적용하
는지 보여주기 위해서다.

왜 브랜드 경험을 디자인하는가?

브랜드 경험은 브랜드 성과를 좌우한다.

지금 맥락에서 말하는 브랜드 성과는 이윤, 브랜드 인지도와
브랜드에서 연상되는 이미지, 호감도, 품질과 관련한 인식, 명
성, 만족도, 충성도를 포함한다.

전문가의 조언 코너에서 피터 왈쉬Peter Walshe는 10년 치가
넘는 세계적인 자료를 토대로 브랜드 경험이 어떻게 브랜드
평가액을 좌우하는지 간단하게 설명했다.

브랜드 경험은 브랜드 평가액을 좌우한다

- 칸타 밀워드 브라운-Kantar Millward Brown

피터 월쉬, 칸타 밀워드 브라운 산하 글로벌 브랜드Z™Global BrandZ™의 전략부장

재정적인 성공을 이끌기 위해서는 긍정적인 브랜드 경험이 필수적이다. WWP 그룹에서 브랜드Z™을 통해 공개한 '가장 가치 있는 100대 글로벌 브랜드Top 100 Most Valuable Global Brands' 조사에 따르면 형편없는 브랜드 경험은 실제로 성장을 저해 한다.

표 1.1 브랜드Z™이 발표한 가장 가치 있는 100대 글로벌 브랜드(2006~2016)

	브랜드 경험		
	하위 1/3	중위 1/3	상위 1/3
11년 동안 가치 변화(USD)	-0.4%	+62%	+166%

출처: 칸타 밀워드 브라운에서 사용하는 방법론과 평가액을 이용하여 2006년과 2016년에 95개 브랜드를 평가했다.

경험한 브랜드가 '고객의 요구에 적합'한지, '고유'한지, 그리고 요즘 더 중요해지는 '온라인에서 더 나은'지 같은 측면은 브랜 드 경험을 평가하는 요소다.

건강한 브랜드의 5가지 요소

브랜드 경험은 홀로 작동하지 않는다. 사람이 행복하게 살려면 다양한 조건을 충족해야 하듯, 브랜드가 건강 하려면 여러 가지 요인이 작용해야 한다. 브랜드Z™는 분석을 시행한 결과 건강하고 튼튼하고 가치 있는 브랜드가 공유하는 다섯 가지 주요 특징을 찾아냈다.

1. **혁신적**이어야 하는데, 해당 부문에서 앞서나가면서 상황을 개혁하는 것처럼 보여야 한다는 뜻이다.
2. 또 **창의적**이어서, 강렬하고 기억에 남게 자신을 홍보해야 한다.
3. 고객이 요구하는 바에 맞춰 훌륭한 **브랜드 경험**을 제공하고 언제 어디서든 고객이 필요할 때 이용할 수 있어야 한다.
4. **브랜드 목적**을 강하게 인지하고, 사람들이 더 나은 삶을 살게 만든다.
5. 시간이 흐를수록 고객이 브랜드를 향해 강하게 **애정**을 느낀다.

브랜드는 이 다섯 가지 특징을 전부 갖출 때, 건강한 '혈액'를 얻는다. 한 부분이라도 부족하면, 브랜드가 건강을 해치고 시장에서 부진할 위험이 있다. 다섯 부분에 대한 평가가 모두 낙제수준이라면, 쇠약하다고 분류할 수 있다. 구글과 디즈니

Disney, 스타벅스Starbucks를 포함하여 세계적으로 가장 유명하고 가치 있는 몇몇 브랜드는 나섯 가지 평가에서 모두 높은 점수를 받았다.

지난 11년 동안, '혈액'이 건강한 브랜드는 225% 성장했지만, 쇠약한 브랜드는 10% 위축됐다. 훌륭한 브랜드 경험을 포함하여 브랜드 건강을 챙기면, 그 보상은 100배가 넘는다는 뜻이다.

칸타 밀워드 브라운은 앞서 나가는 세계적인 에이전시로 광고 효율성, 전략적 커뮤니케이션, 미디어, 브랜드 자산을 전문으로 연구한다.

브랜드 경험은 소유할 때보다 더 오래 가는 행복을 선사한다

> '다양한 인구 집단에서 응답한 바에 따르면 직접 경험하는 것을 주목적으로 경험을 구매할 때가 물질을 구매할 때보다 더 행복한 것으로 나타났다.'
>
> 반 보벤Van Boven, 길로비치Gilovich

경험을 기다리는 일도 물건을 받길 기다리는 일보다 즐거운데, 긍정적인 감정을 기대하면 도파민(뇌에서 보상과 쾌락 신호를 보내는 주요 신경전달 물질)이 나오기 때문이다. 예를 들어, 해리포터 테마파크The Wizarding World of Harry Potter 측에서는 미리 티켓을 소지한 사람의 기대감을 이용하기 위해 호그와트에 방문하기에 앞서 테마파크 지도를 보낸다.

> '고객은 기대에서 가치를 끌어내며, 그 가치는 물질을 구매할 때보다 경험을 구매할 때 더 큰 경향이 있다.'
>
> 쿠마르Kumar, 킬링스워스Killingsworth, 길로비치Gilovich

더 자세한 수준에서 연구를 살펴보면 경험이든 물질이든 구매를 하면 소비하는 동안 일시적으로 행복을 느끼는데, 그 방식이 다르다. 소유에서는 일시적인 행복을 더 자주 느끼지만, 경험에서는 일시적인 행복을 더 강렬하게 느낀다. 현실적으로 암시하는 바는 '브랜드 경험을 구축할 때 행복의 양을 선택하고 싶은가 질을 선택하고 싶은가'이다.

브랜드 경험은 차별화의 원천을 거의 무제한으로 제공한다

수년 전만 해도 브랜드는 제품의 물리적인 특징을 통해 차별화를 꾀했다. 자동차는 자동식 창문과 선루프, 가죽 시트, 합금 바퀴, 음향 설비에 초점을 맞췄다. 은행은 이자율과 ATM 대수, 신용카드 디자인에 집중했다. 이런 전략에는 문제가 있는데, 물리적인 제품은 특징이 한정적이기 때문이다. 이런 특징을 전부 사용하고 나면, 브랜드에서 제공하는 것들이 균일화될 수밖에 없으며 유일한 경쟁 노신은 가격이 된다. 그리면 이윤이 줄어들면서 포기해야 할 것이 생기고, 따라서 전달하는 경험도 질이 나빠진다. 장기적으로는 아무도 이기지 못한다.

이런 상황과 정반대로 브랜드 경험을 이용하면 차별화할 거리가 많다. 은행을 예로 들자. 여러분은 은행 지점에 걸어 들어가서 어떤 첫인상을 경험하는가? 직원은 환대하고, 손님들은 안락한 소파에 편히 앉아 있는 듯 보이고, 벽은 밝게 꾸몄고, 음악은 잔잔하게 흐르고, 소매 형식으로 영업하는가? 접점 하나에만도 브랜드를 차별화할 기회가 많다. 이제 이 소매업 이용 경험을 다른 부분으로도 확장해보자. 고객은 줄을 서서 기다리다가, 창구에서 볼일을 본 다음 지점을 떠난다. 여기에는 브랜드를 차별화할 기회가 더 많다. 거기다 디지털 채널, 사회적 채널, 전화를 이용한 채널을 포함하여 여타 채널을 추가하여 경험을 버무리면, 차별화 기회는 기하급수적으로 늘어난다. TD 은행TD Bank은 동전 오락실을 이용해서 아주 매력적인 접점을 전달한다. 고객은 오락시설을 이용해서 동전을 은행 지점에 예금하고 경품도 탄다. 다를 때라면 지루했을 은행에 동전을 예금하는 일이 재밌고, 상호작용하는 경험으로 탈바꿈하는 것이다.

조직이 씨름해야 하는 접점은 그 수가 계속 증가하는데,
이를 조직적으로 관리하는 데 브랜드 경험이 도움이 된다

5년 전으로 돌아가서 전통적인 미디어 채널과 디지털 미디어 채널이 얼마큼 있었는지 생각해보자. 이제 여기에 소셜 미디어와 스마트폰을 더해서 섞자. 잠재적인 브랜드 접점은 빠르게 증가하고 있으며 수그러들 기미가 보이지 않는다. 브랜드 경험을 구축하는 법을 이해하는 브랜드는 이런 변화를 수용하며 번성한다. 적합한 채널들을 찾아서 그 채널을 통하거나 가로질러 경험을 전달해야 할 때, 명확하게 정의한 브랜드 경험의 핵심 요소에 근거하여 판단을 형성하고 유도하고 집중하기 때문이다.

브랜드 경험은 사람들 사이의 상호작용을 촉진한다

최고 마케팅 책임자들은 '디지털 전환digital transformation'에 점점 더 집중하고 있으며, 어떤 때는 디지털 전환을 브랜드 경험 관련 질병의 만병통치약으로 보기도 한다. 디지털 방식은 당연히 매력적이지만, 브랜드 경험을 구축하는 활동에는 사람도 중요하다는 점을 간과하지 않길 바란다. 한 연구에 따르면 금융 서비스를 이용하는 고객 중 78%는 컴퓨터가 주는 도움을 환영할 것이라고 했지만, 2/3 가까이는 여전히 다른 사람과 상호작용하는 것을 가치 있게 여겼으며, 특히 불만을 상담하고 (68%) 복잡한 상품에 관해 조언을 구할 때(61%) 더욱 그랬다.

지속적인 브랜드 차별화는 직원을 통해 실현할 수 있다. 이 단순한 발상은 전에 없이 중요한데, 고객과 관계를 맺고 거래하기 위해 기업들이 새로운 디지털 방식을 앞다퉈 배치하고 있기 때문이다.

'여러분은 기술과 디지털 방식을 수용해야 하는데, 여기에 끌려가선 안 되고 여러분이 주도해야 한다. 인간은 여전히 인간과 교류하길 원하고 나는 그것이 더 깊은 수준에서 관계를 맺기에 가장 좋은 방법이라고 여전히 생각한다. 인간 간 상호작용은 여전히 충성도를 구축하는 주요하고 핵심적인 동인이며, 우리는 여기에 많은 힘을 쏟는다.'

베키 브록Becky Brock, 존 루이스John Lewis의 마케팅 부장

브랜드들은 브랜드 경험을 자동화하기 위해 기술에 대한 투자를 늘리고 있다. 브리티시 페트롤륨BP은 마일스Miles라고 하는 인공지능 주유 펌프를 시험하고 있다. 소프트뱅크SoftBank와 아이비엠IBM은 페퍼Pepper라는 로봇을 공동 개발하고 있으며, 버버리Burberry는 2016년 런던 패션 위크 때 페이스북 메신저 챗봇Facebook Messenger chatbot을 이용했다. 하지만 연구 결과에 따르면 챗봇은 고객이 기대하는 바를 충족시키지 못하고 있는데, 인간 행동이 지닌 특이성과 뉘앙스에 대처하지 못하기 때문이다. 이런 기술은 공감하거나 감응하는 방식으로 우리의 감정 상태를 적절하게 식별하여 반응하려고도 노력한다.

여기에는 전화 너머에서 고객의 불만이 커지는 것을 감지하거나, 주주 총회 때 성질 급한 투자자를 상대하거나, 지역 공동체 구성원과 함께 소음 공해 우려를 잠재우는 일 등이 포함된다. 안면 인식 기술과 어조를 통해 우리의 감정 상태를 감지하는 인공지능의 능력을 새롭게 개발하면서 이런 과제를 어느 정도 풀어가고 있긴 하지만, 아직 완전히 해결하지는 못했다.

대인 관계와 관련된 성질이 B2B 시장에서 나타난다는 것은 브랜드 경험을 구축할 때 개인적인 접촉이 특별한 가치를 지닌다는 뜻이다. 이런 점은 자문 서비스나 전문 서비스처럼 '사람은 사람과 사업을 한다'는 옛 격언이 특히나 빛을 발하는 B2B 서비스 시장에서 특히 더 분명하게 드러난다.

이 책의 구성

이 책의 구조는 브랜드 경험 청사진(2장)을 중심으로 한다. 이 청사진은 실용적인 관리 툴로, 브랜드 경험을 구축하기 위해 접근법을 유도하고 조직하는 데 도움이 될 것이다. 20년 넘는 글로벌 브랜딩 경력과 탄탄한 비즈니스 및 학술 연구를 토대로 하고 있으며, 전 세계에 있는 클라이언트사들에 광범위하게 적용해봄으로써 유효성을 검증했다.

브랜드 경험 청사진은 다음의 3단계로 구성된다.

1. 브랜드 경험 환경
2. 브랜드 경험의 핵심 요소
3. 브랜드 경험 조력자enabler

브랜드 경험 환경(1부)이란 브랜드 경험의 핵심 요소를 개발하고 정의하는 동안 염두에 둬야 하는 정황을 전부 포함한다. 여기에는 네 가지 영역이 있다. 이해관계자에 대한 이해, 관점의 미세 조정, 전달 방법에 대한 고려, 브랜드 경험을 구축하기 위한 데이터 주도형 접근법의 도입이 바로 그것이다.

브랜드 경험의 핵심 요소(2부)는 브랜드의 무형 자산으로 가치, 에센스, 약속, 포지셔닝, 개성을 말한다. 이런 핵심 요소는 브랜드 경험 조력자를 통해서 여러분이 구축하는 브랜드 경험을 형성하고 유도한다.

브랜드 경험 조력자(3부)는 브랜드 경험의 핵심 요소에 생기를 불어넣는 데 사용할 수 있는 세 가지 도구로, 직원 행동과 커뮤니케이션, 디자인을 말한다.

이런 단계에 관해서는 다음 장에서 완전히 설명할 것이다.

3부를 다 읽을 무렵이면 브랜드 경험 환경과 브랜드 경험의 핵심 요소, 브랜드 경험 조력자 사이에 존재하는 연속적이고 반복적이고 현실적인 관계를 이해할 것이다. 그러고 나면 여러분은 브랜드가 연관성을 유지하는 데 도움이 되는 브랜드 경험을 구축하기에 좋은 위치를 차지할 것이다.

이 책 4부에서는 브랜드 경험을 어떻게 과학적이고 엄밀하고 탄탄한 방법으로 측정할 수 있는지에 대해 실천 가능한 조언이 등장한다. 측정은 직접적인 브랜드 경험 디자인 활동은 아니지만, 여러분은 측량하는 마음가짐으로 노력해야 한다. 이렇게 하면 여러분이 내놓은 브랜드 경험 사업안이 이사회에서 신뢰를 얻고 영향력을 발휘할 것이다.

또한, 이 책에는 여러 개의 '전문가의 조언' 코너가 수록되어 있다. 여기에는 우량 브랜드 출신인 노련한 고위 간부와 경영자, 다방면으로 경력을 구축한 이론가, 영감을 주는 기업가, 전 세계서 활동하는 석학 등이 저술한 소규모 사례 연구가 등장한다. 나는 이분들의 이야기를 책에 담을 수 있어서 정말로 기쁜데, 내가 독특하고 유용하고 매력적인 방식으로 전달하려는 아이디어에 활기를 불어넣는 데 도움이 되기 때문이다.

브랜드 경험을 구축할 때는 한 가지 규격을 모든 것에 맞출 수는 없다는 점을 깨닫는 것이 중요하다. 모든 조직과 브랜드는 고유하므로 브랜드 경험을 구축하는 과정을 어느 보편적인 법칙으로 표현할 수는 없다. 이런 법칙은 단순성과 단순화를 혼동시킬 것이다. 이 책은 브랜드 경험 청사진을 통해 여러분을 안내할 것이다. 하지만 소속 조직의 맥락에서 청사진을 어떻게 응용할지는 조직의 개성, 문화, 시장, 경쟁 환경, 여러분이 직면한 특정 과제에 따라 달라질 것이다. 이런 이유로 브랜드 경험 청사진은 여러분을 과도하게 규제하기보다는 틀 안에서 생각할 수 있는 자유를 줄 것이다.

　나는 전 세계에 자리한 기관의 여러 훌륭한 사람들과 일하는 즐거움과 특권을 누렸다. 이 사람들이 자기가 올바른 방향으로 나아가는지 확인하기 위해 나를 초대하면, 나는 이 책에서 여러분과 공유할 아이디어를 이용하여 연설하거나 워크숍을 운영하거나 조언하거나 지도하거나 가르쳤다. 내가 운영하는 회사 웨이브렝스Wavelength Marketing에서도 클라이언트에게 조언을 하기 전에 브랜드 경험 청사진을 이용해 클라이언트의 브랜드 경험을 점검하며, 후속 측정을 할 때는 관련한 측정 기법을 기준으로 삼아서 진행 상황을 측정한다. 고객의 질문과 수수께끼, 공헌이 이 책에 영감과 정보를 주었다. 여기에 대해 감사한다.

　나는 여러분이 이 책을 즐겁게 읽고 통찰을 얻어, 브랜드 경험을 구축하는 일에 사용함으로써 브랜드의 연관성을 유지하는 데 도움을 얻길 바란다.

02

브랜드 경험 청사진: 실용적인 관리 툴

1장에서는 이 책이 어떻게 흘러가는지 설명했다. 브랜드 경험을 이용해 연관성을 유지하는 통로를 얻을 수 있다는 사실은 고위 간부도 알지만, 브랜드 경험을 구축하기는 어려워들 한다. 이 책에서는 그 문제를 해결한다. 또 나는 브랜드 경험을 정의하고, 왜 여러분이 브랜드 경험을 구축해야 하는지 간략하게 설명하며, 이 책이 브랜드 경험을 구축하는 데 어떻게 도움이 될지 자세하게 이야기했다. 이 장에서는 브랜드 경험 청사진(그림 2.1)을 소개할 것인데, 이 강력하고 현실적인 관리 툴은 여러분한테 브랜드 경험을 구축하는 과정을 차례차례 안내하기에 꼭 알맞다.

브랜드 경험 청사진은 어떻게 도움이 되는가?

브랜드 경험 청사진은 이 책의 척추를 형성한다.

- 브랜드 경험 청사진은 브랜드 경험을 구축하기 위해 접근 법을 조직하고 배열하는 데 도움이 된다.
- 브랜드 경험 청사진은 매우 중요한 틀을 제공함으로써 다 음을 가능하게 한다.
  - 브랜드 경험 디자인에 관한 초기 생각을 체계적으로 전개한다.
  - 여러분이 소속한 조직에 어울리는 맥락에서 실용적이고 따 라서 더 연관성 있는 방식으로 브랜드 경험에 관해 생각한다.
  - 조직 구조와 리더십 스타일에 적합한 방식으로 브랜드 경험 구 축 계획을 이끈다.
- 브랜드 경험 청사진은 브랜드 경험 에센스와 브랜드 경험 조력자를 각각 이용하여 더 깊고 넓게 사고하길 요구한다.

　브랜드 경험 청사진을 자세히 살펴보기 전에, 이 실용적 인 관리 툴을 브랜드, 마케팅, 기업 전략이 흘러가는 맥락 안 에 넣는 것이 중요하다. 브랜드 경험은 독립적이거나 홀로 서 있는 브랜드 마케팅 활동이 아니라는 점을 강조하고 싶다. 늘 더 넓은 브랜드, 마케팅, 기업 전략에 긴밀하게 맞춰야 한다.
　이 단계에서는 측정 가능한 맥락에서 브랜드 경험을 구축 하는 활동을 벌여야 한다고 인식하는 점 역시 중요하다. 4부에 서 다루겠지만, 여기에는 다음의 사항들이 수반된다.

그림 2.1 브랜드 경험 청사진: 실용적인 관리 툴

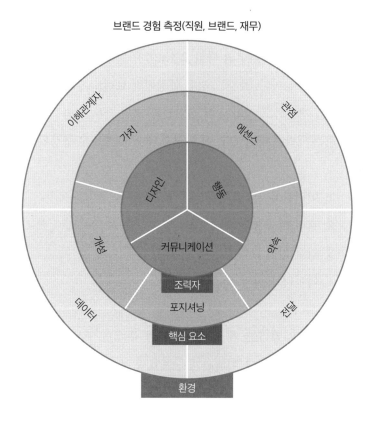

브랜드 경험 측정(직원, 브랜드, 재무)

- 브랜드 경험을 구축하기 시작하기 전에 직원, 브랜드, 재무 지표를 구함으로써 전체적인 기준 측정치를 한 세트로 갖출 수 있도록 한다.
- 주기적으로 똑같은 측정을 재시행해서 여러분이 벌이는 활동이 어떤 가치를 전달하는지 보여준다.

브랜드 경험 청사진의 3단계

브랜드 경험 청사진은 세 단계로 나눌 수 있다. 브랜드 경험 환경(1부). 브랜드 경험의 핵심 요소(2부), 브랜드 경험 조력자(3부)로 구분한다. 브랜드 경험 환경이란 브랜드 경험의 핵심 요소를 개발하고 정의할 때 경영진과 고위 간부가 염두에 둬야 하는 맥락을 나타낸다. 이 환경은 네 가지 요소로 구성된다.

1. 이해관계자에 관한 이해
2. 관점 미세 조정
3. 전달 기법 고려
4. 데이터 중심의 접근법 채택

표 2.1은 각 요소가 얼마나 다양한 주제로 구성되는가를 보여주는데, 예컨대 '이해관계자 프로필 분석', '투명성 수용', '유대감 조성', '강력한 통찰 획득' 등이 있다.

표 2.1 브랜드 경험 환경: 개관 및 설명

브랜드 경험 환경을 확실히 파악하려면 다음과 같은 것들을 해야 한다	이것이 중요한 이유는 다음과 같은 일들을 해야 하기 때문이다
이해관계자 이해하기	
1. 이해관계자 프로필 분석하기	주요 이해관계자를 찾아서 공감함으로써 적절한 브랜드 경험을 구축한다.
2. 이해관계자가 '일을 완성하도록' 돕기	어떻게 하면 여러분의 브랜드를 이용하여 주요 이해관계자가 문제를 해결하거나 자기한테 유의미한 특정 임무를 성취하도록 도울지 이해한다.

3. 이해관계자의 참여 장려하기	이해관계자는 브랜드에 일방적으로 말하는 것이 아니라 적절한 방식으로 소통하길 기대한다는 점을 인지한다.
4. 이해관계자의 기대 관리하기	다양한 이해관계자에게 말한 내용을 이행한다.

관점 미세 조정하기

1. 투명성 수용하기	오늘날 같은 디지털 세상에서는 브랜드가 숨을 곳이 없다는 사실을 인정한다.
2. 전체론적 사고방식 채택하기	적절한 브랜드 경험을 전달하는 일은 조직원 전체가 책임져야 하는 일이라는 사실을 깨닫는다.
3. 가격이 아닌 가치를 통해 주로 경쟁하기	이해관계자 대부분은 가격이 아니라 가치에 근거하여 결정을 내린다는 사실을 인정한다.
4. 인내심 가지기	브랜드 경험 및 관련 경험을 구축하는 데는 시간이 걸릴 수 있다는 사실을 기억한다.
5. 통제력을 상실했음을 인정하기	세간에서 브랜드를 인지하는 방식을 더는 완전히 통제할 수 없다는 사실을 인정한다.

전달 기법 고려하기

1. 유대감 조성하기	우리는 주로 감정에 따라 결정을 내리므로 브랜드를 적절한 감정과 연관 짓는다.
2. 공동 창조[2] 활동 촉진하기	이해관계자가 직접 적절한 가치를 창출할 기회를 제공한다.
3. 옴니채널omnichannel로 경험 전달하기	이해관계자는 자신이 원하는 때와 상황에 맞춰 원하는 방식으로 브랜드가 적절한 경험을 전달해주길 바란다는 사실을 깨닫는다.

데이터 중심 접근법 채택하기

1. 강력한 통찰 획득하기	일화가 아니라 확고하며 정량적이고 정성적인 통찰을 토대로 브랜드 경험 관련 결정을 내린다.
2. 전체론적으로 측정하기	브랜드 성과를 측정할 때 직원, 브랜드, 재무 지표를 구해야 한다는 사실을 인정한다.

브랜드 경험을 구축하는 두 번째 단계에서는 브랜드 경험의 핵심 요소를 정의해야 한다. 이 핵심 요소는 브랜드 경험을 구성하는 무형의 요소이며 브랜드 경험 환경이라는 맥락 안에서 개발하고 정의해야 한다. 브랜드 경험의 핵심 요소는 강력한 브랜드 자산이며 다음으로 구성된다.

- 브랜드 가치brand value
- 브랜드 에센스brand essence
- 브랜드 약속brand promise
- 브랜드 포지셔닝brand positioning
- 브랜드 개성brand personality

여러분은 이 중요한 개념들을 이해함으로써 브랜드 경험을 대규모로 일관되게 구축할 수 있다. 여러분 동료 중 몇몇은 이 개념을 '브랜드 전문용어'라고 여길 수도 있는데, 이는 위험한 발상이다. 전문용어는 쉽게 이해하기 어려우므로 사람들을 고립시킬 수 있으며, 더 심각하게는 경쟁자가 여러분이 진행하는 프로젝트를 탈선시키는 데 정치적인 도구로 활용할 수도 있다. 나는 브랜드 경험의 핵심 요소를 더 실용적으로

....

*   브랜드가 제공하는 경험에 이해관계자가 참여하여 자신에게 맞는 가치를 창출하는 것을 말한다. 예컨대 이케아(IKEA)가 제공하는 브랜드 경험은 고객이 가구를 직접 제작함으로써 그 가치가 발생한다.

설명하길 추천한다(표 2.2).

표 2.2 실용적인 단어와 근거 사례를 이용하여 설명한 브랜드 경험의 핵심 요소

브랜드 경험의 핵심 요소	다음의 질문들에 답함으로써 실용적인 단어로 설명한다	야외 활동 브랜드 사례
가치	여러분의 브랜드를 네다섯 단어로 설명한다면 어떻게 하겠는가?	영감, 신뢰, 투지, 실용성.
에센스	여러분의 브랜드를 두세 단어로 요약한다면, 어떻게 그 핵심을 말하겠는가?	탁월한 야외 활동.
약속	여러분의 브랜드가 전하는 혜택-기능이 아니다-은 무엇인가?	우리 의류는 전부 천연 직물로 제조하여 극도로 가볍고 따뜻하다.
포지셔닝	여러분은 주요 경쟁자와 어떻게 다른가?	모든 사람이 경쟁이나 야외 활동을 즐길 수 있다고 믿는다. '모든 사람은 경쟁할 수 있다.'
개성	여러분의 브랜드를 사람에 비유한다면 그 사람은 누구인가?	제시카 에니스-힐Jessica Ennis-Hill.

브랜드 경험의 핵심 요소를 브랜드 경험 환경이라는 맥락에서 정의하는 것이 중요한데, 그래야 여러분의 브랜드가 이해관계자와 공명하고 브랜드 경험이 어떻게 영향력을 발휘할지 그 토대를 마련하는 데 이 핵심 요소들이 도움이 되기 때문이다.

브랜드 경험 조력자는 여러분이 브랜드 경험의 핵심 요소에 활기를 불어넣는 데 도움이 되는 분석 도구이다. 여기에는

직원의 행동과 커뮤니케이션, 디자인이 포함된다. 이것들이 중요한 이유는 여러분이 제공하는 브랜드 경험의 핵심 요소를 이해관계자가 실질적이고 감지할 수 있는 방식으로 이해하도록 돕기 때문이다. 브랜드 경험 조력자를 요약하면 다음과 같다(표 2.3).

표 2.3 브랜드 경험 조력자: 개관 및 범위

조력자	범위
행동	신규 채용, 인수인계, 교육, 평가, 보상, 퇴직자 면담을 포함한 인사 관리 과정
커뮤니케이션	전통적인 매체 및 홍보(예: TV, 라디오, 출판물), 내부 커뮤니케이션, 소셜 미디어 콘텐츠, 대화 및 커뮤니티, 모바일 장치, 이야기(스토리), 게임화(게이미피케이션)
디자인	다중 감각 디자인: 모든 감각, 즉 시각과 미각, 촉각, 청각, 후각을 이용해서 브랜드 경험을 구축한다. 서비스 디자인: 고객 페르소나customer persona, 고객 공감 지도 customer empathy map, 고객 여정 지도customer journey map, 사용 사례 시나리오, 서비스/경험 모형, 무드보드mood board, 스토리보드, 이야기 등을 예로 들 수 있다.

브랜드 경험 청사진 최대로 활용하기

환경-핵심 요소-조력자로 이어지는 세 단계 과정을 거쳐서 작업하면, 이해관계자와 연관성 있는 브랜드 경험을 개발하고 정의하고 전달하는 데 도움이 될 것이다. 예를 들어 브랜드 포지셔닝(브랜드 경험의 핵심 요소)을 할 때는 주요 이해관계자

브랜드 경험 디자인 바이블

를 염두에 두고, 유대감을 조성하고, 공동 창조 활동을 허용하고, 데이터 중심 통찰(브랜드 경험 환경)을 토대로 해야 한다. 그러고 나면 직원의 행동, 여러분의 커뮤니케이션, 디자인(브랜드 경험 조력자)을 통해 이 포지셔닝에 생기를 불어넣을 수 있다.

브랜드 경험 환경이 엄격한 점검표나 다름없어서 모든 항목이 브랜드 경험의 핵심 요소 전체에 같은 정도로 영향을 미치는 것은 아니다. 나는 일부 클라이언트와 워크숍 참가자가 삼삼오오 모여서 엄격하고 권위적인 규칙을 세우고 거기에 맞춰 의사를 결정하려고 애쓰는 모습을 봤다. 브랜드 경험 청사진이나 그 어떤 틀도 이런 식으로 활용할 수는 없는데, 모든 조직과 그 내부 사정은 고유하기 때문이다.

나는 여러분이 부드럽고 유연한 접근법을 채택하길 권한다. 청사진은 여러분이 브랜드 경험 디자인을 위한 여정을 떠날 때 유용한 안내서로 사용하자. 브랜드 경험 환경은 여러분이 그 안에서 브랜드 경험의 핵심 요소를 정의해야 하는 맥락이라고 생각하자. 핵심 요소를 정의했다면, 행동, 커뮤니케이션, 디자인-브랜드 경험 조력자-를 이용해서 브랜드 경험에 생명을 불어넣을 수 있다.

브랜드 경험 청사진이 지닌 진정한 가치는 일부가 아니라 그 전체에 있다. 시간을 아끼자고 대충 훑어보고 브랜드 경험 조력자로 넘어가기보다는 세 단계를 모두 거쳐 작업하는 것이 중요하다. 이 순서에 따라 접근하면 다음과 같은 일들에 도움이 된다.

- 브랜드가 오늘날의 시장(브랜드 경험 환경)과 얼마나 연관성(브랜드 경험의 핵심 요소)이 있는지 생각하기.
- 브랜드 경험 조력자를 통해 브랜드를 표현할 수 있도록 집중하고 안내하고 구체화하는 명확한 원칙 개발하기. 이렇게 하면 여러분이 구축하는 브랜드 경험을 더 빠르고 대규모로 전달할 수 있다.
- 브랜드 경험의 핵심 요소에 관해 충분히 숙고하여 얻은 내용을 이용해서 경험을 구축하기.

청사진에 담은 일부 아이디어는 일견 익숙하게 느껴질 수도 있지만, 청사진을 만들기 위해 아이디어를 결합한 방식은 그렇지 않을 것이다. 따라서 나는 다음 장을 전부 읽어보길 추천한다. '가치'나 '에센스', '개성' 같은 단어는 브랜드 경험에 대해 일상적으로 말할 때 사용하지만, 여기에 관해 사람들이 어떻게 이해하고 있는지 깊게 파고들어 보면 상당히 다양하고 심지어 피상적이기까지 하다. 브랜드 경험을 구축하는 중이라면, 우리는 물론 여러분 팀까지도 이런 주요 용어를 똑같이 이해함으로써 브랜드 경험을 깊고, 유의미하고, 튼튼하게 구축해야 한다.

가치와 에센스, 포지셔닝 같은 브랜드 관련 용어는 형체가 없는 것이 많다. 그 때문에 이런 용어들은 잘 빠져나가고 붙들기 어려운 짐승과도 같으며, 쉽고 실용적인 방식으로 적용하기 어려울 수도 있다. 이 책에서는 브랜드 경험의 핵심 요소와 브랜드 경험 조력자를 연결함으로써 문제를 해결한다.

브랜드 경험을 고객 경험customer experience, 더 구체적으로는 사용자 경험user experience 디자인과 동일시하는 경향이 있다. 하지만 브랜드 경험을 구축하는 과정은 그보다 훨씬 많은 것을 아우른다. 행동과 커뮤니케이션, 디자인 측면에서 브랜드 경험에 관해 생각하다 보면, 브랜드 경험을 구축할 때 여러분은 더 넓게 보고 더 세련되어질 것이다.

브랜드 경험 청사진은 단계가 순차적이긴 하지만, 브랜드 경험을 현실적으로 구축한다는 것은 더 반복적인 접근법을 채택해야 할 수도 있다는 뜻이다. 예를 들어 여러분은 브랜드 경험 환경을 참고하여, 표 2.2에서 간단하게 서술한 대로 브랜드를 정의할 텐데, 직원 행동, 커뮤니케이션, 디자인을 이용해 브랜드 경험의 핵심 요소를 구현할 때가 돼서야 브랜드가 정확하게 반영되지 않는다는 사실을 깨달을 수도 있다. 이런 일이 생기면, 브랜드 경험의 핵심 요소를 브랜드 경험 환경의 맥락에서 다시 살펴보는 것이 현명하다. 이런 식으로 하여, 여러분은 다양한 브랜드 경험 조력자를 통해 더 현실적인 방법으로 브랜드 경험의 핵심 요소에 생명을 불어넣을 것이다. 그러니 이런 상황이 와도 걱정하지 말자. 완벽하게 정상적인 진행 과정이며 여기에 들이는 시간은 헛되지 않다. 이렇게 철저하고 반복적인 접근법을 수용하면 브랜드 경험과 관련한 결정을 훨씬 더 자신 있게 내리는 데 도움이 될 것인데, 튼튼한 토대 위에 경험을 구축할 것이기 때문이다.

결론

요약하면, 내가 소개한 브랜드 경험 청사진은 다음의 세 단계로 구성된다.

1. **브랜드 경험 환경:** 여러분은 이 환경이 제공하는 맥락 안에서 브랜드 경험의 핵심 요소를 개발하는 일에 관해 정의를 내려야 한다.
2. **브랜드 경험의 핵심 요소:** 여러분이 브랜드 경험을 구축하는 토대다.
3. **브랜드 경험 조력자:** 여러분이 브랜드 경험의 핵심 요소에 생기를 불어넣을 때 사용할 수 있는 도구다.

우리는 이 실용적인 3단계짜리 관리 툴을 이용하여 여러분이 브랜드 경험을 구축하는 일에 접근하는 방법을 체계화하고, 적절한 브랜드 경험을 개발하고 정의하고 전달하는 데 도움이 되려면 어떻게 해야 브랜드 경험 청사진을 가장 잘 활용할 수 있을지에 대해 실천 가능한 조언을 할 것이다. 청사진을 이용할 때 유동적이고 유연하며 전체적인 접근법을 채택하는 일에도 찬성한다.

1부

브랜드 경험 환경

브랜드 경험 환경은 여러분이 브랜드 경험의 핵심 요소(2부)를 어떤 맥락에서 개발하고 정의해야 하는지 제안한다. 브랜드 경험 환경을 이해하는 일은 브랜드 경험 청사진에서 첫 번째 단계에 해당한다(그림 P1.1).

그림 P1.1 브랜드 경험 청사진: 브랜드 경험 환경에 집중할 때

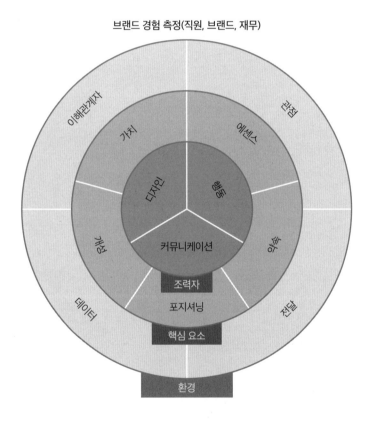

브랜드 경험 측정(직원, 브랜드, 재무)

브랜드 경험 디자인 바이블

1부는 4장으로 구성되며 브랜드 경험 환경의 4가지 요소를 다룬다.

- 이해관계자 이해하기
- 관점 미세 조정하기
- 전달 기법 고려하기
- 데이터 중심 접근법 채택하기

03

이해관계자
이해하기

브랜드 경험 환경에는 네 가지 요소가 있다. 이해관계자를 이해하는 것, 관점을 미세 조정하는 것, 전달 기법을 고려하는 것, 데이터를 중심으로 한 접근법을 채택하는 것이다.

이 장은 이해관계자를 이해하는 데에 초점을 맞추고 있으며 다음의 내용을 다룬다.

- 이해관계자 프로필 분석하기
- 이해관계자가 '일을 완성하도록' 돕기
- 이해관계자의 참여 장려하기
- 이해관계자의 기대 관리하기

이해관계자를 이해하면 다음과 같은 사항을 고려하는 데 도움이 될 것이다. 누구를 위해 브랜드 경험을 디자인하는가? 경험은 어떻게 전달해야 하는가? 경험을 어디로 전달해야 하는가? 경험으로 어떻게 다양한 이해관계자를 도울 것인가? 이런 통찰로 무장을 하면 주요 이해관계자와 공명하는 적절한 경험을 전달하기에 좋은 곳에 자리를 잡을 수 있다.

이해관계자 프로필 분석하기

조직은 점점 증가하는 이해관계자한테 영향을 받는다. 표 3.1에서는 브랜드와 접촉할지도 모르는 여러 이해관계자를 찾아내어 집단별로 브랜드가 어떤 경험을 전달해주길 바랄지 그 예를 보여준다.

표 3.1 이해관계자를 기반으로 한 경험 사례

이해관계자	이 이해관계자 집단을 위해 구축해야 할 수도 있는 경험 유형
고객(기존/잠재, B2B/B2C)	• 온라인(데스크톱/스마트폰). • 소매(쇼핑센터, 팝업 스토어 등). • 바이어, 대리인, 유통업자, 또는 여러분의 조직과 최종 소비자 사이에 있는 여타 중개상/동업자를 교육하는 체험행사.
직원(기존/잠재)	• 직원을 교육하고 업무에 투입하기 위한 인수인계 및 연수. • 잠재 직원을 끌어들이고 고용하기 위한 채용 박람회/고용주 브랜딩employer branding 경험. • 젊은 인재를 일터로 데려와 귀중한 기술을 전수하는 수련 과정. • 감사를 표하고 연대 의식을 기르며, 팀이나 직무의 배타적인 성향을 깨부수기 위한 회사 워크숍.

공급자	• 서비스 수준, 가격, 윤리 등과 같은 측면에서 여러분이 공급자에게 기대하는 바를 공유함으로써 어떻게 하면 공급자와 더 긴밀하게 일하고 궁극적으로 고객 및 다른 이해관계자에게 더 나은 경험을 전달할 수 있는지 파악하기 위한 행사. • 서로의 가치와 여타 브랜드 경험의 핵심 요소에 관해 배움으로써 서로가 무엇에 따라서 사업 운영에 접근하는지 파악할 수 있는 합동 연수.
경쟁자	• 업계와 사회 전체의 이익을 위하여 규범적이거나 윤리적인 모범 경영을 함께 실천할 수 있는 업계 행사.
여러분이 공동작업/협업할 수 있는 조직	• 여러분이 제공하는 브랜드 경험이 어떻게 서로를 보완하는지 설명하는 산업 박람회 내 행사/전시대. • 사고 리더십thought leadership 콘텐츠를 공동으로 창안(예: 온라인 세미나를 열어서 여러분의 조직과 공동으로 전달할 수 있는 가치 강조하기).
노동조합	• 조합원이 우려하는 바를 경청하고, 전략 계획을 공개적이고 투명한 방식으로 공유하는 회의.
정부/정치인	• 국가/지방 정부를 사업장으로 초청하여 브랜드 경험을 공개함으로써 대내 투자 촉진.
잠재/기존 투자자/이해관계자/분석가	• 어떻게 자금을 투자받았고, 얼마큼 수익을 창출했고, 장래 계획은 무엇인지에 관한 최신 정보를 분기별로/연례로 투자자에게 간략하게 설명. • 온라인 브리핑을 조직해서 사고 리더십을 보여주는 시장 통찰/예측을 공유.
지역적, 국가적 또는 국제적 대중매체	• 기자회견 기간에 초대해서 여러분이 선보이려는 새로운 경험 공개. • 대중매체가 기사나 보고서에 사용할 수 있도록 명료하고 유익한 업계 데이터 제공. • 특별 행사에 유명한 소셜 미디어 인플루언서Influencer들을 초청하여 그들은 물론이고 궁극적으로는 그들이 속한 커뮤니티와 관계를 구축하기 시작.
지역 공동체	• 여러분의 브랜드가 지역 공동체와 관계를 맺고, 여러분이 그 지역에 어떻게 긍정적으로 공헌하는지 보여주기 위한 교육 체험. • 사업장, 예정된 공장 확장 등과 관련하여 소음이나 혼란, 오염이 발생할지도 모른다는 우려를 누그러뜨리기 위한 주민 회의.
로비 집단	• 로비스트를 방문하거나 초대하여 통찰을 공유하고 대화를 시작함으로써 상호 이해와 이익을 바탕으로 관계 구축.
자원봉사자(자선 또는 종교 단체인 경우)	• 자원봉사자를 모집하는 공개 행사. • 브랜드 경험의 핵심 요소에 부합하는 방식으로 기금을 모금하는 법을 자원봉사자한테 교육.

브랜드 경험 디자인 바이블

사임 다비Sime Darby는 다양한 사업을 벌이는 말레이시아 다국적 기업으로 시가 총액이 117억4천만 달러에 이른다. 26개국에 직원을 123,410명 두고 있으며 대규모 농장, 산업 장비, 자동차 산업, 부동산 부문에 발을 걸치고 있다. 이렇게 조직 규모가 크다는 것은 매우 다양한 이해관계자를 찾아내서 파악하고, 관계를 맺어야 함을 의미하는데, 2016년 연례 보고서에서도 이 점을 간단하게 설명한다(표 3.2).

표 3.2 사임 다비의 이해관계자

이해관계자	관계를 맺는 방법
투자자	• 순회 홍보 행사 및 지역 투자자 회의. • 단체 및 1대1 회담. • 연례 총회, 분기별 성과 보고 회의.
고객	• 산업 박람회 및 전시회. • 제품 출시. • 직접 참여 및 설문 조사. • 기업이 관리하는 현장 및 공장 직접 방문.
공급자/제휴사	• 관계 구축/인적 정보망 형성 모임. • 판매사 개발 프로그램.
직원 (현재 및 잠재)	• 주민 회의, 행사, 활동. • 대상 문제에 관한 표적 집단focus group 토론 및 참여 설문 조사.
커뮤니티	• 커뮤니티 참여 및 지원 활동. • 커뮤니티 개발 프로그램. • 전략적 제휴.
정부/당국/규제 기관	• 주기적인 참여, 커뮤니케이션, 담화. • 규제 문제에 관한 협의.
시민사회 단체/NGO	• 업계 원탁회의. • 전략적 제휴. • 직접 참여.

기타(대중매체, 학계, 업계, 협회)	• 이해관계자의 참여 설문 조사.
	• 회사의 개발 사항, 주요 행사, 보도 자료 발행에 관해 최근 소식을 주기적으로 갱신.
	• 단체 및 1대1 질의응답 모임.

출처: 사임 다비 2016년 연례 보고서

이 장에서는 고객에게 초점을 맞추는데, 가장 친숙한 이해관계자 집단을 대표하는 경향이 있기 때문이다. 하지만 여기서 소개하는 툴과 양식은 다른 이해관계자한테도 똑같이 쉽고 효과적으로 사용할 수 있다. 고객이나, 직원이나, 중개상이나, 잠재 투자자의 프로필을 분석할 때도 마찬가지 원칙을 적용하기 때문이다.

타깃 고객의 프로필을 분석하면 공감하기가 쉬워진다. 그러면 고객 시각으로 세상을 볼 수 있다. 고객의 관점을 장착하고 나면, 고객이 어떤 삶을 살며 어떤 경험 유형이 고객과 연관되는지 이해하기 시작할 것이다. 또 그 사람이 정말로 타깃 고객인지, 아니면 여러분이 잘못 가정하고 있는 것인지 '논리적으로 점검'하는 데도 도움이 된다. 이 부분은 중요한데, 전체 시장을 대상으로 삼으면 수익성이 그리 좋지 않을 것이기 때문이다. 프로필을 분석하면 여러분의 조직원 모두가 고객 분류에 대해 이해를 같이하는 데 도움이 될 것이다. 고객이 누구이고, 어떤 과제에 직면해 있으며, 그 과제를 다루는 데 여러분이 구축하는 브랜드 경험이 어떻게 도움이 될지 모두가 비숫하게 이해했을 때, 여러분은 일관적으로 더 연관성 있는 경험을 전달할 수 있을 것이다.

> 기업의 81%가 고객과 전체적으로 같거나 유사한 관점으로 바라본다고 이야기하지만, 소비자는 37%만이 자기가 좋아하는 기업으로부터 이해받는다고 말한다.
>
> 고위 간부 1천3백 명 중 23%는 '종합적이고 정확하며 360도를 아우르는 고객의 관점으로 전체 접점을 꿰뚫어 보지 못한다.'

타깃 고객을 분석할 때는 다음 페이지의 표 3.3에서 간단하게 보여주는 질문을 자기한테 던지는 것도 좋은 생각이다.

표 3.3 이해관계자 프로필 분석 양식

이해관계자 프로필 분석의 구성 요소	이것을 이해하면 아래 업무를 진행하는 데 도움이 된다
몇 살인가? 성별(이것이 중요한가), 결혼 여부, 소득, 교육 수준, 직업은 무엇인가?	더 자세히 파고들기 전에 이해관계자 페르소나 stakeholder persona에 관해 개괄적으로 생각한다.
저녁 식사는 어디로 하러 가는가?	이해관계자의 취향, 태도, 가처분 소득, 관심사, 문화적 관점, 예컨대 지역적인지 세계적인지를 판단한다.
어디서 장을 보는가?	이해관계자가 유기농 브랜드, 지역 브랜드, 세계 브랜드, 고급 브랜드 등에 관심이 있는지 파악하여, 구매 행동을 형성하는 가처분 소득과 근본 가치를 추측한다.
무엇을 마시나 (알코올/무알코올)?	예를 들어 고급 증류주, 빈티지 와인, 전통 기법으로 제작한 맥주, 유기농 주스, 장인이 키운 커피 등 어떤 브랜드의 종류를 이해관계자가 즐기는지 파악한다. 그러면 이해관계자가 어떤 사회적 맥락에 있는지, 예컨대 루프톱 술집인지, 세계적인 커피숍인지, 주스 가게인지, 도심 속 유흥업소인지를 이해하기 위한 기초를 닦음으로써 어디로 어떻게 브랜드 경험을 전달할지에 대한 토대를 세울 수 있다.
어떤 음악을 좋아하나?	기업 행사나 소매점에서 틀어 두거나 이해관계자가 통화를 기다리는 동안 등에 들려줄 음악을 고른다.
어디로 휴가를 떠나나?	이해관계자의 생활 방식은 어떤 유형인지, 예를 들면 활동적인지, 여유로운지, 문화생활을 즐기는지를 인식하고 그것을 토대로 여러분의 브랜드가 그 생활 방식과 얼마나 연관성 있는지 평가한다.
어떤 TV 프로그램을 보고, 웹사이트를 방문하는가?	타깃 이해관계자와 연관이 있는 적정 채널을 이용하여 더 효과적인 브랜드 커뮤니케이션을 계획한다.
어떤 종류 기업을 좋아하는가?	이해관계자가 어떤 경험에 참여할 듯한지, 예를 들어 문화적인지, 화려한지, 여유로운지, 비밀스러운지, 지적인지, 고상한지 확인한다.
어떤 스포츠를 하거나 관람하는가?	이해관계자가 열정을 쏟는 스포츠를 파악함으로써, 예산이 허용될 때 협찬이나 적절한 체험행사를 통해 브랜드 제휴를 맺는다.

어떤 영화를 보는가?	이해관계자가 기분을 전환하는 취향을 알아보고, 관련 있는 영화나 대중매체 유형에 집중하여 커뮤니케이션이나 여타 브랜드 활동을 벌인다.
어디에 사는가?	이해관계자는 소득 수준이 어떤지, 어디서/어떻게 소통할 수 있는지, 어떤 브랜드 유형을 자기와 연관이 있다고 인지할지, 예컨대 농촌 브랜드인지 도시 브랜드인지 알아본다.
생활신조는 무엇인가? 예컨대 '욜로YOLO, you only live once'인가, '용감한 자에게 행운이 따른다' 인가, '얻는 게 있으면 잃는 것도 있다' 인가?	이해관계자가 삶을 대하는 철학을 이해하고 여러분의 브랜드의 철학도 그와 결을 같이하는지 파악한다.
장애가 있는가 (신체적인가 정신적인가 그 외인가)?	브랜드 경험을 맞춤형으로 구축함으로써 이렇게 중요한데도 종종 제대로 서비스를 못 누리는 집단에 주의를 기울인다.
구매 채널은 무엇인가?	이해관계자의 구매 방식(데스크톱, 태블릿 PC, 스마트폰 등을 이용한 온라인 구매인지 소매상, 대리점 등을 이용하는 오프라인 구매인지)을 밝혀냄으로써 관련 채널에 노력을 집중한다.
어떤 소셜 미디어 매체를 이용하는가? 어떤 기술을 사용하는가?	어디에 커뮤니티를 조성할지 알아내서 이해관계자와 디지털 방식으로 관계를 맺는다. 그리고 어디에 콘텐츠를 배포하고, 온라인으로 집중하며, 마케팅 활동을 투입할지 파악한다. 또 관련 기술을 통해 경험을 전달한다.
예컨대 부모님, 유명인사, 기업가, 소셜 미디어 인플루언서 등 누가 선택에 영향을 미치는가?	브랜드 경험을 구축하는 중에 누구와 관계를 맺어야 하는지 파악한다.
어떤 가치를 찾는가?(돈을 제외한 관점에서 생각해보자.)	연관성 있는 이익을 전해줄 경험을 구축한다.
삶에 어떤 이야기가 있는가?	이해관계자와 개인적으로 관련 있는 브랜드 이야기를 지어서 이해관계자가 여러분이 사용하는 이야기를 통해 여러분의 브랜드를 알아보도록 한다.
예컨대 두려움, 자만감, 수용, 평안함, 경쟁심, 자존심 등 어떤 감정에 따라 의사를 결정하는가?	이해관계자의 삶, 예컨대 가족, 사교 모임, 승진, 정서적 안정 등과 감정적으로 연관된 브랜드 경험을 구축한다.
예컨대 가족 부양, 개인적인 지위, 행복 등 삶에 어떤 동기가 있는가?	이해관계자가 삶의 동기를 성취할 수 있게 해줄 경험을 전달한다.

무엇 때문에 걱정하고 밤에 잠을 이루지 못하는가?	문제를 해결하거나 걱정을 덜어줄 수 있는 무언가가 되도록 브랜드 경험을 설정한다.
가치는 어떤가?	이해관계자의 가치와 연관되게 브랜드 가치를 정의한다.

위에 나온 항목들을 다루면 주요 이해관계자를 더 정교하고 미묘한 방식으로 이해하는 데 도움이 될 것인데, 단순히 고객이나 투자자나 지역 공동체 일원으로서가 아니라 삶이라는 맥락에서 이해관계자를 볼 것이기 때문이다. 이해관계자가 세상을 바라보는 시각도 이해하기 시작할 것이다. 그러면 연관성 있는 브랜드 경험을 구축하는 일에 도움이 되는데, 공감을 통해 아이디어를 구성할 것이기 때문이다.

브랜드는 종종 나이와 성별, 여타 인구 통계적 특징을 근거로 시장을 분류하지만, 나는 여러분이 더 깊이 파고들어서 표 3.3의 마지막 칸에 노력을 집중하길 장려한다. 나이와 성별, 인구통계학에 집중하는 일은 상당히 초보적이다. 또 Z세대들이 성인 구매자로 성장함에 따라 이런 식으로 시장을 분류하는 일은 덜 중요해질 것이라고 봐도 무방하다.

몇몇 질문은 어떻게 여러분의 브랜드와 연관되는지 궁금할 수도 있다. 다음에 나오는 몇 가지 사례가 아마 도움이 될 것이다.

왜 고객의 관심사를 이해해야 하나?

델Dell은 기술 구매 결정에 지대하게 영향을 미치는 고위 간부들에게 접근하고자 델 '플레이 스루Play Through'라는 골프 애플리케이션을 아이폰과 안드로이드용으로 개발하여, 상호작용하는 골프 경험을 구현했다(회사가 위치한 텍사스주 오스틴 Austin으로 고위 간부를 초대하여 골프 토너먼트에 참가할 수 있도록 하기도 했다). 몇 달 지나지 않아 이 브랜드가 'IT 산업의 선두주자'라는 인식이 33% 증가했다.

생활 방식 이해하기

고객이 누리고 있거나 누리길 바라는 생활 방식을 이해한다면 그 안에 브랜드를 배치할 수 있다. 고급 아이스박스 브랜드인 예티Yeti는 제품에 집중하는 대신 제물낚시나 카약 같은 야외 활동에 집중하여 브랜드 커뮤니케이션을 시도했다. 생활 방식과 관련 경험에 집중함으로써 예티는 타깃 고객과 관계를 맺고, 자사 제품에 대한 수요를 자극했으며, 브랜드 에센스 범위 내에 알맞게 자리 잡은 다른 제품과 서비스, 경험을 이용해 새로운 수익 흐름으로 가는 문을 열었다.

어떤 소셜 미디어 채널이나 기술을 사용하나?

라크루아LaCroix 탄산수는 18~29세 인구 중 55%가 인스타그램 Instagram에서 활발하게 활동한다는 사실을 깨달았다. 이 통찰을 근거로 11만5천 팔로워 달성을 앞둔(2018년 1월 기준) 라크루아 인스타그램 커뮤니티에서는 사용자가 사진을 찍어 올리도록 장려하고 홍보했다. 소셜 미디어는 숫자 놀음은 아니지만, 인스타그램에 올린 글을 빠르게 넘기다 보면 깊이 관계를 맺은 커뮤니티가 눈에 띈다. 유난히 기술에 의존하는 Z세대가 출연하면서 소셜 미디어와 전반적인 기술에 관해 이해하는 일이 점점 더 중요해질 것이다.

어떤 가치를 따르나?

연구에 따르면 가치에 따라서 브랜드를 평가하는 사람들이 늘고 있다. 이해관계자가 어떤 가치를 따르는지 이해하면, 그 중에서 여러분과 같은 가치를 추구하는 이해관계자를 찾아내어 더 깊고 감정적인 수준에서 관계를 맺을 수 있다. 싱가포르 은행Bank of Singapore이 벌인 '여러분의 가치를 따라라Building on Your Values' 캠페인은 성공한 금융가가 자기 뿌리를 잊지 않은 모습을 묘사한다. 예를 들어, 이 캠페인에서는 어떤 사람이 자기 운전기사가 리무진 바퀴를 교체하는 것을 돕는 모습을 보여준다. 이 장면은 분명한 메시지를 전달한다. 부유하지만 겸손하다면, 싱가포르 은행을 찾아달라는 것이다. 이는 기존 및 잠재 고객이 감정을 이입하기에 적절한 이야기를 들려줌으로써 브랜드 가치에 공감하도록 촉진하는 효과적인 방법이다.

이해관계자 프로필을 분석하는 맥락에 통찰이 담긴 개인적인 일화를 보충하는 것은 늘 좋은 생각이다(6장 참고). 닐슨 Nielsen 조사도 이 점을 뒷받침한다. 닐슨이 보유한 자료에 따르면, X세대는 밀레니얼 세대보다 소셜 미디어에 시간을 더 많이 소비한다. 길을 걷다 보면 얼핏 보이는 사람들 정수리를 고려할 때. 이 결과를 예측한 사람은 거의 없을 것이다. 그러니 여러분이 가정하는 바를 점검하고 따져보는 것이 좋다. 그렇게 하면 개인적인 관점과 편견이 판단을 흐리지 않을 것이다.

타깃 고객을 분석할 때는, 고객을 시각적으로 표현한 다음, 그 그림 주변에 자세한 사항을 적어서 여러분이 얻은 통찰과 조합하는 것이 유용하다. 그림 3.1은 동남아시아에 있는 대형 은행에서 워크숍을 개최했을 때 얻은 사례를 보여준다. 타깃 고객은 벤Ben이라는 사람이었다. 벤은 소형기기, 음악, 빠른 차, 친구와 시간을 보내는 것을 좋아했다. 문제는 돈이 별로 없다는 것이었다. 벤은 여기서 도움이 필요했다. 이런 연습을 거치면서 부분에 기반한 전략을 떠올릴 수 있었는데, 디지털 우선 접근법을 채택하여 벤 같은 고객이 처한 재무 상황을 관리하는 것이었다.

그림 3.1 고객 프로필 분석(동남아시아의 금융 서비스 브랜드)

　　프로필을 예술작품처럼 그릴 필요는 없지만, 고객은 반드시 시각화해야 한다. 이 일은 매우 재미있을 뿐 아니라, 타깃 고객을 이해하고 나면 부분 페르소나를 개발함으로써 고객을 유형별로 생생하고 뚜렷하게 만들 수 있다. 이것이 중요한 이유는 고객이 단지 숫자가 아니라 사람일 때, 직원들이 고객에 관해 이해를 같이하고, 고객과 공감하고, 고객의 시각으로 세상을 바라볼 수 있기 때문이다. 더 감정을 이입하는 이런 접근법을 채택하면, 통찰로 가는 길을 닦을 수 있는데, 이 통찰은 여러분이 구축하는 브랜드 경험에 영향을 미치고 영감을 주고 그 질을 높일 것이다. 그림 3.2는 우리가 영국 폐혈승 신탁UK Sepsis Trust을 위해 개발했던 일부 페르소나를 공유한다.

내가 경영하는 회사 웨이브렝스는 클라이언트가 부분 페르소나를 다양하게 사용하도록 돕는다. 여기에는 다음과 같은 방법이 있다.

각 페르소나에 해당하는 실물 크기 마네킹을 클라이언트의 사무실에 놔두고 모두가 고객을 염두에 두도록 한다. 이 방법은 고객 서비스 부서나 전화상담실, 더 고객 중심적인 접근법이 필요한 조직에서 특히 유용하다. 부분 페르소나를 브랜드북brand book에 담아서 외부 대리점에 지침을 제공한다. 그리고 직원을 교육할 때, 예컨대 소매점 직원한테 부분 페르소나를 인지하도록 교육하면서 다양한 부분에 맞춰 매장 내 경험을 재단하기를 권장할 때도 부분 페르소나를 사용한다.

표 3.2 고객 페르소나(영국 패혈증 신탁)

1. 의료 서비스 대표(이사, 비 임상의) | 로저Roger 같은 사람

특징: 지적이고, '인생 경험'이 풍부하고, 경영에 능통한 사람. 신임 비상임이사로 국민 건강 보험 체계가 복잡하여 당황한 상태. CEO한테는 재난 및 실직 위험이 늘 비구름처럼 따른다.

업무 요인: 서비스 수요를 충족시키고, 품질과 안전 관리와 재무 안정성에 대한 요구에 균형을 맞추고, 끊임없는 변화에 대처하느라 매우 어려움을 겪는 상태.

감정 상태: 상황이 잘못되면 개인적으로 법적 책무를 지고 명성에 금이 갈 수도 있어 불안하고 위험을 느끼는 상태.

2. 의료 서비스 전문가 - 사원 | 나탈리Natalie 같은 사람

특징: 건강한 어린이 프로그램Healthy Child Programme에서 0~5세를 담당. 영국 패혈증 신탁과 주기적으로 만나지만, 그 사실을 인지하지 못하는 듯함. 끔찍해질 가능성이 있는 이 환자들을 현실적인 측면에서 잘 치료하는 일에 관해 더 많이 알아내는 데 열중함.

업무 요인: 직장 내외부에서 주기적으로 업박을 받아 근래에 처할 수 있는 상태. 시간을 갖고 문제를 진단하기보다는, '화재를 진압'하는 듯한 느낌을 받으면서 항상 서두름 무엇이 좋은가에 관한 관점이 상급자와 달라 갈등이 존재할 수 있음.

감정 상태: 상황이 잘못되면 개인적으로 법적 책무를 지고 명성에 금이 갈 수도 있어 불안하고 위험을 느끼는 상태.

3. 전문 단체 대표 | 리암 도널드슨Liam Donaldson 경 같은 사람

특징: 야심 있고 정치적으로 능숙한 사람. 핵심 가치관이 단단하지만, 자기와 자기네 단체의 이익은 보호하려 함. 때때로 이런 이익을 환자보다 우선할 것임.

압박 요인: 잦은 회의 때문에 부담을 느끼며, 자기 위치를 지기려면 곪임없이 싸워야 해서 지친 상태. 외부 압박 때문에 더 나은 판단에 반하는 결정을 내려야 할 수도 있음.

감정 상태: 자기와 자기네 단체에 이득을 가져올 제안은 매우 환영할 것이지만, 이 제안에는 자기네 핵심 가치관도 반영되어야 함. 정말로 상패하게 기본전환을 할 기회를 얻을 수도 있음.

4. 의료 서비스 대표 - 임상의/현장 근무자 | 론Ron 같은 사람

특징: 치료에 헌신하며 동정심이 있음. 전문가다운 가치관을 유지하면서, 안전하고 믿을 수 있는 치료를 보장하고 자 노력함.

압박 요인: 사기가 꺾인 직원한테 동기를 부여하기 위해 노력하는 동시에, 품질 및 안전을 수준 높게 보장하기 위해 본 투 등. 재무 목표와 법 준수에 따른 부담 때문에 압도당할 수 있음.

감정 상태: 결과를 향상할 진짜 기회가 있다면 두 팔 벌려 환영할 것이며 그 과정이 철저할수록 더욱 그렇다. 성공을 통해 전문가로서 자부심과 만족을 얻을 것이다.

5. 의회별 학자 | 사라 뉴튼Sarah Newton 하원의원 같은 사람

특징: 헌신적인 사람이며, 다른 세상을 만들겠다는 의도에서 경력을 쌓기 시작했다. 나쁜 평판을 불러오지 않는 선에서 좋은 일을 할 것이다.

압박 요인: 업무가 많으며, 기억, 위원회, 개별 유권자에 대한 약속과 지역구 주민의 요구 사이에 균형을 맞추고자 끊임없이 시도하는 상황에 부담을 느낌.

감정 상태: 좋은 일을 하길 진심으로 원하지만, '좋은 일'이 정당의 이익과 상충할 때 조절할 수 있음. 감정을 통제하며 대중 앞에서는 의도적으로 감정을 숨길 것이다.

6. 신탁에 가입한 패혈증 환자 | 리안Rhian 같은 사람

특징: 패혈증 문의인: 예전에는 패혈증에 관해 들어본 적이 없으며, 어쩌면 사망 진단서에서나 검시 때, 또는 의료계 종사자가 생존자를 지나가듯 언급할 때나 듣게 됐을 것. 더 배우고 더 배우고 다른 사람을 돕는 일에 열정적임.

압박 요인: 가족이 기대하는 바-책임 주공/소송 대 선행-가 담긴 감등이 생길 수 있음.

감정 상태: 다른 사람들에는 이런 일이 생기지 않도록 유도에 똑똑 찾음. 죽음을 가정했을 때 느끼는 슬픔, 또는 생존을 가정했을 때 나타나는 개인적인 정후(외상후증후군 포함)에 복잡하게 대응하는 상태. 따라서 소통하고 참여하는 능력이 오락가락할 수 있음.

브랜드 경험 디자인 바이블

7. 화가 난 패혈증 환자 | 앵그리 버드Angry Birds 게임에 나올 것 같은 사람

특징: 패혈증 문외한. 예전에는 패혈증에 관해 들어본 적이 없으며, 어쩌면 사망 진단서에서나 검시 때, 또는 의료 계 종사자가 생존자를 지나가듯 언급할 때나 듣게 됐을 것. 의료 서비스를 불신하며, 주로 지역에서 정치적으로 활발하고, 환자들이 모인 행동 단체와 연합하는 경향이 있음.

악화 요인: 종종 조책감에 쫓기거나 잘못되게 사로잡힘. 보상을 바라는 욕구를 가족이 부채질하거나 부추길 수 있음. 소송이나 책임 추궁, 언론 노출을 시도해야 한다고 느낄지도 모름.

감정 상태: '의사를 더 빨리 불렀다면' 같은 죄책감을 느낄 수 있음. 정보와 해답을 찾지만, 주로 사과받는 데 사용하며 그로 인해 나쁜 평판을 얻기도 함. 늦기 전에 신탁에 가입할 수도 있지만, 그 가능성은 작음. 영국 패혈증 신탁을 의료 서비스와 독립적인 친구로 여길 것이나 지나가는 관계로만 생각할 수도 있음.

B2B 시장에서도 이해관계자 프로필을 분석하는 일은 더는 아니더라도 B2C 시장에서와 똑같이 중요하다고 주장할 수 있다. 대인 관계는 B2B 시장을 특징지으며 중요하기 때문이다. B2B 브랜드인 경우에도 기업 고객이나 공급사, 여타 협력사 같은 주요 이해관계자를 표 3.3이 제공하는 양식에 따라 분석할 수 있다.

구글에서 수행한 연구는 B2B 시장에서 무엇을 연관성 있다고 인지하는가에 관해 흥미로운 조언을 제공한다. 연구 결과에 따르면 기업 고객은 자아상을 개선해주고 개인적인 가치에서 전문적인 이점을 끌어내 주는 브랜드를 선호하며 비싼 값을 치를 의사도 있다. 다시 말해, 이런 브랜드에는 '나를 위한 것'이라는 요소가 있다. 승진하는 것이든, 사장한테 좋은 인상을 남기는 것이든, 동료한테 전문성을 보이는 것이든 말이다. 이해관계자를 철저하게 분석하면 이것을 이해하는 데 도움이 될 것이며, 따라서 B2B 시장용으로 브랜드 경험을 구축할 때는 어떻게 하면 사람들이 각자 목표를 달성하거나 '일을 완성하도록' 도울 수 있을지를 염두에 둬야 한다.

이해관계자가 '일을 완성하도록' 돕기

'내가 사람들한테 무엇을 원하는지 물었다면, 사람들은 더 빠른 말이라고 대답했을 것이다'라는 헨리 포드Henry Ford의 유명한 어록은 그 유래와 진실성이 의심받고 있긴 하지만, 그 정서가 지니는 가치는 여전하다. 수십 년 전으로 돌아가 보자. 우리가 아이팟iPod을 원한다는 사실을 우리는 알았을까? 아니다. 우리가 페이스북이나 에어비앤비Airbnb를 원한다는 사실을 알았을까? 이런 것들을 진작에 출시했어야 한다는 점은 지금에 와서야 명확해 보인다. 왜 그럴까? 정답은 시장조사를 하는 동안 고객이나 다른 이해관계자한테 질문을 잘못 던졌다는 데 있다.

> '사람들은 자신이 무엇을 원하는지를 여러분이 보여주기 전까지 모를 때가 많다.'
>
> 스티브 잡스Steve Jobs

연구는 주로 고객의 '필요'와 '욕구'를 찾아내어 만족시키는 데 집중한다. 하지만 이 두 가지에 관해 질문한들 대단히 도움이 되지는 않는데, 전문 사용자나 산업 전문가를 제외하면, 고객은 자기가 무엇을 원하거나 필요로 하는지 정말로 알지 못할 때가 많기 때문이다. 자세한 세부사항이나 기능적 특징에 관한 경우가 특히 그런데도, 대부분 연구에서는 이 점에 집중하는 경향이 있다. 해결책은 이해관계자가 어떤 '일'을 완성하려고 하는지 찾는 것이다. 이것을 이해하고 나면 관련 경험을 구축할 자리를 잘 잡을 수 있을 것이다.

파이저Pfizer에서 류머티즘성 관절염 환자를 위해 젤잔즈 Xeljanz라는 알약을 출시한 사건은 브랜드가 고객이 일을 완수하도록 돕는 데 초점을 뒀던 사례로 꼽을 수 있다. 파이저에서는 광범위한 연구를 수행한 끝에 이 환자들이 완성하려던 주된 '일' 중 하나는 만성 질환이 없는 사람은 생각조차 못 할 순간을 즐기는 것임을 이해했다. 여기에는 계단 오르기나 수영, 요가, 사랑하는 사람한테 목걸이 채워주기, 발뒤꿈치를 들고 서서 배우자를 안아주기 같은 일이 있었다. 이런 내용을 캠페인에 넣자, 젤잔즈는 브랜드 인지도가 24%, 브랜드 회상brand recall이 25%, 환자가 의사와 젤잔즈에 관해 논의할 확률이 24%, 참작률이 75%, 처방 분량이 95% 증가했다.

'완성해야 하는 일'에 접근하는 방법은 하버드 경영 대학원 교수인 클레이튼 크리스텐슨Clayton Christensen이 개척했으며, 스티븐 웡커Stephen Wunker와 뉴 마켓 어드바이저New Markets Advisors에서 일하는 웡커의 팀원 같은 사람들이 뒤를 이어 발전시켰다. 핵심 아이디어는 제품과 서비스, 브랜드, 경험 등을 '고용'하여 사람들이 '일'을 완성하도록 돕는다는 것이다. 달리 말하자면, 사람들은 삶에서 무엇을 성취하고자 하는가? 어떤 임무를 완수하고자 하는가? 어떤 문제를 풀려고 하는가? 여기에 관해 파악했다면, 여러분은 이해관계자가 '일'을 완성하도록 돕는 브랜드 경험을 구축할 책임이 있다. 우리 회사의 클라이언트들은 '완성해야 하는 일'이라는 말을 다소 성가시고 거북하

브랜드 경험 디자인 바이블

게 생각하는 경향이 있다. 나는 정확히 이런 이유에서 이 말을 좋아한다. 여러분을 끌어당겨서 특정 이해관계자가 무엇을 성취하고자 하며 어떻게 하면 그 일을 하도록 도울 수 있는지를 더 깊은 수준으로 생각하게 만들기 때문이다.

어떤 사람이 완성하길 바라는 '일'은 근본적으로 이성적이거나 감성적일 수도 있고, 두 가지를 조합한 것일 수도 있다. 다음은 다양한 이해관계자가 완성하고 싶어할 지도 모르는 일에 대한 몇 가지 사례다.

- 자녀한테 멋지게 보이기(일하는 부모)
- 사장한테 좋은 인상 남기기(경리부장)
- 지역 공동체로부터 신뢰 얻기(화학제품 제조업체)
- 연인한테 사랑을 표현하기(남자친구, 여자친구, 약혼자 등)
- 아이한테 균형 잡히고 영양가 있는 식사를 빨리 먹이기 (부모나 돌보미)
- 성공할 수 있다는 사실을 스스로 증명하기(학교를 졸업한 신입사원)
- 조기 퇴직(최고경영자)
- 고객을 기쁘게 하는 직원 행동을 통해 브랜드 경험 전달하기(최고 마케팅 책임자 혹은 인사부 부장)

이런 통찰로 무장을 하면, 사람들이 특정 일을 완성하도록

돕는 브랜드 경험을 구축할 수 있으며, 이런 경험을 이해관계
자와 훨씬 더 연관성 있게 만들 수 있다. 전문가의 조언 3.1에
서는 특정 고객층이 하려는 일을 이해함으로써 미니Mini가 어
떻게 고급 소형차라는 틈새를 개척했는지에 대해 스티븐 웡
커가 간단하게 설명한다.

전문가의 조언 3.1

미니는 '완성해야 하는 일에 관한 생각'을
어떻게 이용해서 브랜드 성과에 추진력을 더했나?

스티븐 웡커, 뉴 마켓 어드바이저New Markets Advisors 상무이사

소형차는 지루하고 이윤이 나지 않는다. 자동차 제조업체로
서는 사업을 하는 데 필요한 부분이지만 매력적이지는 않다.
1990년대를 관통하는 업계 논리는 이런 식으로 흘러갔다.

BMW에서 다시 태어난 미니 사례로 들어가 보자. 이 차는
분명히 작지만, 엄청난 이윤을 내기도 했다. 미니는 불가사의
한 사업이었다. 고객은 비싼 값을 치르고 기본적인 차대의 종
류가 두 가지뿐인 자동차를 얻었다.

자동차에 특화된 '욕구'를 이 차가 만족하는지 뿐 아니라,
사람들이 이 차로 무엇을 성취하고자 하는지-'완성해야 하는
일'-를 파고든 데 비밀이 있다. '완성해야 하는 일'이라는 관점

에서 바라보자, 미니는 고객이 '무엇'을 추구하는지뿐 아니라 '왜' 그런지에도 집중할 수 있었다. 경쟁자들이 시장을 '소형 세단' 같은 단어로 정의하고 기술적 특징을 거의 끝없이 나열하며 경쟁하는 동안, 미니 팀은 옷이나 스쿠터, 프리우스Prius 같은 대형 자동차가 진정한 경쟁상대가 될 수 있다고 보았다. '왜'라는 렌즈를 끼고 특히 자기표현이라는 측면에 집중하면서, 이 브랜드는 주인이 불분명한 정신적 부동산을 점유할 수 있었고, 대량생산이라는 바다에서 개성이라는 중요한 영토를 확보했다.

고객의 욕구뿐 아니라 '완성해야 하는 일'을 이해함으로써 미니는 시장을 재정의했고 고유한 활동 방향을 창조하여 높은 가격을 매길 수 있었다. 게다가 회사는 구매자가 기능 면에서 바라는 점뿐 아니라 고객이 상당한 돈을 내면서도 충족하고자 하는 정서적 갈증에도 호소했다.

뉴 마케팅 어드바이저는 보스턴에 있는 자문 회사로 광범위한 시장에서 경쟁하고 성장할 수 있게 독특한 접근법을 창안하는 일을 전문으로 한다.

사치앤사치Saatchi&Saatchi와 맘스넷Mumsnet에서 조사한 바에 따르면, 성공적이고 연관성 있는 브랜드는 7가지 방식으로 엄

마를 돕는다(알림: 조사는 '엄마'에 한정했지만, 모든 부모와 돌보미와도 연관이 있다고 여길 수 있다). 연구에서는 엄마가 일을 완성하게 돕는다고 묘사하진 않았지만, 분명 그와 결을 나란히 했다. 엄마는 다음과 같은 성격을 지닌 브랜드에 끌린다.

- 정확성: 일하는 시간을 몇 초라도 단축하도록 돕고 상황이 매끄럽게 흘러가게 만든다.
- 마술: 마지막 순간에 엄마가 가방에서 토끼를 꺼내서 자녀를 즐겁게 해주도록 도울 수 있다.
- 융통성: 엄마가 바쁜 일정을 소화하고 필요할 때는 유연하게 행동하도록 돕는다.
- 쇼맨십: 자녀 양육 문제에 있어 옳은 일을 하고 있다는 자신감을 줌으로써 엄마가 아는 사람한테 이런 점을 자랑할 수 있도록 한다.
- 세심함: 엄마한테 무엇이 '옳은'지에 관해 암묵적으로 이해한다. 직관적으로 이해하고 있으므로 물어볼 필요도 없다.
- 정직성: 엄마가 아이 주변에 있으면서 편안하고 자신한테 진실한 느낌을 받도록 돕는다.
- 향상성: 엄마의 삶을 지지하고 엄마한테 자율권을 줌으로써 엄마를 돕는다.

엄마(또는 다른 부모나 돌보미)가 완성하려는 다양한 '일'

브랜드 경험 디자인 바이블

에 관해 이해하고 나면, 경험 유형과 그 경험을 전달하는 방식이 분명해진다. '정확성'을 갖춰 돕는다고 하면, 옷을 빨고 아주 빨리 말려서 다림질할 수 있는 상태로(또는 이상적이라면 주름이 가지 않아 다림질할 필요도 없는 상태로) 만들어주는 세탁기가 아이들을 등교준비 시킬 때 시간을 벌어줄 것이다. 몇 가지 '마술'로 엄마를 돕는다고 하면, 콘텐츠 제작 브랜드에서 교육적이고 유익한 영상이나 읽을거리를 하루 중 중요한 시간에 이메일로 보내줌으로써 엄마가 다른 일을 해야 할 때, 예컨대 저녁 식사를 준비하거나 자녀를 학교에 데려다주는 동안 아이를 즐겁게 해줄 수 있다. 이런 사고방식은 고객의 욕구나 필요, 엄마나 다른 부모한테는 낯설 수도 있는 제품 특성에서 시작하거나 심지어 기술에 관해 고려하는 방식과는 극명하게 대비된다. 엄마는 그저 아이를 즐겁게 해줌으로써 저녁 식사를 준비하는 데 집중할 수 있길 바랄 뿐이다. 자세한 부분은 신경 쓰지 않는다.

2002년 무렵 나는 대형 모바일 기업에서 위치 기반 서비스를 책임졌는데, 고객이 완성하려는 일이 아니라 고객의 욕구와 필요에 집중했던 것에 죄책감을 느낀다. 유럽 전역에서 질적이고 양적인 조사를 광범위하게 거액을 들여 실시한 결과, '로케이트 어 메이트Locate a Mate'라는 우리의 '친구 탐색기Buddy Finder' 서비스는 유럽의 송신 범위 전역에서 잘 받아들여질 듯했다. 로케이트 어 메이트는 권한을 허용한 '친구'가 어디에 있는지 고객에게 찾아준 다음, 서로한테 편리한 만남 장소를 찾아서 지도와 가는 법을 관련된 친구들한테 보내준다. 수백만 건에 달하는 유럽 위치 플랫폼 거래에 힘입어 수십만 파운드를 애플리케이션 개발에 투자했지만, 이 서비스는 사전 출시 점검 때 처참하게 실패했다. 당혹스럽기 그지없고 매우 혼란스러웠다. 나는 왜 이토록 상황을 잘못 이해했을까? 간단하다. 표적 집단 면접을 진행하는 동안 고객에게 잘못된 질문을 했기 때문이다. 그 질문에는 다음과 같은 것들이 있다.

- '정확성이 200m라면 친구의 위치를 찾기에 적당히 괜찮은가?'
- '친구 위치를 찾았다면, 서로 편리한 만남 장소를 찾아서 가는 법을 표시한 지도를 보내는 일에 관심이 있는가?'
- '서로한테 편한 장소에 있는 식당, 술집 등에 관해 리뷰가 있다면 유용하겠는가?'

위치 기반 서비스가 성질이 혁신적이라는 뜻은 그 서비스가 무엇인지, 우리 삶에 어떻게 맞아 들어가는지 또는 위치의 정확도가 수용할만한지에 관해 고객이 상상해보기 어렵다는 뜻이다. 따라서 고객은 자기한테 어떤 기능이 필요한지 모른다. 그래서 우리는 광범위한 기능 목록을 제공하고 고객들에게 가장 적절한 서비스 기능을 선택하도록 했는데, 이 문제를 해결하는 데 유용하리라 생각했기 때문이다. 이것은 나쁜 선택이었다. 고객은 모든 기능을 원한다고 답했다(놀랍지도 않다). 곰곰이 생각해보면, 브랜드 경험을 디자인할 때 사용하면 안 되는 방법을 총망라한 선택이었다. 우리는 타깃 고객이 완성하려는 일을 이해하고 그 주변으로 브랜드 경험을 구축했어야 했다. 나중에서야 알게 됐지만, 고객은 그저 친구를 찾은 뒤, 동네에서 만나자고 전화를 걸길 원할 뿐이었다. SMS로 짧은 코드를 보내서 친구가 있는 위치를 알려주기만 해도 충분했을 것이다. 지도나 찾아가는 법, 레스토랑 리뷰 등은 필요가 없었다. 이렇게 잘못된 조사를 통해 표적 집단에서 통찰을 얻은 결과, 우리는 메르세데스Mercedes면 충분했을 곳에 롤스 로이스Rolls Royce를 출시한다는 목표를 세웠던 것이다.

다음의 간단한 3단계 틀을 이용하면 고객이 완성하려는 일을 찾을 수 있다.

1. 맥락/상황
2. 걱정 또는 동기
3. 여러분이 완성하고 싶은 일

이 양식을 이용하면 이것들을 묶을 수 있다.

(맥락/상황)일 때, 나는(걱정/동기)를 하길 원하는데, 그렇게 하면(완성하려는 일)을 할 수 있기 때문이다. 예를 들면 이

렇다. '돈이 없을 때(맥락/상황), 나는 도시를 돌아다니면서 드는 돈은 확실하게 낼 수 있기를 원하는데(걱정), 그렇게 하면 스트레스를 받지 않고 내 삶을 살 수 있기 때문이다(완성하려는 일).' 이 과제를 완수하고 나면 고객이 돈이 아닌 방식으로 값을 치름으로써 비용 관련 스트레스를 피하도록 대상 경험을 구축하기 시작할 수 있다.

고객이 완성해야 하는 일을 식별하는 또 다른 방법은 다음의 3가지를 고려하는 것이다.

1. 누가?
2. 무엇을?
3. 왜?

이것들을 묶는 데는 이 양식을 이용하면 된다.

(누구)로서, 나는(무엇)을 원하는데, 그러면(왜, 즉 완성해야 하는 일)을 할 수 있기 때문이다. 예를 들면 이렇다. '야심 넘치는 최고 마케팅 책임자(누구)로서, 나는 진보한 브랜드 경험 관련 지식으로 내 팀을 무장(무엇)하길 원하는데, 그러면 우리가 브랜드의 재무 성과를 끌어올림으로써 이사회에서 최고 재무 책임자한테서 존경(왜)을 받을 수 있기 때문이다.' 이 통찰은 대리점이 전달해야 하는 경험의 유형을 형성함으로써, 궁극적으로 최고 마케팅 책임자가 재무 성과를 높이고

최고 재무 책임자한테서 존경을 받을 수 있도록 도울 수 있다.

'완성해야 하는 일'이라는 관점을 채택하기 시작하면 명확성이 생긴다. 아이팟은 고객이 수집한 CD를 통째로 이리저리 들고 다닐 수 있게 돕는다. 에어비앤비는 고객이 집을 떠나 여행하는 동안 그 지역 주민처럼 살게 돕는다. 페이스북은 다른 사람과 관계를 맺고자 하는 우리의 근본적인 욕구를 충족시킨다. 여기에 대해 더 이상적으로 생각할수록 여러분이 시장에 내놓아야 할 경험의 종류는 더 분명해진다. 안타깝게도 브랜드는 대부분 제품의 기능상 특징으로 '충족'시킬 수 있는 욕구와 필요에 집중한다. 그 결과 관련 없는 혁신과 불필요한 제품 기능이 탄생하여, 여러분이 구축하는 경험을 불명확하게 만들고 이해관계자가 참여하지 못하게 방해한다.

이해관계자의 참여 장려하기

오늘날 사업 환경은 점점 더 연결되고 복잡한 성질을 띠는데, 브랜드가 다양한 이해관계자와 상호작용한다는 뜻이다. 순전히 고객에게만 집중하고 말을 걸던 시대는 오래전에 지났다. 브랜드는 포괄적이고 연관성 있는 경험을 통해 이해관계자와 관계를 맺어야 한다. 많은 브랜드, 특히 기업 브랜드가 이 과제에 직면하는데 연관성을 유지하는 것을 목표로 하기 때문이다. 사임 다비 청소년 혁신가 챌린지Sime Darby Young Innovators

Challenge는 혁신적이고 지속 가능한 의제를 통해 밀레니얼 세대의 참여를 끌어냄으로써 이 문제를 다뤘는데, 그 방법은 하리 네어Hari Nair와 라피자 가잘리Rafiza Ghazali가 전문가의 조언 코너에서 간략하게 설명한다.

전문가의 조언 3.2

사임 다비는 어떻게 혁신을 통해 밀레니얼 세대와 지속 가능한 관계를 맺었나?

하리 네어, 사임 다비Sime Darby 그룹 최고 전략 및 혁신 책임자
라피자 가잘리, 사임 다비 그룹 전무이자 혁신 및 성과 관리자

지속 가능성은 사임 다비에서 꼭 필요한 부분이다. 경제적, 사회적, 환경적 고려사항 사이에서 균형을 맞춤으로써 사임 다비는 지속 가능한 가치를 이해관계자한테 전달한다. 여기에는 이해관계자가 이 의제에 참여하도록 관계를 맺고 권한을 부여하는 일이 수반된다. 사임 다비 청소년 혁신가 챌린지에서는 10대 학생들이 혁신적인 도전을 통해 지속 가능성을 포용하길 장려한다. 우승한 제안은 사임 다비에서 지원을 받아 개발된다. 총참가자 168명이 2016년에 말레이시아 전역의 4개 지역에서 열리는 지역 워크숍에 참가했다. 지역 우승자는 사임 다비에서 첫 번째 혁신의 날Innovation Day을 맞아 개최

한 전국 워크숍에 진출했다. 이 행사에는 말레이시아 수상인 나집 라작Najib Razak도 참석했다.

로빈 푸드(Robin Food, http://www.myrobinfood.org)는 말레이시아 동부에서 온 16살짜리 학생 4명이 모인 팀으로, 음식물 낭비를 줄일 수 있는 플랫폼(애플리케이션 및 웹페이지)을 이용하여 2016년 사임 다비 청소년 혁신가 챌린지에서 초대 우승을 차지했다. 상호작용이 활발한 이 온라인 시장은 대형 슈퍼마켓과 호텔을 말레이시아 전역에 있는 푸드 뱅크와 연결함으로써, 지역 자선단체나 NGO를 통해 남는 식품을 필요한 사람한테로 분배한다.

사임 다비와 이 챌린지 프로젝트를 후원하는 사임 다비 재단은 애플리케이션을 개발하기 위해 말레이시아에서 가장 큰 푸드 뱅크인 식량 원조 재단Food Aid Foundation 및 테스코Tesco와 긴밀하게 협력했다. 로빈 푸드 애플리케이션은 2016년에 출시됐으며, 내외부에서 상상하고, 혁신을 관리하고, 시행하고, 상업화하는 일이 어떻게 결합하면서 미래 혁신가와 기업가를 오늘날 직면한 지속 가능성 의제에 참여시키는지를 보여주는 사례가 되었다. 또 사임 다비는 이 챌린지를 통해 국가의 인적 자본 개발에도 공헌할 수 있었다. 젊은이들은 자신감과 창의력, 협동심을 기를 뿐 아니라 디자인 씽킹design thinking과 혁신, 리더십, 기업가적 역량을 접해 봤다. 무엇보다도 이 챌린지는 지속 가능성에 관해 더 깊은 이해를 끌어내고, 지속 가능성이 오늘날 업계에서 수행하는 중요한 역할을 강조한다.

사임 다비는 다양한 부문에 발을 걸친 다국적 기업으로 말레이시아 경제에서 핵심 역할을 맡고 있는데, 주요 성장 부문, 즉 대규모 농장, 산업 장비, 자동차, 부동산, 물류 분야에서 사업을 벌이고 있으며, 26개국과 자치령 4곳에서 영업 중이다.

비영리, 비정부, 자선단체도 목소리를 널리 알리려면 다양한 이해관계자 집단과 관계를 맺어야 한다. 이런 단체가 목소리를 내도록 돕는 데도 브랜드 경험이 중요한 역할을 한다. 예를 들어 영국 패혈증 신탁은 다음의 집단에 해당하는 이해관계자와의 관계를 관리한다.

- 의료 서비스 대표(이사, 비 임상의), 예: 국민 건강 보험 신탁
- 의료 서비스 전문가(사원급), 예: 간호사 또는 의사
- 전문 단체 대표, 예: 영국의 최고 의료 책임자Chief Medical Officer
- 의료 서비스 대표(임상의/현장 근무자), 예: 외과 또는 마취과 의사
- 의회법 학자, 예: 하원의원(그림 3.3)

- 패혈증에 걸렸으며 신탁에 가입했거나 협력적인 사람

- 패혈증에 걸렸으며 분노하거나 동요하는 사람

그림 3.3

영국 보건사회복지부 장관인 제레미 헌트Jeremy Hunt 의원이 이해관계자들과 패혈증에 대해 논의 중이다.

정부 역시 브랜드 경험을 구축하는 일이 나라를 운영하는 데 어떤 역할을 하는지 깨닫고 있다. 전문가의 조언 코너에서 와파 아부 스나이네흐Wafa Abu Snaineh 박사는 두바이 정부의 집행 이사회Executive Council가 어떻게 내외부 이해관계자와 관계를 맺음으로써 더 고객 중심적인 정부 계획을 두바이 국민에게 전달할 수 있었는지 관해 흥미로운 사례를 제시한다.

두바이 정부는 어떻게 고객 중심적인 경험을 구축했나?

와파 아부 스나이네흐 박사, 두바이 정부 집행 이사회 소속 두바이 더 모델
센터Dubai the Model Centre 자문위원

정부 서비스를 위한 두바이 모델DMGS, The Dubai Model for Government
Services은 고객 중심성과 서비스 효율성을 높이고 정부 계획을
창의적이고 더 영리하게 시행하도록 장려하는 것을 주요 목
표로 하여 출범했다. 고객 참여, 연결된 정부, 혁신, 이성적
인 소비라는 네 가지 원칙에 따라 착수하고 개발하고 시행하
는 중이다.

이 원칙들은 DMGS의 뼈대를 구성하는 세 가지 요소를
형성함으로써 정부 기관이 정부 서비스를 고품질로 전달하
도록 한다.

1. **서비스 전달**. 모범 서비스를 성공적으로 디자인하고 전달
   하기 위한 핵심 관점 7가지로 구성된다. 여기에는 고객 통
   찰, 서비스 허가, 서비스 인식, 고객 경험, 서비스를 전달
   하는 주역, 서비스 개선 문화뿐 아니라 효율적이고 효과적
   인 결과도 있다.

2. **서비스 평가**. 고객 중심성에 집중하여 서비스 효율과 효과
   를 평가하기 위해 통일된 툴킷을 마련한다. 조직은 이 툴

을 이용하여 내부적으로뿐 아니라 외부적으로도 성과 기준을 설정할 수 있으며, 정부 전체가 숙련된 의사 결정을 내리도록 고위 경영진한테 튼튼한 기반을 제공할 수 있다.

3. **서비스 개선 과정**. 서비스를 계속해서 개선하고 혁신하기 위한 표준 툴들을 포함한다.

DMGS은 두바이에서 실제로 효과를 발휘했다. 3년이 채 안 돼서, 30개가 넘는 정부 기관에서 이 모델을 채택했다. 모델은 대규모로 서서히 퍼져나가면서 서비스를 개선하는 문화가 정부에 공통으로 자리 잡게 도왔다. DMGS가 출범한 이래로 정부 기관은 서비스 개선 전략을 300개가 넘게 시행했고, 비용을 수억 디르함(아랍 에미리트 연방에서 사용하는 기본 화폐 단위)이나 절감했으며, 고객 경험을 다방면으로 강화했다. 또 이 모델은 다음의 내용을 증명했다.

- 공공 부문에서는 정부가 서비스를 전달하는 과정의 중심에 고객을 배치함으로써 고객 경험을 개선할 수 있다.
- 효율성과 고객 경험은 동시에 개선할 수 있다. 하나를 위해 다른 하나를 희생할 필요는 없다.
- 정치 기구라고 해서 꼭 구식일 필요는 없으며, 관료주의와 형식주의를 망라하는 최첨단 해법을 시행할 수 있다.

두바이에서 관리하는 '정부 서비스를 위한 두바이 모델', 즉

'더 모델 센터'는 전략적인 공공 서비스 전환 프로그램 중 하나로 두바이 정부에서 시행한다.

이해관계자의 참여라는 주제만으로도 책을 한 권은 쓸 수 있지만, 이 장 나머지 부분에서는 특별히 중요한 두 이해관계자 집단, 즉 고객과 직원을 참여시키는 데 집중한다.

고객의 역할

고객이 브랜드 커뮤니케이션을 통해 받는 메시지를 의문 없이 수용하던 시절은 지나간 지 오래다. 고객은 수동적이지 않다. 브랜드와 상호작용하길 기대한다. 기대하는 바도 크다. 안목이 있고, 관계를 맺으며, 회의적이고, 요구가 많다. 연관성 있는 방식으로 고객과 관계를 맺기 위해서는 개인에게 맞춘 경험을 매력적으로 구축해야 한다.

> 고객 경험의 결정권자 중 81%는 고객 경험 활동에 고객을 직접 참여시키는 것이 중요하다고 생각한다. 하지만 실제로 그렇게 하는 비율은 고작 57%에 불과하다.

나이키Nike는 'nike.com'이라는 문구로 브랜드 커뮤니케이션을 마무리 짓곤 했다. 더는 그렇지 않다. 너무 수동적이기 때문이다. 이제 나이키는 #그냥_해보는_거야#justdoit라는 해시태그나 더 초점을 좁혀서 #NIKExNBA 같은 해시태그로 브랜드 커뮤니케이션을 마무리함으로써 소셜 미디어를 이용한 참여를 장려한다. 더 최근에는 고객 참여를 촉진하기 위해 나이키커넥트NikeConnect라는 애플리케이션을 출시했는데, 덕분에 농구 팬들은 NBA 유니폼과 스마트폰을 연결함으로써 실시간으로 맞춤형 경험에 접근할 수 있게 되었다.

스타벅스는 레드 컵 아트Red Cup Art 대회를 20년 가까이 운영했다. 참가 고객은 무늬가 없는 크리스마스용 빨간색 컵을 매장에서 고른 다음, 각자 그림을 그려서 #레드_컵_아트#RedCupArt라는 해시태그를 달고 공유하는데, 가장 멋진 디자인은 스타벅스 소셜 미디어 채널에서도 공유한다. 몬데리즈Mondelez는 #오레오_적시기_경주#OREODunkSweepstakes를 통해 오레오 과자를 우유에 적시는 문화를 장려하는데, 사람들은 이 해시태그를 플랫폼으로 활용하여 오레오를 적시는 솜씨를 자랑한다.

T-모바일T-Mobile과 삼성은 타임스퀘어에서 판촉 행사를 진행하면서 가상현실 방으로 방문객을 초대하고 삼성 기어 VR 헤드셋을 착용하고 스키 모험 같은 체험에 몰입하게 만들었다. 버버리에서 개최하는 '아트 오브 더 트렌치Art of the Trench' 이벤트에서는 고객이 버버리 트렌치코트를 입고 사진을 찍어서 공유했다. 이런 접근법은 소셜 미디어 커뮤니티를 중심으

로 대화를 끌어낸다. 버버리가 밀레니얼 세대를 겨냥하여 세운 전략과도 잘 맞아떨어지는데, 밀레니얼 세대는 공통 관심사를 위주로 하는 커뮤니티에 참여하길 좋아하기 때문이며, 이 경우에는 품격있는 영국 호화 패션이 그 관심사다.

밀레니얼 세대를 고려할 때는 브랜드 참여의 중요성에 더 예리하게 집중해야 한다. 밀레니얼 세대는 디지털 기술이 만연한 환경에서 성장한 첫 번째 세대로, 전 세계 인구 중 1/4 이상을 대표한다. 또 사상 최악의 불황 중 하나를 겪으며 자란 기억이 생생하므로 경제적 고난을 감내하게 만든 여러 세계적인 브랜드를 잘 믿지 않는다. 브랜드 경험에 참여하길 촉진하면 이런 어려움을 다루는 일에 도움이 되는데, 브랜드 경험의 핵심 요소(2부)를 열리고, 진실하고, 상호작용하는 방식으로 표현할 기회가 생기기 때문이다. 밀레니얼 세대는 브랜드를 구매하고 브랜드에 얽히기에 앞서 그 브랜드가 주장하는 내용이 진실한지 평가하길 바라므로 이런 참여를 매력적으로 느낀다. 탐스 슈즈Toms Shoes가 좋은 사례다. 탐스는 매장마다 가상현실 헤드셋을 두고 이야기를 360도로 상영하면서 자기네 신발이 어떻게 소외된 공동체를 돕는지 보여준다. 덕분에 탐스를 찾는 고객은 브랜드 스토리는 물론 이타적인 가치를 접한다.

직원의 중요성 이해하기

훌륭한 브랜드 경험은 내부에서부터 구축되므로 브랜드 경험을 구축하는 과정에는 직원도 참견하고 참여해야 한다. 이런 접근법을 채택하면 조직이 시장에 내놓는 브랜드 경험에 직원이 소속감과 '주인의식'을 느낄 수 있다. 고객 대우, 사업 관행, 혁신, 사회 문제를 포함하여 여러 가지 문제가 있을 때, 직원은 가장 믿을만한 대변인이 되기 마련이다. 따라서 직원은 귀중한 브랜드 자산이 되며, 브랜드 경험을 구축하는 활동에 직원이 참여하는 것이 중요하다.

> '직원이 첫 번째고, 고객은 두 번째다. 직원을 행복하게 만들면, 직원도 고객을 돌보기 마련이다.'
>
> 토니 페르난데스Tony Fernandes,
> 에어 아시아Air Asia 창립자이자 그룹 최고경영자.

웨이브렝스는 한 야심찬 소규모 금융 회사와 브랜드 가치에 관한 프로젝트를 진행했다. 이 회사는 경험 중에서도 행동의 측면에 주의를 기울여야 한다는 점을 깨달았는데, 그렇게 해야 어디서든 고객 경험을 더 일관되게 전달할 수 있기 때문이다. 이 프로젝트에서는 첫 단계로 유럽 시장 전역에서 연쇄적인 워크숍을 활발하게 진행했는데, 이때 직원을 교육하고 브랜드 가치를 정의하는 과정에 참여시키면서, 기존 및 이상적인 가치를 바라보는 관점을 이야기하도록 유도했다. 그다음에는 디 큰 직원 무리와 양적 조사를 진행하면서 워크숍 동안에 이야기가 나온 관점을 검증했다. 브랜드 경험과 관련한 업무 흐름에 이 조사를 반영했으며, 주요 접점에서 고객 경험을 전달하는 동안 어떻게 하면 직원 행동을 통해 이런 가치에 생명을 불어넣을 수 있는지에 집중했다. 이런 식으로 직원 참여를 끌어내는 데 시간을 들이는 조직은 드물며, 일반적이지 않지만, 이 회사는 보상을 얻었는데, 조직 전체가 회사가 내건 가치를 이해하고 인정하게 됐기 때문이다.

아디다스는 나이키Nike와 언더 아머Under Armour에 밀려 시장 점유율이 떨어지기 시작하자, 이미지를 '창작자 브랜드'로 전환하길 원했다. 이 목표를 달성하기 위해 아디다스는 '퓨처크래프트Futurecraft' 같은 프로젝트를 시행하면서, 고객이 3D 프린터로 만든 밑창을 넣어 제품을 재단할 수 있게 했다. 아디다스는 시장에서 변화를 꾀하기에 앞서, 이미지 변화에 집중한 내부 프로그램을 통해 5만5천 명에 이르는 직원을 교육하고 참여시켰다.

호주 버진 액티브Virgin Active는 브랜드를 재단장하여 출범하는 일환으로 멜버른과 시드니 외곽에 있는 여러 창고에서 특별 제막식을 개최하고 버진 액티브 팀을 초대했다. 도착하자마자 브랜드의 대표는 새 브랜드를 소개하는 짧은 영상에 이어 잘 편집한 비디오를 보여줬는데, 거기에는 브랜드 가치가 무엇이고 그것을 어떻게 받아들이는지를 직원들이 무심결에 설명하는 모습이 담겨있었다. 그다음에는 전체 인원이 DJ가 이끄는 30분짜리 요가 수업을 체험했다. 버진 액티브에서 새롭게 계획하는 요가 수업을 맛보기로 제공하면서, 이 요가 수업이 단체 위주 운동에 집중한다는 점을 강조하기 위한 것이었다. 수업이 끝난 후, 호주 버진 액티브의 상무이사는 새로운 브랜드는 어떠한지, 유니폼, 룰루레몬Lululemon과 맺은 상업 제휴, 직원 행동, 보상이라는 측면에서 그것이 어떤 의미로 다가오는지에 대해 더 자세하게 설명했다.

최신 유행을 따르는 도시 패션 브랜드 자라Zara는 직원이 패션 추세의 맥을 짚도록 장려함으로써 직원 참여를 유도한다. 이 회사는 매장 직원과 매니저가 제품 관련 문의를 처리하거나 현장에서 행동하는 방식에 있어서 고객 동향에 민감하게 반응하도록 교육한다. 자라는 소매점 직원이 재단이나 천, 스타일, 라인에 대해 고객의 통찰을 수집할 수 있게 허용하고 장려한다. 고객이 통찰한 내용을 자라 본사 직원한테 전하면, 본사에서 그 제안을 진행하여 상업화할지를 결정한다.

IBM에서 수행한 연구에 따르면 '엘리트'라고 부르는, 고객 경험의 애호가는 직원을 성공으로 가는 핵심 동력으로 여기고 브랜드 경험을 진행하는 과정에 참여시킨다. 다른 연구에 따르면 직원 참여는 조직 성과에 긍정적인 영향을 미쳤다. 더 구체적으로 살펴보면, 참여 점수가 하위 25%인 조직과 비교했을 때 상위 25%인 회사는 다음과 같았다.

- 연간 당기 순이익(영국에서 '주주에게 돌아가는 이익')이 2 배 높았다.
- 5년 동안 주주에게 돌아간 이윤이 7배 높았다.
- 수익이 2.5배 성장했고, 고객 옹호customer advocacy와 수익성 이 12% 더 높았고, 생산성이 18% 더 높았다.

이 결과는 다른 연구와도 일치하는데, 그 결과에 따르면 매우 헌신적인 직원은 57% 더 열심히 노력하고, 업무를 20% 더 잘 수행하며, 헌신 수준이 낮은 직원에 비해 떠날 확률이 87% 낮다.

직원이 참여하는 사례를 압도적인 증거가 지지하고 있음에도 불구하고, 대부분의 브랜드 경험은 여전히 속도를 핑계로 외부에서부터 구축된다. 디자인과 커뮤니케이션 작업부터 시작한 다음, 마치 나중에 무언가를 덧붙이듯 직원을 참여시키는 것이다. 나는 여기에 반대한다. 만약 직원이 참여하지 않고, 브랜드 경험을 전달하는 데 자기가 어떤 역할을 하는지도 모른다면, 이런 경험은 직원의 진정한 헌신이 아니라 냉담함과 심지어 고통을 그 특징으로 할 것이다.

이해관계자의 기대 관리하기

많은 브랜드가 대단한 것을 약속하고 훨씬 적은 것을 전달한다. '여러분의 수익을 두 배로 만들어드릴 것입니다.', '운영 비용을 1년 안에 절반으로 줄여드릴 것입니다.', '여러분이 내일까지 제품을 받아보실 수 있게 보장합니다.' 2013년에 유고브 YouGov에서 수행한 연구에 따르면 특히 대기업에 이런 문제가 있다. 지나친 약속을 해놓고 이행하는 데는 실패한다는 것은 브랜드 경험에 있어서 자살과 마찬가지다. 왜 그토록 많은 브랜드가 이런 실수를 할까? 고객이나 다른 이해관계자가 실망하는 것을 원하지 않기 때문이다.

그러나 현실을 직시하고 기대를 관리하는 편이 훨씬 나으며, 그 때문에 단기적으로 차질이 생겨도 마찬가지다. 그러면 이해관계자가 화내고 짜증 내다가 장기적으로 브랜드를 옹호하는 마음이 깎이는 일을 최소화할 수 있다.

언젠가 웨이브렝스는 중동에 있는 대형 은행에 대한 연례 보고서를 완성해달라고 요청받았다. 이 일을 수행하기 위해 우리는 상당히 두꺼운 브랜드 안내서를 우편으로 받아야 했다. 보통 때라면 별문제가 없었겠지만, 클라이언트사의 나라는 시민들이 심각한 불안을 겪는 상태였다. 그러나 놀랍게도 불과 3일 만에 우리는 DHL 배달원은 맞이했다. 나는 배달원한테 매우 빠른 것은 물론이고 소포가 도착한 것만으로도 기쁘다고 말했다! 배달원은 '저희는 적게 약속하고 많이 이행합니다'라고 대답했다. 규모가 DHL 정도 되는 조직이 브랜드 경험을 이런 식으로 전달하는 것은 내부에서 소통하고 직원이 참여한다는 증거다.

결론

이 장에서 우리는 브랜드 경험 환경 중 이해관계자라는 요소를 어떻게 이해할 수 있는지에 대해 살펴봤다. 이 방법은 이해관계자 프로필 분석하기, 여러분이 제공하는 경험이 이해관계자가 '일을 완성'하는 데 어떻게 도움이 되는지 생각하기, 이해관계자의 참여 촉진하기, 기대 관리하기를 수반한다.

이런 식으로 이해관계자와 친해지는 일은 브랜드 경험 환경에서 중요한 요소로 보인다. 이해관계자가 누구인지, 어디를 가는지, 살면서 어떤 '일'을 하려고 하는지, 이해관계자와 관계를 맺으려면 어떻게 해야 하는지 이해했고, 여러분이 무엇을 전달할 수 있는지 현실적으로 파악했다면, 여러분은 이해관계자와 더 연관성 있는 경험을 구축하기에 좋은 자리를 차지할 것이다. 특히 관점을 미세 조정한다면 말이다.

04

관점
미세 조정하기

3장에서는 이해관계자를 이해하는 것이 중요하며 그래야 이해관계자와 연관 있게 브랜드 경험을 구축할 수 있다는 이야기를 간단하게 했다. 이번 장에서는 브랜드 경험 환경의 주요 양상에 맞춰서 관점을 미세 조정하는 방법에 대해 생각해보도록 도울 것이다. 여기서는 브랜드 경험을 구축할 때 다음의 요소들이 왜 중요한지를 간단하게 설명한다.

- 투명성 수용하기
- 전체론적 사고방식 채택하기
- 가격이 아닌 가치를 통해 주로 경쟁하기
- 인내심 가지기
- 통제력을 상실했음을 인정하기

이들 주제에 관해 이해하면, 브랜드 경험의 핵심 요소를 더 연관성 있게 개발하고 정의하는 데 도움이 될 것인데, 여러분이 지닌 견해와 브랜드 경험 환경을 형성하는 명백한 요인이 조화를 이룰 것이기 때문이다.

투명성 수용하기

이해관계자, 특히 밀레니얼 세대는 자기가 누구인지, 무엇을 상징하는지, 왜 존재하는지를 토대로 한 브랜드에 점점 더 끌리고 있다. 이런 추세는 계속될 것으로 보이며 진실성을 주장하고 강요하는 Z세대 덕분에 더 심화할 것이다. 따라서 브랜드는 열리고 투명한 방식으로 사업을 운영함으로써, 이해관계자가 이런 주제에 관해, 그리고 궁극적으로는 브랜드가 자기와 연관성이 있는지에 대해 잘 아는 상태에서 판단을 내릴 수 있게 해야 한다. 그와 동시에 NGO, 언론 매체, 정부와 관료, 기업과 CEO를 향한 신뢰가 얼마 전부터 줄어들었다. 이제 가짜 뉴스가 등장하면서 소셜 미디어에 대한 고객 신뢰가 줄어드는 현상도 여기에 포함하자. 이들 요인을 종합하면, 브랜드는 열리고 정직한 태도와 투명성을 불러오는 데 더 예리하게 집중할 수밖에 없다.

소셜 미디어는 깜짝 놀랄만한 속도로 대중한테 이야기를 전달한다. 이제 브랜드는 높은 사회적 기준에 점점 더 묶이고 있으며 숨을 곳이 없다. 소셜 미디어라는 불은 연료를 넣고 나면 그 불길을 잡기 어렵다.

예를 들어, 2015년 11월에 각종 뉴스 채널에서는 VW가 자사 자동차에 설치한 연료 배출 소프트웨어에서 '이상'을 감지했다고 보도했다. 그 결과로 터진 스캔들은 브랜드에 엄청난 영향을 미쳤고, Bloomberg.com에서 보도한 바에 따르면 VW 주식은 2.50유로(2015년 4월 10일 기준)에서 약 0.95유로(2015년 10월)까지 하락했다. 일본 자동차 제조업체인 미쓰비시Mitsubishi는 자동차 연비를 과장했던 것으로 드러나면서 8년 만에 처음으로 브랜드에 손실이 생겼다.

'아름다운 검은돈: 부패와 월드컵Corruption and the World Cup'이라는 다큐멘터리는 세계 축구계에서 일어나는 부패를 조사하게 했다. 그 결과 미국 법무부는 협박, 음모, 부패 혐의로 FIFA 임원 9명과 기업 간부 5명을 기소했으며, FIFA 임원 16명은 2015년 12월에 추가로 미 당국에 고발당했다. 이것들은 사례 중 일부일 뿐이며 그 목록은 계속 늘어나고 있다. 전문가의 조언 코너에서 마케팅 요원인 힐튼 바버Hilton Barbour는 어떻게 여타 브랜드가 투명성과 관련하여 갈등을 빚었는지를 간단하게 설명한다.

전문가의 조언 4.1

왜 투명성은 브랜드 경험의 중추인가?

힐튼 바버, 마케팅 요원

투명성이란 사업 운영에서 그 어느 부분도 고객이나 여타 이해관계자를 정밀히 조사한 범위를 벗어나지 않으리란 기대다. 이제 훌륭한 서비스나 제품을 전달하는 것만으로는 충분하지 않다. 그 서비스나 제품을 전달하는 방식도 똑같이 중요하다.

네슬레Nestlé에 그린피스와 진행 중인 싸움이나 열대우림에서 팜유를 조달하는 일, 지하수 소유권을 둘러싸고 지자체와 법정 소송을 반목하는 상황에 관해 물어보자. 여러분의 (매우 비싼) 아이폰을 제조하는 노동자가 어떻게 대우받는지도 똑같이 정밀하게 조사할 여지가 있다. 성별이나 인종 심지어 성적 지향성과 관련해서 어떤 태도를 고수하느냐에 따라서 조직은 고객으로부터 신뢰를 얻거나 송두리째 잃을 수도 있다. 미국 패스트푸드 체인인 칙필레Chick-fil-A는 CEO가 동성 결혼에 반대하는 성명을 냈을 때, 극렬한 논쟁의 중심에 서게 되었다.

투명성이라는 개념 때문에 여전히 고심하고 있다면, 이 점을 생각하자. 우리는 정보의 이용성과 자기표현 욕구가 유례없이 높거나 공개적인 세상에 살고 있다. 여러분이 속한 조직의 관행은 구글에서 검색만 해도 발견할 수 있다. 경영진을 위해 음식을 포장해 오는가? 조직이 '왜' 그런지에 대해 집착하는 것이 유행일 수도 있지만, 여러분이 '어떻게' 하는가에 대해서도 개방성과 투명성을 똑같이 보장하는 것이 어쩌면 더 중요하다.

힐튼 바버는 토론토를 거점으로 활동하는 전략가로 브랜드가 처한 골치 아픈 문제와 씨름하는 일을 그 무엇보다 사랑한다.

투명성은 설명을 요구하는데 브랜드는 이런 요구가 두려울 수 있으며 그럴만한 이유도 있다. 브랜드는 노출되고 취약하다는 느낌을 받는데, 대중들 눈에는 실수가 과장되게 비치기 때문이다. 하지만 투명성을 꼭 조심스럽거나 거부하듯 바라볼 필요는 없다. 점점 더 많은 브랜드가 투명성을 수용하고 있다. 투명성을 초석으로 삼아 브랜드 경험을 구축하고 그 결과 번창한다. 예를 들어, 파타고니아Patagonia에서 공개하는 '발자국 연대기Footprint Chronicles'는 전 세계에 있는 협력 농장과 직물 제조소, 공장을 보여준다. 목표는 공급 과정을 투명하게 해서 브랜드가 사회와 환경에 미칠 수 있는 부정적인 영향을 완화하는 것이다. 탐스는 신발이나 안경류, 커피, 가방을 팔 때마다 '일대일One for One®' 계획의 일환으로 신발이나 안경

을 어려운 사람에게 보낸다. 유니레버Unilever는 캐나다에 있는 블루 리본Blue Ribbon 농장 중 한 곳에 아이들을 초대하여 헬만Hellmann 마요네즈에 무엇이 들어가는지 가르쳤고, '함께하는 성장Grow with Us' 캠페인의 일환으로 남미에 있는 토마토 공급업체 중 한 곳을 개방했다.

B2B 관점에서 보자면, 투명성을 진지하게 수용한 경영자의 예로 프록터 앤드 갬블P&G, Procter & Gamble의 최고 브랜드 경영자인 마크 프리차드Marc Pritchard는 들 수 있다.

프리차드가 주장했던 바에 따르면 회사의 미디어 협력사, 플랫폼, 대리점은 미디어를 공급하는 데 있어 더 투명한 모습을 보여야 했다. P&G는 2017년 말까지 대리점마다 공인된 제3의 검증기관인 언론 등급 위원회MRC, Media Rating Council를 도입함으로써 모든 플랫폼이 MRC가 정한 시청 가능성 표준Viewability Standard을 준수하게 하고, 부정수단을 가려내기 위해 모든 디지털 미디어 협력사가 신용 책임 그룹TAG, Trust Accountability Group의 승인을 받도록 할 예정이었다.

블록체인 기술이라는 거대하고, 개방적이고, 분산적이며, 공유적인 데이터베이스가 출연하면서 결국에 브랜드 투명성은 더 빠르게 증가할 수밖에 없게 되었다. 데이터는 암호화하여 블록체인에 올리고 나면, 접근 권한이 있는 이해관계자가 전부 그 데이터를 변경하는 데 동의할 때만 수정할 수 있다. 또 블록체인에는 변경사항이 모두 자동 등록되므로 무엇을 바꿨고, 언제 바꿨으며, 누가 바꿨는지도 볼 수 있다. 다시 말해 이런 환경은 투명성을 촉진한다.

더 투명한 브랜드 경험을 전달하는데 블록체인 기술이 어떻게 도움이 되는가에 관해 다음과 같이 현실적인 사례를 몇 가지 들 수 있다.

- 고객은 명품이 진품인지 확인하고 위조품을 식별할 기회를 얻는다.
- 브랜드는 온라인상에서 광고가 어디에 걸리는지 확인할 수 있으므로 미디어 지출에 관한 투명성을 더 많이 확보할 수 있다.
- 지역 공동체는 공장에서 유독 폐기물을 합당한 방식으로 처리하는지, 또는 회사가 재활용 목표를 달성하는지 점검할 수 있다.
- '스마트 계약smart contracts'을 이용함으로써, 관련 당사자 모두가 보기에 특정 계약 의무를 이행했는지나 결제 여부에 따라서 제품이나 서비스를 공급망에서 내보낼 수 있다.
- 정부는 블록체인을 이용하여 공공 계약 대한 접근성과 입찰 과정에 대한 관리를 더 투명하게 만들 수 있다.

이런 사례를 보면 브랜드가 얼마나 다양한 이해관계자와 얽힐 수 있는지가 확연히 보이며, 고객을 고려하되 그보다 더 넓게 브랜드 경험을 구축할 때는 전체론적 사고방식을 채택하는 것이 중요함을 알 수 있다.

전체론적 사고방식 채택하기

> '고객 경험은 절대 한 부서에서 담당하면 안 된다.'
>
> 앤드류 파인Andrew Pine,
> 북미 포르셰Porsche의 고객관리 담당 부사장

> '마케팅은 고객을 책임지는 역할에 그쳐서는 안 된다.'
>
> 앤디 브리그스Andy Briggs, 영국 아비바Aviva의 최고경영자

세계적인 조직들은 브랜드 경험을 구축하는 일이 모두가 해야 하는 일이라는 점을 깨닫고 있다. 연구에서 나타난 바에 따르면 가장 세련된 브랜드들은 직무를 교차하는 방식으로 브랜드 경험을 구축하는 일에 접근한다. 즉 브랜드, 마케팅, 인사, 영업, 고객 서비스, 운영, IT, 시설 관리를 비롯한 여타 직무에서 직급별로 담당하는 역할이 있다는 뜻이다. 이는 도전

일 수도 있다. 인사부나 운영부, 시설 관리부, 고객 서비스부에서 브랜드 경험을 구축하는 일도 자기 일이라고 생각할 가능성은 적다. 이는 분명한 사실이다. 영국과 독일, 프랑스에서 경영진을 대상으로 연구를 진행한 결과, 전체론적 접근법을 채택하는 데는 현실적으로 문제의 소지가 있었다. 전체 회사 중 53%는 마케팅부 외에도 다양한 사업 부서가 참여하는 포괄적인 고객 경험 전략을 분명하게 정의하지 않고 있으며, 48%는 전체적인 고객 경험을 제공하기 위한 여러 부서 간 협력이 잘 이루어지지 않는다고 생각하고 있다.

> 고객 경험에 대한 책임과 리더십은 최고 마케팅 책임자와 마케팅 부서가 전통적으로 관리했던 독립적인 영역 너머로 퍼져나가고 있다.

전문가의 조언 코너에서 하룬 오클레이Harun Olcay는 아마존이 브랜드 경험을 구축하는 일에 어떻게 전체론적으로 접근함으로써 '고객 집착customer obsession' 리더십 원칙에 동료 직원을 포함하여 고려했는지를 간단하게 설명한다. 더 많은 회사가 아마존의 뒤를 따르는 것이 좋을 것이다.

전문가의 조언 4.2

'고객 집착'은 아마존이 브랜드 경험을 구축하는 데 어떻게 도움이 됐나?

하룬 오클레이, 아마존 진로 운영 관리자Pathways Operations Manager

아마존의 브랜드 경험은 '리더십 원칙' 14가지를 따른다. 이 14가지 원칙은 아마존에 가면 -포스터에서든, 회의실 벽에서든, 책갈피에서든, 안내서에서든- 어디에서나 볼 수 있으며, 직원이 일상적인 대화를 나누는 중에도 들을 수 있다.

'고객 집착'은 최고까지는 아니더라도 중요한 원칙 중 하나다. 3천 명이 모인 팀과 함께 일할 때는 단순히 최종 소비자한테만 얽매이면서, 브랜드 경험을 전달하는 데 각자 맡은 역할을 모두가 알고 있으리라고 가정할 수는 없다. 이런 생각은 지나치게 단순하다. 모든 직원은 '고객 집착'이 무슨 뜻인지 이해하고 믿어야 하며 전반적인 경험을 전달하는 데 자기가 어떤 역할을 하는지 인지해야 한다.

이 목표를 달성하려면 '고객'에 대한 이해가 최종 소비자에 국한되면 안 된다. 더 넓게 이해해야 하는데, 수많은 사람이 모여서 브랜드 경험을 전달하기 때문이다. 따라서 다음과 같은 사람들도 포함해야 한다.

- 고객의 문의 사항을 처리하는 고객 서비스부
- 최종 소비자가 주문한 내용을 이행하는 제휴사
- 소포를 배달하는 시행 협력사
- 판매자
- 공급사
- 물류 포장 센터에 속한 여타 지원 부서

내부 고객을 위해 우리가 추가로 더 나아가서 내부 고객을 둘러싼 장벽을 제거할 때 최종 소비자한테도 더 나은 서비스를 제공할 수 있다고 아마존에서는 진심으로 믿는다. 이런 마음가짐을 도입하는 일은 아마존이 '고객'을 이해하는 데에서 핵심을 차지하며, 우리가 전달하는 브랜드 경험에서도 중요한 역할을 한다.

'전체 고객 여정은 내 소관에서 매우 큰 비중을 차지하며, 실제 고객 경험을 전달하는 운영부의 동료들과 제휴하는 것이 중요하다.'

마이클 홉슨Michael Hobson,
만다린 오리엔탈Mandarin Oriental 최고 마케팅 책임자

> '고객 경험과 브랜드를 향해 고객이 느끼는 정서를 개선하는 것은 진 직원이 추구하는 목표다.'
>
> 에드 프렌치Ed French,
> 더 리츠 칼튼The Ritz-Carlton 최고 마케팅 책임자

전문가의 조언 코너에서 린다 혼Linda Hon은 말레이시아 최대 은행인 메이뱅크Maybank가 어떻게 전체론적 접근방식을 채택하여 중소기업을 대상으로 한 브랜드 경험을 구축하는지 간단하게 설명한다. 여기에는 커뮤니케이션, 소매, 신규 채용, 공정, 제품을 아우르는 여러 활동과 직무를 조정하는 일이 포함된다.

전문가의 조언 4.3

메이뱅크의 중소기업을 위한
통합적 브랜드 경험 디자인하기

린다 혼 페이 링Linda Hon Pei Ling,
싱가포르 메이뱅크 소매 중소기업 금융본부 소속 마케팅 및 전략팀 팀장

싱가포르 메이뱅크가 중소기업(총매출 2천만 싱가포르 달러 이하)을 대상으로 세운 소매금융 전략은 '빠르고, 단순하고, 편리한' 고객 경험을 전달하려는 우리의 바람을 중심으로 한

다. 우리는 이런 경험을 전달하기 위해 다면적인 접근법을 이용한다. 지원 사업 모델을 전 직원한테 분명하게 전달하므로, 중소기업의 선천적인 요구를 충족시키는 이런 경험 유형을 전달하는 데 동의하고 공헌해야 한다는 점을 직원도 이해한다.

전반적인 고객 여정을 꼼꼼하게 지도로 작성하므로 우리는 빠르고 단순하고 편리한 고객 경험을 전달할 수 있다. 여기에는 중소기업 고객이 우리의 브랜드와 어떻게 만나고 상호작용하는지를 철저하게 이해하는 일이 포함된다. 우리는 주요 마케팅 순간을 통해 중소기업 고객과 깊은 정서적 유대를 나누길 기대하는데, 신뢰와 충성도를 구축하고 궁극적으로는 매출과 수익성을 높이기 위해서다.

또 이런 경험 유형을 전달하는 데 도움이 되는 DNA를 타고난 덕분에 더 쉽게 고객과 긍정적인 관계를 맺고 상호작용하는 직원을 고객 응대 담당으로 채용하기 위해 심혈을 기울인다. 예를 들어 우리는 지점망을 최적화하기 때문에 중소기업 고객은 아무 지점이나 찾아가도 기본적인 은행 업무를 쉽고 빠르게 볼 수 있다. 더는 지정된 비즈니스 센터를 방문하지 않아도 되는 것이다.

업무처리 과정도 재설계했는데, 상품 승인 절차를 간소화하여 신속하게 진행하고자, 대출 신청 및 승인 절차에도 신속함과 효율성을 더했다. 또 제출용 및 집행용 서류를 표준화하고 간소화하면서 채용 및 인수인계 과정도 단순해졌다. 덕분에 고객은 매끄럽고 간편한 과정을 거쳐 대출을 신청할 수 있게 되었다.

우리는 제품과 서비스를 시장에 출시할 때, 솔루션을 기반으로 사전에 특별 제작하고 결합하는 경향이 있다. 목표는 빠르고 쉬운 금융 솔루션을 제공함으로써 중소기업 고객 부문을 명확하게 정의하는 것이다. 광고 및 마케팅 커뮤니케이션 활동은 고객 여정을 따라 신중하게 배치한다. 내용이 시각적이고 가벼운 스타일을 채택하는데, 인포그래픽은 읽기 쉽고 이해가 더 잘 가기 때문에 점점 더 많이 사용하고 있다.

이런 것들은 싱가포르 메이뱅크가 '빠르고, 단순하고, 간편한' 중소기업 고객 경험을 어떻게 더 쉽게 전달했는지에 대한 소수 사례일 뿐이다.

그림 4.1 중소기업 시장에 맞춘 메이뱅크 기업담보대출 광고

메이뱅크는 아시아를 선도하는 은행 그룹 중 하나로, 동남아시아 은행 중 자산 규모가 4번째로 크고, 20개국에서 지점을 2천4백 개나 운영하는 국제 네트워크를 갖췄으며, 전 세계에서 직원 4만4천 명이 고객 2천2백만 명에게 서비스를 제공한다.

CIMB*는 앞서가는 말레이시아 은행으로 동남아시아국가연합ASEAN 시장 전역에서 영업 중이며, 고객이 1천2백만 명이고 직원은 4만 명을 고용하고 있다. CIMB의 최고 마케팅 경영자인 모하메드 아담 위 압둘라Mohamed Adam Wee Abdullah는 IT와 운영, 인사를 포함하여 다양한 직무를 담당하는 직원을 모아 고객 여정 지도를 그리는 워크숍을 진행했는데, 그 과정에서 상업 부동산 대출 중 일부가 승인이 나는 데까지 2달 반이나 걸린다는 사실이 어떻게 드러났는지 간단하게 설명한다. 그 기간을 한 달 이내로 줄이기 위해, CIMB는 업무처리 과정 재설계 프로젝트에 착수하면서 직원한테 린 식스 시그마 그린 벨트Lean Six Sigma Green Belt 자격증을 교부했다. 덕분에 CIMB는

....

* CIMB 그룹은 말레이시아의 쿠알라룸푸르에 본사를 둔 겸업 은행(universal bank, 예금, 대출 등의 은행 업무뿐 아니라 신탁, 리스, 팩토링, 보험, 할부금융, 투자신탁에 이르기까지 금융업무 전반을 처리할 수 있는 은행)으로, 자산 규모는 아세안 지역 5위, 말레이시아 3위다. 설립 이래 가파른 성장을 이어오고 있으며, 2018년에는 전년 대비 순이익이 25% 가까이 증가하기도 했다. 금융 기업 사례를 다룰 때 모범 경영 사례로 자주 뽑히곤 한다.

대출 승인 과정을 재설계하고, 여러 직무에 걸쳐 효율성을 높이고 낭비를 줄일 수 있었나. 회사가 기능을 교차하고 전체론적인 사고방식을 채택하지 않았다면, 이렇게 향상한 경험 유형을 전달하는 일은 불가능했을 것이다.

전체론적 사고방식을 채택하는 일은 기능을 교차한다는 생각이 핵심인데, 이런 생각을 떠올리기란 말처럼 쉽지 않다. 내 경험에 따르면, 자존심, 권력, 지배력, 정치, 완고함, 순전한 어리석음이 움직이기 시작할 수 있다. 그 결과는 방어적이고, 내성적이며, 배타적인 경영 양식으로 나타나는데, 이는 언제나 위험하다. 이런 환경에서는 브랜드 경험이 꽃을 피울 수 없다. 다른 부서와 관계를 맺고, 마음을 열고, 동료에게 건설적으로 도움을 구하면, 긍정적인 반응이 돌아오기 마련이다. 사람들은 자기 부서를 벗어나는 범위에서까지 노력을 인정받길 좋아한다. 역사적으로 마케팅과 고객 서비스, 인사 같은 부서는 조직 내에서 정치적으로 취약한 경향이 있다. 따라서 힘을 합치는 것이 나쁜 일은 아닐 것이다.

가격이 아닌 가치를 통해 주로 경쟁하기

'브랜드 관점에서 보면 우리가 할 수 있었을 일이 많은데, 전통적인 광고에 쓸 예산이 매년 1천2백만 파운드나 나한테 배정됐기 때문이다. 또 우리는 라디오에 지출을 가장 많이 하는 3곳 중 하나였다. 내 생각에 우리는 내림세를 막고자 메시지를 훨씬 더 공격적으로 만들었지만, 이는 주로 판매 중심이었고 가격을 기반으로 한 것이었다.'

브린 오웬Bryn Owen, 블록버스터Blockbuster
영국 최고 마케팅 책임자(2008~2012)

가격만으로 경쟁하는 것은 위험한 전략이 될 수 있다. 여러분이 가격을 낮추면 경쟁자도 보복성으로 가격을 낮춘다. 여러분도 비슷하게 행동하는데, 비용을 절감하여 이윤을 유지하려고 분투할수록, 아래를 향해 저절로 돌아가는 소용돌이에 속도가 붙는다. 가격 중심 접근법을 채택하면 경쟁할 수 있는 선택지가 한정되는데, 이 길로 출항하고 나면 방책을 바꾸기가 어렵기 때문이다.

가치 중심 접근법과는 정반대다. 이해관계자를 이해하면, 이해관계자가 기꺼이 값을 치를만한 가치가 발생하기에 적절한 원천을 찾을 수 있다(참고: 고객 프로필 분석은 여기에 도움이 된다). 게다가 잠재적으로 가치가 발생할만한 원천은 그 수가 거의 무한하므로, 선택할 수 있는 전략 채널도 아주 다양할 것이다.

2009년 가을에서 2014년 초봄까지 우리는 1930년대 이후로 가장 심각한 불황을 겪었다. 이 시기 동안, 영국 슈퍼마켓 몇 곳이 가격 전쟁에 들어갔다. 가격 압박에 시달리자 가치를 더하는 대신 원가를 절감했는데, 그 명백한 대상은 공급망이었다. 한 소매상은 스파게티 볼로네제에 소고기 대신 말고기를 넣기에 이르렀다. 말고기는 지방 함량이 낮아서 건강에 더 좋긴 하지만, 문제는 그 점이 아니었다. 소비자는 말고기가 아니라 소고기를 먹기 위해 돈을 냈다는 점이다(영국에서는 말고기를 잘 먹지 않는다). 비밀은 탄로 났고, 그 브랜드는 신용이 땅에 떨어졌다.

저가 항공사인 라이언에어Ryanair는 세계가 불황에 빠져 있던 동안 가격 경쟁을 계속했다. 비용 절감을 단행하면서 고객을 잃었고, 2013년에 이익 경고profit warning를 두 번이나 공시해야 했다.

반대편 끝에서는 2009년 9월부터 2014년 1월까지 애플의 주가가 25달러에서 77달러로 급등했다.

산업 부문이 다르긴 하지만, 이 사례들은 재정 상황이 어려운 시기에조차 고객이 어떻게 가격 외 요인에 근거하여 구매 결정을 내리는지를 보여준다.

칸타 밀워드 브라운에서 진행했던 대규모 연구(그림 4. 2)는 가격보다 브랜드가 중요하다는 사실을 뒷받침한다. 이 연구에서는 어떻게 56%나 되는 고객이 순수하게 브랜드만 보고 결정을 내리는 동안 가격만 따져서 결정하는 고객은 고작 10%뿐인지를 간단하게 보여준다.

그림 4.2 가격 대비 브랜드의 중요성

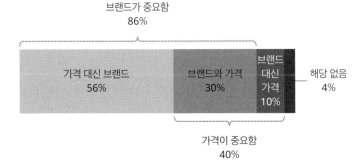

출처: 칸타 밀워드 브라운 브랜드Z™(2016)

어떤 시장에서는 다른 시장에서보다 가격이 중요한 역할을 하는 것은 사실이다. 예를 들면 원자재가 그렇다. 하지만 이런 시장에서조차 유산과 평판, 투명한 공급망, 사후 서비스를 이용하면, 브랜드 경험이라는 직물에 가치를 엮을 수 있으며 가격을 올릴 수도 있다. 영국 가스British Gas는 인터넷 연결 상품과 스마트 미터Smart Meter, 보상 프로그램을 소개한다. 목표는 서비스를 기반으로 가치를 창출할 원천을 개척함으로써 오직 가격에만 매달리는 경쟁사와 거리를 두는 것이다. 알디Aldi와 리들Lidl 같은 슈퍼마켓 브랜드는 이윤을 낮추는 가격 중심 전략에 기초해서 공격적으로 시장 점유율을 높였다. 하지만 이런 브랜드조차 '고급 제품'과 '특별 선성 제품' 등으로 가격 범위를 다양화한다. 가격에 민감한 시장에서조차, 가격은 일부 가치를 대변하며, 가치 그 자체와 동등한 때는 거의 없다는 사실을 꼭 깨달아야 한다.

인내심 가지기

세계에서 가장 가치 있는 브랜드(표 4.1)를 얼핏 훑어보면 이들 브랜드 대부분이 어떻게 수십 년은 아니더라도 몇 년 동안 열심히 노력해서 지금 지위를 얻었는지가 눈에 띈다. IBM, 코카콜라, AT&T, 비자Visa, 맥도날드는 이 점을 보여준다. 구글과 페이스북, 아마존과 같은 기술 브랜드가 단기간에 천문학적으로 성장한 것은 사실이지만, 이들은 예외일 뿐 표준이 아니다.

> '브랜드는 인내심을 발휘해야 한다. 브랜드가 성장하는 데는 그야말로 시간이 걸린다.'
>
> 바이런 샤프Byron Sharp

브랜드 경험 디자인 바이블

차가운 진실은 브랜드를 만들고 브랜드 경험을 구축하는 데는 시간이 걸린다는 것이다. 브랜드 가치가 이해관계자와 의미 있는 방식으로 공명하려면 시간이 필요하다. 여러분이 브랜드를 운영하는 하나 이상의 부문에 브랜드가 결합하도록 포지셔닝하는 데도 시간이 걸린다.

브랜드에 힘을 실어줄 경험을 구축하는 데도 시간이 걸리는데, 구조적이고 문화적인 변화가 필요할 수도 있기 때문이다. 때때로 웨이브렝스를 찾은 클라이언트는 브랜드 경험을 중심으로 일하고자 결심하고서는, 채널이나 생산설비, 수직 시장Vertical Market이 아니라 주로 이해관계자나 고객 부분을 중심으로 구조를 개편한다. 이런 변화도 문화적으로 상당한 영향을 미친다. 브랜드 경험을 중심으로 조직을 구성하려면 사고방식을 달리해야 하는데, 제품이나 수직 시장이 아니라 이해관계자한테 집중해야 한다. 이런 구조적이고 문화적인 변화는 계획하고 시행하고 뿌리를 내리는 데 시간이 필요하다. 브랜드 경험을 구축할 때는 인내심이 필요하다는 뜻이다.

인내하려면 시간이 필요하지만, 시간이야말로 최고경영자 대부분이 최고 마케팅 책임자에게 주지 않는 것이라는 점을 나는 알고 있다. 최고 마케팅 책임자는 급하게 수익을 내야 한다는 압박에 시달린다. 이런 어려움을 다루기 위해 다음과 같이 조언하려 한다.

- 브랜드 경험이 무엇인지, 브랜드 경험이 조직에 어떻게 도움이 될 것인지를 동료에게 가르쳐 줘라.
- 사람들은 자기가 무엇을 모르는지도 모르는 때가 많다. 브랜드 경험을 구축하는 일이 범위는 어떻고 얼마나 복잡한지 여러분이 설명하기 전까지는 근시안적인 사고가 팽배할 것이다. 이 단계를 밟으면 기대를 관리하는 데 도움이 될 것이다.
- 동료를 끌어들임으로써 브랜드를 구축하는 과정에 흥미를 보이고 주인의식을 갖도록 만들자. 브랜드는 여러분뿐 아니라 모두가 돌보는 아기여야 한다.
- 브랜드 경험을 옹호하거나 지지하는 직원들을 조직 전체에서 찾아내길 권하는데, 이들은 여러분이 하는 일에 생기를 불어넣어 줄 것이다. 또 여러분이 하는 일에서 생기를 빨아들이려는 회의론자한테 반격을 가해줄 수도 있다. 대개 이런 회의론자는 개인적인 안건이나 사내 정치를 제외하면 마땅한 이유를 대지 못한다.
- 적절한 사례 연구, 이상적으로는 경쟁사나 동종 시장에서 발표한 연구를 공유함으로써 성공 사례를 보여주자. 여기에는 경영자들이 정신을 집중하기 쉽다.
- 여러분이 어떻게 과학적인 접근법을 택해서 브랜드 경험을 구축할지 간단하게 설명하자(20장). 그러면 숫자는 이해하지만, 브랜드는 모르는 사람한테도 확신과 믿음이 생

길 것이다.

- 브랜드를 구축하는 작업의 일환으로 즉각 눈에 보이는 성과를 낼 수 있는 과제를 찾자. 회귀 분석이나 구조 방정식 모형처럼 통계적인 기법을 사용하면 성과가 발생하는 접점을 찾을 수 있다(6장). 이런 성과에 집중해서 브랜드 경험이 전달하는 가치를 설명하자. 사람들은 성공에 동참하길 좋아하므로 단기성과를 보여주면 여러분이 그 일을 하도록 도울 것이다.

내 경험에 비춰보건대, 인내심 부족은 브랜드 경험을 구축하는 프로젝트가 실패하는 주요 이유 중 하나다. 이렇게 프로젝트를 서둘러 진행하면 득보다는 실이 큰데, 고위 경영진이 참여하고 조직 차원에서 더 널리 지원을 받는 일은 거의 초반에만 있을 것이기 때문이다. 여러분은 조직원을 곁에 두기 위해 시간을 들여야 할 것이다. 여기에 실패하면 혼란이 발생하고, 뒤이어 경험이 분열되고, 그 결과 브랜드 성과가 실망스러울 것이다.

표 4.1 세계에서 가장 가치 있는 브랜드

2017년 순위	부문	브랜드	국가	지역	2017년 브랜드 가치 (백만 달러)	2016년 대비 2017년 브랜드 가치 변화(%)
1	기술	구글	미국	북미	245,581	7%
2	기술	애플	미국	북미	234,671	3%
3	기술	마이크로소프트	미국	북미	143,222	18%
4	소매	아마존	미국	북미	139,286	41%
5	기술	페이스북	미국	북미	129,800	27%
6	통신사	AT&T	미국	북미	115,112	7%
7	결제	비자	미국	북미	110,999	10%
8	기술	텐센트Tencent	중국	아시아	108,292	27%
9	기술	IBM	미국	북미	102,088	18%
10	패스트푸드	맥도날드	미국	북미	97,723	10%
11	통신사	버라이즌Verizon	미국	북미	89,279	-4%
12	담배	말보로Marlboro	미국	북미	87,519	4%
13	청량음료	코카콜라	미국	북미	78,142	-3%
14	소매	알리바바Alibaba	중국	아시아	59,127	20%
15	지역 은행	웰스 파고Wells Fargo	미국	북미	58,424	0%
16	로지스틱스 Logistics	UPS	미국	북미	58,275	17%
17	통신사	차이나 모바일 China Mobile	중국	아시아	56,535	1%
18	엔터테인먼트	디즈니	미국	북미	52,040	6%
19	복합기업	GE	미국	북미	50,208	-7%
20	결제	마스터카드 Mastercard	미국	북미	49,928	8%

출처: 칸타 밀워드 브라운(2017)

통제력을 상실했음을 인정하기

대표, 관리자, 경영자 중 자기가 전달하는 브랜드 경험을 완전히 통제한다고 생각하는 사람이 있다면 그것은 착각이다. 버버리를 예로 들어보자. 영국을 대표하는 상징적인 고품격 브랜드지만, 축구 훌리건이 난동을 부릴 때도 버버리 스카프로 얼굴을 가리곤 한다. 여기에 대해 버버리가 할 수 있는 일은 거의 없다. 회사를 설립할 당시에는 브랜드 커뮤니케이션을 조각할 수 있었고, 잡지나 신문, 라디오, 텔레비전을 사용해서 광범위하게 통제할 수 있었다. 소셜 미디어가 출연하면서 모든 것이 변했다. 한번 공공 영역으로 송출한 브랜드 메시지는 이제 놀라운 속도로 수정되고 심지어 왜곡될 수도 있다. 이런 상황에서 브랜드는 난관에 봉착한다.

이제 브랜드는 사람들이 브랜드를 인지하는 방식을 완전히 통제하지 못한다. 이런 새로운 사태에 적응하고자, 마케팅 담당자는 소셜 미디어 모니터링 프로그램을 사용하거나 인플루언서를 마케팅에 동원함으로써, 통제력이 적음은 인정해야 하지만 완전히 포기할 수는 없는 세상에서 직무를 수행하는 데 도움을 받는다.

2011년, 네슬레는 스위스 브베Vevey에 있는 본사에 데이터 가속화 팀DAT, Data Acceleration Team을 창설했다. DAT는 관측팀인데 사회에 발자취를 남긴 곳곳에서 전 네슬레 브랜드가 보내는 데이터 피드를 실시간으로 추적함으로써, 브랜드 경험의 핵심 요소가 바람직한 방향으로 힘을 발휘하도록 대화 방향을 유도하고 안내한다. 이는 비밀스럽고 은밀하게 들릴 수도 있다. 나도 대체로 동의하는 바다. 하지만 고객과 관계를 맺고, 온라인 커뮤니티 상에서 브랜드를 둘러싸고 나누는 대화를 인도하기 위해 여러 세계적인 브랜드에서 이런 일을 한다.

'인플루언서 마케팅'은 사람들이 브랜드를 인지하는 방식을 다소 미묘하게 통제할 수 있는 또 다른 방법이다. 이때는 창작물을 소셜 미디어 계정에 전시함으로써 팔로워들이 활발하게 참여하는 커뮤니티를 구축한 사람들과 브랜드가 협업한다. 소셜 미디어 인플루언서한테는 대다수 브랜드로서는 꿈밖에 꿀 수 없는 신빙성, 신용, 영향력, 소셜 화폐Social Currency가 있으며, 인플루언서가 객관적이라는 인식은 브랜드가 통제력을 조금이나마 다시 긁어오는 데 정말로 도움이 된다. 인플루언서 마케팅이 지니는 가치는 특히 밀레니얼 세대에서 두드러지는데, 18세에서 34세 사람 중 34%는 소셜 미디어 인플루언서, 블로거, 브이로거가 추천을 해주면, 그 브랜드나 회사를 향해 느끼는 전반적인 충성심도 영향을 받는다고 말한다(55세 이상 중에는 12%인 것과 대비된다).

인플루언서 마케팅은 서서히 주류로 이동 중이며 수많은 브랜드가 인플루언서 마케팅을 포함하여 경험을 전달한다.

구글은 유튜브 랩YouTube Lab을 만들어서 소셜 미디어 인플루언서와 협력하는데, 로레알L'Oréal, BMW, 존슨 앤 존슨 등과 같은 기업이 소유한 브랜드를 소비자가 인식하도록 유도한다. 아마존은 아마존 어필리에이트Amazon Affiliate를 구축해서 매출을 토대로 수수료를 지급한다. 또 아마존은 플루언서 프로그램Influencer Program을 더 독자적으로 운영하는데, 여기서는 플랫폼별 팔로워 수, 참여 수준, 내용 품질, 연관성 등을 토대로 지원서를 평가한다. 다시 말하지만, 수수료는 매출에 근거하여 지급한다.

나이키는 시몬 바일스Simone Biles 같은 운동선수나 FKA 트위그스FKA Twigs 같은 문화 인플루언서와 제휴를 맺음으로써 Z세대와 관계를 맺는다. 한편 아디다스는 '다크 소셜dark social' 접근법을 수용했는데, 그 일환으로 페이스북 메신저나 왓츠앱WhatsApp, 라인Line 같은 메시지 애플리케이션을 이용하여 브랜드를 옹호하는 사람들이 끈끈하게 연대한 소그룹을 만들었다. 아디다스가 만든 첫 번째 다크 소셜 그룹은 탱고 스쿼드Tango Squad로, 상징적인 축구팀 이름을 땄다. 이 그룹에는 16~19세에 해당하는 전 세계의 축구광이 100~250명 정도 모여있는데, 이들은 독점 콘텐츠를 출시 전에 받아볼 수 있으며 각자 커뮤니티에 공유할 수도 있다. 선수를 만나는 자리에 초대받기도 하는데, 그러면 사진을 찍어서 소셜 미디어에 공유할 수 있다. 이를 통해 커뮤니티 일원은 명예를 얻으며, 주류 소비자가 아니라 귀중한 내부자라는 느낌을 받는다.

중국 통신사 브랜드인 화웨이Huawei는 2016년 9월에 상하이에서 개최했던 화웨이 커넥트Huawei Connect 회담에 주요 기술 인플루언서 11명을 초청했다. 이 행사에는 약 2만 명이 참석했으며, 이 기간에 460만 명한테 브랜드를 알렸다. 화장품 브랜드 에스티 로더Estée Lauder는 '더 에스티 에딧The Estée Edit'을 더 젊은 채널에 맞추기 위해 카다시안Kardashian* 가족 중 하나인 켄달 제너Kendall Jenner에게 더 에스티 에딧에서 나오는 제품 중 가장 좋아하는 것을 사용해서 75만 명에 이르는 인스타그램 팔로워와 화장 방법을 공유해달라고 요청했다.

젊은 인구가 새로운 찰루빠chalupa 메뉴를 맛보도록 장려하기 위해 타코 벨Taco Bell은 팔로워가 다소 적은 마이크로 인플루언서micro-influencer를 '주류 밀매 업소'처럼 꾸민 곳으로 초대해서 중남미 멕시코 전문 요리를 맛보고, 음식 사진을 찍고, 사진을 커뮤니티에 공유하게 했다. 냉동식품 소매업 브랜드인 아이슬란드Iceland는 채널 맘Channel Mum에서 활동하는 어머니 50명과 제휴를 맺었다. 이들 '마이크로 인플루언서'는 유명인사가 아니라 음식에 관심이 있는 평범한 사람 중 하나로, 이런 접근법과 메시지에 담긴 생각은 진짜 어머니들과 공명할 것이다.

....

*   미국의 부유층 가족으로 '4차원 가족 카다시안 따라잡기(Keeping Up with the Kardashians)'라는 리얼리티 프로그램을 통해 인기를 얻었다. 국내에서는 둘째 딸이자 유명 래퍼인 카니예 웨스트(Kanye West)의 부인이기도 한 킴 카다시안(Kim Kardashian)의 가족으로 유명하다. 넷째 딸인 켄달 제너는 현재 모델로 활동 중이다.

누군가는 '인플루언서 마케팅'을 두고 음험하고, 교활하고, 사기라고까지 느낄 수 있다. 이런 생각도 이해가 가는데, 많은 사람이 여전히 인플루언서 마케팅이 무엇이고 어떻게 작동하는지에 무심하기 때문이다. 하지만 대행사가 인쇄 매체에 수록할 수 있게 정보를 보도자료 형식으로 만들어서 공급하곤 했던 옛날 홍보 활동과 여러 면에서 다르지 않다. 평범한 독자가 이런 일이 벌어지는 것을 눈치채지 못했고, 신문은 뉴스가 될 만한 내용만 싣는다고 생각했을 뿐이다. 이렇게 윤리적인 논쟁은 브랜드 경험의 핵심 요소(2부)에 따라 탐구해야 하지만, 인플루언서 마케팅은 브랜드 경험에 간접적으로 영향력을 발휘하고자 브랜드가 시도할만한 방법의 하나다.

　전문가의 조언 코너에서 마크 디 솜마Mark Di Somma는 신념 체계를 통해서 브랜드 경험을 일부나마 통제하기 위해 브랜드가 채택할 수 있는 또 다른 접근법을 제안한다.

전문가의 조언 4.4

브랜드는 통제력을 상실한 상황을 어떻게 다룰 수 있나?

마크 디 솜마, 뉴질랜드 더 오다시티 그룹(The Audacity Group) 설립자
겸 전략가

오늘날은 누가 브랜드 주인일까? 여러 브랜드 경영자가 자기를 책임자라고 믿을 것이다. 이들이 생각하기에 자기가 맡은 일에는 사람들이 브랜드를 경험하는 방식을 면밀하게 형성할 권한이 있다. 이런 생각은 고객이 '말을 잘 들을' 때만 잘 맞는다. 애플 스토어나 홀 푸드Whole Food, 리츠 칼튼에 가서 준비된 경험을 음미할 때 말이다. 여러 단체에서 브랜드를 자기 것으로 삼되, 이런 연관성이 브랜드에서 극찬하려는 관점과 충돌하면 어떤 일이 벌어질까?

유명 스포츠 신발을 예로 들면, 극우 집단이 자기네 공식 신발로 채택했다는 보도가 있었다. 그 외에도 테러 집단이 비디오를 공개했는데, 거기서 세계적인 자동차 제조업체가 생산한 트럭이 눈에 띈다면? 브랜드는 당연히 주목받지만, 이런 관심은 브랜드가 원했던 것이 절대 아니며, 이런 연관성은 브랜드 가치와 조화되지도 않는다.

해법: 모든 브랜드는 분명한 신념체계와 짝을 이루고, 거기에 따라 특색 있는 경험을 전달해야 한다. 그러면 브랜드가

또 납치당하는 일을 막을 수는 없더라도, 적어도 브랜드가 승인하지는 않았다는 증거가 생길 것이다.

오다시티는 고위 의사결정자 및 브랜딩 대행사와 협력하여 변화를 맞이하는 중요한 순간에 브랜드가 지닌 경쟁 가치를 정의하고, 표현하고, 평가한다.

결론

브랜드 경험을 연관성 있게 구축하려면 브랜드 경험 환경의 맥락에서 관점을 미세 조정해야 한다. 여기에는 투명성을 수용하고, 전체론적 사고방식을 채택하고, 가격이 아니라 주로 가치를 통해 경쟁하고, 인내하고, 통제력을 상실했음을 인정하는 일이 포함된다. 브랜드 경험의 핵심 요소를 개발하고 정의할 때 여기에 주의를 기울이면, 더 연관성 있는 브랜드 경험을 구축하기에 좋은 자리를 차지할 것이다.

05
전달 기법
고려하기

이전 장에서 나는 여러분이 브랜드 경험 환경이라는 맥락에서 몇 가지 주요 관점에 집중함으로써 어떻게 관점을 미세 조정할 수 있고, 덕분에 더 관련성 있는 브랜드 경험의 핵심 요소를 개발하고 정의할 수 있는지 간단하게 설명했다. 여기에는 투명성을 수용하고, 전체론적 사고방식을 채택하고, 가격이 아니라 주로 가치를 통해 경쟁하고, 인내하고, 통제력을 상실했음을 인정하는 일이 포함된다.

　이 장은 덜 추상적이다. 이 장에서는 여러분이 브랜드 경험 환경이라는 맥락에서 브랜드 경험을 전달하는 기법을 어떻게 고려할 수 있는지 자세히 알아본다. 이때는 다음의 활동들을 수반한다.

- 유대감 조성하기.
- 공동 창조 활동 촉진하기.
- 옴니채널로 경험 전달하기.

　이 단계에서 전달 방법을 고려하는 것은, 시간을 잘 쓰는 일이 될 것이다. 브랜드 경험을 구축하는 일과 관련하여 몇몇 현실적인 측면에 정신을 집중하는 데 도움이 될 것이기 때문이다.

유대감 조성하기

> '감정은 경험의 새로운 통화다.'
>
> 존 멜러John Mellor, 어도비 시스템즈Adobe Systems
> 협력 및 마케팅 부문, 전략 부사장

　우리는 스스로가 이성적이고 논리적이므로, 선택지를 찾아서 평가하고 결과를 추정한 뒤, 충분한 생각을 바탕으로 견고하고 합리적인 결정을 내린다고 여긴다. 하지만 사실은 우리는 주로 무엇을 느끼냐에 영향을 받아 결정을 내린다. 브랜드 경험을 구축할 때 유대감을 조성하는 일이 그토록 중요

대행사를 식별할 수도 있을 것이다. 이런 기법을 이용하면 더 존중받는 데도 도움이 되며 이사회에서도 영향력을 발휘할 수 있을 것이다. 이는 잘된 일인데, 특히 최고 재무 책임자가 통계적 사정을 확실하게 이해하고 편애하는 상황에서 예산을 요청해야 할 때 더욱 그렇다.

다국적 호텔 기업인 인터컨티넨탈 호텔 그룹IHG, InterContinental Hotels Group은 데이터 중심 접근법을 사용해서 브랜드 경험을 구축하는 활동을 벌였다. 호텔 숙박과 관련하여 240가지 특성을 뽑았는데, 이들 특징 중 20%는 고객 경험에 유의미한 가치를 더하지 않을 것이며, 40%는 고객 일일 숙박guest night당 0.10~0.50달러어치 가치를 더할 것이며, 40%는 고객 일일 숙박당 0.50~2달러어치 가치를 더할 것이라는 점을 알아냈다. 개별 특징이 미치는 영향은 미미하지만, 방이 50만 개고 고객 일일 숙박이 연간 1억 건을 넘는, 4천 개에 이르는 호텔을 전부 모으면, 하루 숙박당 몇 달러만 차이가 나도 수익에 상당히 공헌할 가능성이 있다. 경험 특징 240개를 모아둔 초기 조합에서, IHG는 두드러지는 특성을 결합하여 고객 경험에서 중요한 순간을 대표하는 '결정적 순간'을 만들어냈다. 2016년 9월에 시행한 결정적 순간은 다음과 같다.

• 가장 효율적인 아침 식사 경험: 하루 숙박당 1.50~4달러 어치 가치.

- 완벽하게 준비한 욕실: 하루 숙박당 3~7달러어치 가치.
- 생산적인 방: 하루 숙박당 3~7달러어치 가치.
- 레스토랑에 대한 첫인상과 거기서 보낸 첫 10분: 레스토랑을 이용하기로 선택한 고객에게는 하루 숙박당 4~7달러어치 가치.
- 완벽한 환대 및 도착일: 하루 숙박당 3~6달러어치 가치.

전문가의 조언 코너에서 알바로 갈바트Álvaro Gallart는 콜롬비아에 있는 바랑키야Barranquilla 동물원에서는 어떻게 데이터 중심 접근법을 이용하여 브랜드 경험을 구축했는지 간단하게 설명하며, 벤자민 러브Benjamin Loeb는 마이크로소프트가 구축하는 경험이 어떻게 데이터에 좌우되는지 이야기한다.

- 브랜드를 고려할 가능성: 15%('브랜드 연결성이 없음') 대 79%('브랜드 연결성이 높음')
- 구매할 가능성: 5%('브랜드 연결성이 없음') 대 64%('브랜드 연결성이 높음')
- 할증된 가격을 지급할 의사가 있을 가능성: 2%('브랜드 연결성이 없음') 대 60%('브랜드 연결성이 높음')

B2B 브랜드는 대부분 비슷한 브랜드 경험 노선을 따르는 경향이 있다. 감정과 경험이 아니라 가격과 기능상 특징에 집중하는 것이다. 이런 접근법을 택하는 논리는 고객이 '가격, 품질, 기능' 지표를 이용해서 결정을 내린다는 생각에 부합하는 경향이 있다. 이런 도구가 지닌 목적은 사람들을 객관적이고 논리적으로 만드는 것이다. 삶이 그렇게 단순하다면 좋을 텐데 말이다!

이 상황을 다루려면 타깃 고객이 어떤 감정에 따라 결정을 내리는지 이해해야 하고 관련된 감정에 채널을 맞춰서 브랜드 경험을 구축해야 한다. B2B 시장에서 선택을 좌우하는 감정의 종류는 B2C 시장을 좌우하는 감정과는 질적으로 다르다. B2B 시장은 복잡하고, 위험도가 높고, 가치도 큰 장기 투자가 특징이다. 위험을 완화하고, 안정성을 제공하고, 재보증하고, 마음에 평안을 주며, 기업이나 조직의 평판을 높이는 경험이 이긴다는 뜻이다. IBM과 관련된 유서 깊은 격언 'IBM

제품을 구매하면 절대 해고당할 일이 없다'는 선구적인 사례다. IBM이 이용했던 감정은 공포인데, 믿음직하게 처신함으로써 이 문제를 해결해줄 수 있다고 이야기한 것이다. 최근으로 오면 다른 여러 세계적인 브랜드도 더 감정을 자극하는 접근법을 채택하기 시작했다. 제너럴 일렉트릭GE, General Electric에서 내놓은 '단편 영화' 시리즈는 GE가 촉진한 업적들을 보여주며, 캐터필러Caterpillar*에서 제작한 '이것을 위해 지었다' 도전BuiltForIt Trials 동영상 시리즈는 제품이 튼튼하고 내구성이 좋다는 점을 다양한 환경에서 보여준다.

몇 년 전 나는 세계를 이끄는 레이저기 제조업체 중 한 곳에서 1주일 동안 브랜드 전략 고급 세미나를 진행했다. 시작 전에는 시장이 전문적이고 참가자가 과학에 종사한다는 점 때문에 약간 긴장했다. 첫날 세미나를 진행하면서 나는 이 브랜드가 역설적인 상황에 시달리는 것은 아닌지 의문이 들기 시작했다. 그 회사는 대단히 복잡하되 여러모로 정교하게 응용할 수 있는 제품을 팔면서, '매개변수' 같은 기술적 특징에 집중했다. 그날 밤늦게 나는 여러 경쟁사를 다시 살펴보면서 이 업체의 웹사이트를 재점검하려고 했다. 그때 모두가 똑같은 접근법을 채택했다는 점이 눈에 띄었는데, 심지어 대다수 브

---

*   건설 및 광산 장비, 디젤 및 천연가스 엔진, 산업용 가스 터빈, 디젤-전기 기관차 등을 제조하는 세계 최대 규모 기업이다. 본사는 미국 일리노이주에 있다.

- 동물과 서식지 생태계에 관해 더 많이/더 좋게/더 생생하게 배울 수 있을 것.
- 농장에서 동물한테 먹이를 주는 일 돕기처럼 새로운 활동에 방문객이 참여할 수 있을 것.
- 가족 단위 방문객한테 즐길 거리를 제공할 것.

그 결과 동물원에는 다음과 같은 변화가 생겼다. 먼저 전시 방식은 서식지별로 모아서 보여주는 것으로 변했다. 교육 자료와 신호가 더 나아졌으며, 대화식 교육 자료를 포함함으로써 더 매력적인 경험을 전달한다. 올바르게 진행하는 공연을 통해 방문객이 동물원에 있는 동물에 대해 배우고 그 종과 상호작용하도록 허용함으로써 활동을 개선했다.

고객 경험 혁신도 다양하게 시작했는데, 예를 들면 농장에서 일하기, 앵무새 구역 관리하기, 학교에서 단체로 방문할 때를 위한 새로운 접근법 도입, 야간 사파리 개장, 가족용 공연 진행 등이 있다. 동물, 서식지, 환경 보존 문제, 생태계에 관한 뉴스를 이용해 소셜 미디어 콘텐츠 및 대화를 개선했으며, 동물원을 방문하여 새 경험을 즐기도록 사람들을 초대했다. 바랑키야 동물원 직원은 이제 주기적으로 설문 조사를 진행하여 브랜드 경험 만족도를 측정하고 브랜드가 방문객의 기대에 맞게 가치를 전달하는지 확인한다. 이 일은 연관성 있는 방문객 경험을 전달하는 과정에서 중요한 부분이 되었다.

사설 재단인 '바랑키야 식물원 및 동물원 재단Fundación Botánica y Zoológica de Barranquilla'은 환경에 공헌하는 조직으로 환경 보호주의와 연구, 교육 관련 계획을 주도하고 지지하는데, 콜롬비아령 카리브해 해안 지방의 종 다양성과 관련하여 공동체 안에 의식을 심어주고 긍정적인 태도와 행동을 고취하기 위해서다.

전문가의 조언 6.2

마이크로소프트는 브랜드 경험을 어떻게 측정하나?

벤자민 러브, 미국 마이크로소프트 시장 연구 선임 관리자

마이크로소프트에서 우리는 매일 수백만 명에 달하는 사람과 직간접적으로 상호작용한다. 고객과 상호작용하는 범위는 개인이 우리의 기술을 사용하거나 고객 지원팀에 연락하는 것에서부터 PR이나 소셜 미디어, 광고처럼 마이크로소프트가 실제로 벌이는 마케팅 활동에까지 이른다. 이런 매 순간은 마이크로소프트가 팬을 얻거나 고객을 잃을 기회이며, 따라서 이런 경험과 행동을 평가하는 것이 중요하다.

　누군가 우리의 기술을 사용하는 첫 번째 시나리오에 대해 생각하면, 우리가 이해하고 측정해야 하는 몇 가지 경험은 기술 사용량 및 만족도일 것이다. 사용량은 굉장히 중요한데 우

브랜드 경험을 구축할 때 감정은 으뜸 패지만, 인지나 '사고'가 하는 역할을 절대 과소평가해서도 안 되는데, 특히 의사 결정 초기 단계에서 더욱 그렇다. 예를 들어 여러분이 어떤 브랜드를 모른다면, 의사 결정을 할 때 그 브랜드는 생각나지 않을 것이다. 감정과 브랜드에 관해서 나눴던 모든 이야기와 함께, 이 점도 기억하길 권한다.

우리가 왜 감정에 따라서 주로 결정을 내리는지 제대로 인식하려면, 밀접하게 연결된 뇌 부위 두 곳을 이해해야 한다. 전전두엽 피질Prefrontal cortex과 둘레계통limbic system 말이다 (그림 5.2).

그림 5.2 둘레계통과 인간 두뇌

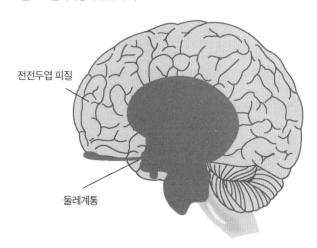

전전두엽 피질

둘레계통

전전두엽 피질은 우리 뇌 정면에 있으며 의사 결정, 평가, 논리, 작업 기억, 추리, 통제, 문제 해결 같은 인지 기능을 처리한다. 둘레계통은 복잡하게 얽힌 두뇌 구조물로 뇌의 깊은 곳에 있으며, 후각, 동기, 직관, 충동, 장기 기억, 감정을 포함하여 다양한 기능을 돕는다. 둘레계통이 장기 기억과 감정을 다룬다는 사실은 브랜드 경험을 구축해야 할 때 특히 중요하다. 왜일까? 우리가 결정을 내릴 때면 뇌의 정면부(전전두엽 피질)는 기억에 접근하는데, 이때 두뇌는 둘레계통에 전기 자극을 보내서 브랜드 관련 감정을 불러낸다. 이 점이 중요한 이유는 우리가 결정을 내릴 때 브랜드에 얽힌 기억이 아니라 기억 속에서 브랜드와 관련하여 느꼈던 감정에 따라 선택을 하기 때문이다. 미묘하지만 중요한 사항이다.

가장 최근에 저녁을 먹으러 나갔던 때를 생각해보자. 무례한 종업원 때문에 기분이 언짢았나? 음식값이 너무 비싸서 바가지를 쓴 느낌이었나? 수프에 파리가 위풍당당하게 앉아서 식당이 비위생적이라고 느꼈나? 여러분은 웨이터나 음식 파리에 대한 실제 기억에 따라 식당을 다시 방문할지, 추천할지, 다음날 항의 메일을 보낼지 결정하지 않는다. 여러분이 그 경험을 회상할 때 느끼는 감정을 따른다. 이 때문에 세계 최고의 브랜드에서는 브랜드 관련 감정을 유발하고자 열심히 노력한다.

코카콜라가 행복한 감정과 자사를 결부 지었던 일은 고전 사례다. 볼보Volvo는 사람들이 안전하다고 느끼도록 돕는

장 참고)를 개발하는 데 필요해서 일반화했던 부분을 다소 보완할 수 있다.

이 책은 빅데이터에 중점을 두고 있지는 않지만 나는 몇 가지 사례를 포함했는데, 빅데이터를 어떻게 사용하면 브랜드가 경험을 정의하고 정제할 때 도움이 되는지 보여주기 위해서다.

워너 브러더스Warner Brothers는 영화 팬Pan을 개봉하면서 소셜 미디어 노출과 활동, 우편 및 TV 채널 노출에 걸친 다양한 데이터 출처를 완전한 하나짜리 빅데이터 집합으로 통합했다. 여기서 얻은 통찰을 기반 삼아서 특정 집단을 공략할 다양한 메시지와 창의적인 시행 방법을 매력과 연관성에 기초하여 만들었다.

미국 통신사 브랜드인 버라이즌은 검색과 소셜 미디어, 디스플레이 광고display advertising에서 얻은 데이터를 머신러닝 machine learning 기술, 세분화 기법, 고객 통찰, 행동경제학과 결합해서 고객 행동 모형으로 만들었다. 이 모형을 반영하고 데이터와 관련 알고리즘을 기반으로 해서 메시지를 역동적으로 만들어냈는데, 개인에 맞춰 메시지를 받는 경험을 전달하기 위해서였다. 이렇게 한 결과 판매 전환sales conversion이 117% 오르고 새 라인을 활성화 데 드는 비용은 통제 그룹과 비교해서 20% 미만 수준으로 감소했다.

빅데이터를 이용한 많은 접근법이 중소기업으로서는 닿을

수 없는 영역에 있지만, 호주 기업인 나렐란 풀스Narellan Pools
는 이런 경향에 반기를 들었다. 작업 초기 단계에 탐색적이고
정성적인 연구를 포함함으로써 첫 번째 '몰입' 순간이 구매를
유발하는 강력한 동기 요인이 된다는 사실을 밝혔다. 다음으
로 광범위한 데이터 마이닝data mining을 시행했는데, 세일즈 리
드sales lead, 매출, 전환율conversion rate, 판촉 계획, 웹사이트 분
석, 소비자 신뢰, 이자율, 수영장 검색량, 연간 날씨 동향 등을
망라하는 자료 5년 치를 분석했다. 그 결과 특정 날씨 조건이
전환점으로 작용하여 사람들이 수영장을 원하던 상태에서 구
매하는 상태로 이동하는 것을 발견했다. 이런 날씨 조건이 갖
춰지면 프리롤pre-roll 광고와 배너 광고, 검색, 소셜 미디어 광
고용으로 계획해둔 미디어 지출이 발생한다. 이런 홍보 활동
은 세일즈 리드를 11%, 매출을 23% 증가시키고 미디어 예산
을 30% 감소시켰다.

숫자는 객관적이라는 인식이 있어서 신용을 제공하므로
이사회실에서 설득력을 보이는 경향이 있긴 하지만, 전체 그
림 중 일부에 색을 칠할 뿐이다. 나렐란 풀스와 같은 사례가
보여주듯, 정성적 데이터는 여러분이 브랜드 경험을 구축하
는 일을 더 온전한 관점에서 바라보는 데 중요한 역할을 할 수
있으므로 간과해선 안 된다.

험이다. 여러분은 대형 창고로 가서, 손수레를 밀고 돌아다니는데, 어쩌면 탈출하려고 시도할 수도 있지만(철저하게 실패하고), 납작하게 포장한 가구를 구매해서, 차에 가구를 싣는다. 집으로 돌아와서 어쩌면 배우자와 구매한 물건에 대해 언쟁을 벌이기도 할 테지만, 가구를 집 안으로 끌고 가서 조립한 다음, 편하게 앉아서 여러분이 완성한 가정용 걸작을 향해 감탄한다.

이케아가 보여준 기발함은 단순한 통찰과 관련이 있다. 이케아는 사람들이 스스로 쓸모 있다고 느끼고 싶어하는 깊은 욕망을 건드렸다. 자부심, 주인의식, 성취감을 말이다. 과정이 성가실 수 있다는(그리고 누군가는 불쾌하다고 주장할지도 모른다는) 사실은 문제가 안 된다. 뒤로 물러서서 여러분이 조립한 가구를 보며 감탄할 때, 여러분은 환상적인 느낌을 받는데, 여러분이 경험하는 가치를 창조하는 데 직접 적극적으로 참여했기 때문이다. 더 최근에 이케아는 가상현실 경험Virtual Reality Experience을 이용하여 경험을 공동창조하는 능력을 더 높였는데, 가상현실 및 증강현실 기술을 통해 고객이 이상적인 부엌 배치를 공동 창조할 수 있게 되었다. 덕분에 이케아는 조립 단계뿐 아니라 디자인 단계에서부터 가치를 공동 창조함으로써 고객과 유대를 더 깊이 하고 가치 사슬value chain에 단단하게 자리 잡는다.

수많은 브랜드가 공동 창조 활동이 전달하는 가치를 이해한다. 나이키 iDNike iD에 가면 나만의 신발을 만들 수 있다. 아디다스는 고객이 스냅챗Snapchat의 낙서 기능을 이용해서 자기만의 신발을 디자인할 수 있게 하며, 아디다스 네오Adidas Neo 브랜드와 관련해서는 인스타그램 팔로워한테 도움을 요청해서 #내_네오_촬영#MyNeoShoot이라는 대회를 개최했는데, 가장 훌륭한 창작자를 모델로 초대해서 전문 촬영을 진행한 다음 인스타그램 계정에 사용했다. 이 캠페인에는 멘션이 7만1천 건 발행했다. 여러분은 온라인상에서 아우디Audi나 제규어 랜드로버Jaguar Land Rover 런던 매장에서 레인지 로버Range Rover를 내 취향대로 디자인할 수 있으며, 포르셰 익스클루시브Porsche Exclusive는 자동차를 개인이 원하는 대로 맞춤 제작할 기회를 고객에게 제공한다. 버버리 비스포크Burberry Bespoke를 통해 고객은 코트를 맞춤 제작할 수 있고, 시놀라Shinola에서 진행하는 #내_도시를_사랑해#LoveMyCity 캠페인은 지역 인플루언서와 유행을 선도하는 사람들한테 도시 안내서를 만들어서 소셜 미디어 계정과 웹사이트, 블로그에 공개하도록 요구한다. 오레오는 #내_오래오_작품#MyOreoCreation 대회를 열어서 쿠키를 먹는 것을 좋아하는 사람들이 이 브랜드에 대한 아이디어를 공유하길 장려한다. 퍼노드 리카드Pernod Ricard는 세계 최초로 사물인터넷 칵테일 도서관을 개장해서 고객이 쇼핑 목록을 대조해보고 칵테일 제조법과 여타 술에 관해 온라인으로 배울 수 있게 했다. 코치 크리에이트Coach Create를 이용하면 가죽끈

표적 집단

여러분이 전달하는 브랜드 경험에 대해 어떤 인식, 의견, 믿음, 태도가 있는지 탐색하고, 이와 관련하여 사용하는 언어 이해하기

여러분이 제공하는 브랜드 경험을 사람들이 어떻게 인식하는지, 어떤 점에 더 주의를 기울여야 하는지, 또는 브랜드 경험과 관련된 일상 언어를 이해하는 게 더 나은지 조사한다.

표적 집단에 지배적인 성격, 집단 사고방식, 편향성이 존재하는지 가능한 한 포착해야 한다. 웨이브렝스에서는 클라이언트로부터 동의를 얻어서 일부러 반대 의견을 말하는 '역할 방식'을 사용하다. 은밀한 방식을 사용해서 그룹에서 나타나는 편향에 건설적으로 이의를 제기하고, 편향을 분명하게 하고, 탐색하는 것이다. '음 저는 거기에 대해서는 대충 이해가 가는데 한 번은 …… 적이 있는 게 한 번은 …… 적이 있기는 요?' 같은 질문을 하거나 '오, 없었어요. 무슨 말씀인지는 대충 이해가 가는데' 항상 참가자가 하는 말이 정말로 자기 생각인지, 자신을 좋게 포장하려는 말인지, 여러분이 듣고 싶어으리라 생각하는 말을 해주는 것인지(가능한 한 빨리 회의감을 떠나즈 떠 먼저 떠오르는 생각을 말하는 것인지 파악하는 데 도움이 된다. 이런 입들은 별리 유용하지 않다. 도움을 지키고자, 처음이 끝나면 역의 변호인을 공개한다. 역의 변호인은 전문적인 연구원일 필요는 없으며, 표적 집단 조건에 맞는 사람이기만 하면 된다.

선도 사용자 분석
Lead user analysis

고급 사용자로부터 전문 지식을 끌어냄으로써 여러분이 구축하는 경험을 향상하기

여러분이 구축하는 경험을 다른 방식으로 응용할 수 있는지 파악한다.

때로는 전문가 고객이나 고급 사용자가 여러분의 제품을 처음 의도와는 달리 새롭게 응용하는 방식을 찾아내기도 한다. 다른 고객도 이들 고급 사용자의 경험과 통찰 덕분에 이득을 얻을 것이며, 여러분은 배운 내용을 바탕으로 새 시장을 찾아낼 수도 있을 것이다. 한 레이저기기 제조업체는 레이저를 응용하는 방법에 관해 자기네보다 더 잘 아는 고객이 많다는 점을 인지하고 있었다. 선도 사용자 분석은 이 제조업체에 놀랍도록 유용했다.

이해관계자 자문 패널
Stakeholder advisory panel

주요 이해관계자가 바라보는 관점을 초기 단계에서 브랜드 경험 디자인에 포함시키기

고객이나 지역 공동체로 자문 위원회를 꾸린다.

공장 확장과 관련하여 지역 공동체가 우려하는 바를 파악함으로써 해당 입장을 인지하고, 상황이 적절하다면 그 견해를 설비 계획의 일부로 포함할 수 있다. '고객 자문 위원회'가 있으면 여러분한테 가장 소중하거나 요구하는 것이 많은 고객의 '목소리'를 이해하는 데 도움이 된다. 중요한 점은 객관적이고 목적의식 있는 사람을 선별함으로써 대화가 건설적이고 선물을 벗어나지 않게 유지하는 것이다. 관련 권한이 있는 경영진이 회의실에 참석해서 고객과 다른 이해관계자가 내는 '목소리'를 직접 듣는 것도 중요하다. 여기서 계몽하는 순간을 맞을 수도 있다.

미로운 사례를 제공한다.

전문가의 조언 5.2

오만 우레두는 어떻게 젊은이 시장과 경험을 공동 창조했는가?

오만 우레두 마케팅 팀

샤바비아는 오만 우레두에서 나온 제품 브랜드로, 통신 시장에서 젊은이 부분을 겨냥했다. 목표는 오만 젊은이, 즉 전통적인 마케팅에 면역이 생긴 세대한테 영감을 불어넣어 줄 제품을 만드는 것이었다. '샤바비아'라는 단어는 아랍어로 '젊음'을 뜻하며, 오만에서 젊은이 특유의 행동을 지칭할 때 널리 쓰는 용어다. 오만 우레두는 이 브랜드를 초창기에 처음 출시했다. 하지만 인기를 그다지 얻지 못했고, 2016년에 경영진은 사바비아를 재단장하여 재출시함으로써 문제에 맞부딪히고자 했다.

샤바비아 팀은 고객을 참여시키기로 했는데, 설문 조사를 연이어 시행하면서, 통신 서비스를 이용하는 목적은 무엇이고, 행동 방식은 어떻고, 무엇이 가장 중요한지를 젊은이한테 물었다. 조사 결과 젊은이 부분에서는 단순하고, 투명하고, 값이 적당한 서비스를 원했다. 그러자 젊은 오만인이 제품을 창조한다는 개념이 떠올랐는데, 그러면 이들 젊은이와 마음으로부터 연관을 맺을 수 있을 것 같았기 때문이다. 우레두는 한 오만 서예가와 계약하여 로고 글자체를 만들었고, 여러 다양한 오만 예술가를 선별해서 각자 나름대로 로고를 창작하게 했다. 전략은 공동 창조를 중심으로 세웠다. 브랜드를 젊은이와 연관성 있게 만드는 가장 좋은 방법은 젊은이를 제품 개발과 브랜드 커뮤니케이션에 참여시키는 것으로 생각했기 때문이다.

우레두는 젊은이를 초대하여 눈에 보이는 정체성인 로고를 만들고 브랜드의 모든 접점을 디자인했다. 우리는 젊은 층이 자기네 세계, 자기네 오만을 우리한테 보여주고, 샤바비아를 자기네 제품으로 선택하여 생활 속 동반자로 여기길 바랐다. 일부 예술가는 로고 공간 자체를 넘어섰는데, 브랜드를 위해 캔버스 전체를 꾸밈으로써 이 캠페인이 커뮤니케이션에 사용할 자산을 마련해줬다. 심 카드 포장재와 차량 디자인, 홍보용 자료 및 제품뿐 아니라 온라인 콘텐츠까지 말이다. 어느 모로 보나 젊은이가 젊은이를 위해 창조한 브랜드였다.

샤바비아는 기대를 훨씬 뛰어넘는 효율을 냈는데, 2016년 7월에 출범한 뒤로 모든 목표를 깨부쉈다. 6개월이 지날 무렵, 샤바비아는 젊은이 부분에서 큰 시장 점유율을 차지했고, 고객층 목표를 뛰어넘으며 그 해를 마감했다.

위해, 팔찌를 이용하여 심방 박동수가 어떻게 변하는지, 땀은 얼마나 흘리는지, 체온과 움직임은 어떤지를 추적했다. 이 데이터는 관객이 언제 영화에 가장 몰입하고 감응하는지 찾아냈다. 신경과학에서는 MRI(자기공명영상법)와 EEG(뇌파검사)처럼 진보한 연구 기법을 사용하여 뇌의 전기적 활동을 측정하는 일을 수반한다. 두 방법 모두 정서 반응이 가장 강하게 발생하는 브랜드 경험 접점을 찾는 데 도움이 된다.

이 분야는 브랜드 연구계에서 떠오르는 중인데, 따라서 브랜드 경험에 크게 투자할 생각이라면, 이 기법은 전문가의 안내와 함께 철저한 조사를 보장한다. 신경과학을 적용하는 일에 관해 더 많이 읽어보고 싶다면, 주라위키Zurawicki 교수가 쓴 책 『신경마케팅Neuromarketing』을 추천하며, 젬마 캘버트Gemma Calvert 교수가 저술한 작품들도 읽어볼 가치가 충분하다.

전체론적으로 측정하기

브랜드는 재무 지표에 집중하는 경향이 있는데, 돈이 말해주기 때문이다. 이해가 가긴 하지만, 재무 지표는 한계가 있다. 과거를 불러와서 현재에 적용하며, 시야가 단기적이고, 브랜드 경험 측정 방정식에서 일부만 설명한다. 더 유용하고, 전체론적인 접근법은 직원, 브랜드, 재무 지표를 통합한다.

직원 및 브랜드 지표는 재무 성과를 좌우하기 때문에(이 관계에 대해서는 19장에서 더 자세히 다룬다), 이 접근법을 채택하면 강력한 인과 관계를 통찰할 수 있다. 그러면 브랜드 경험 성과를 끌어올리기 위해 어디에 노력을 집중해야 하는지에 관한 중요한 암시를 얻는다. 여기에 관해서는 나중에 이 책에서 더 배우겠지만, 지금 단계에서부터 브랜드 경험을 전체론적으로 측정하는 일이 중요하다는 점을 기억하길 바라는데, 여기서는 직원과 브랜드, 재무 상태를 측정하는 일을 포함한다.

결론

이 장에서는 브랜드 경험을 구축할 때 데이터 중심 접근법을 채택하는 일이 브랜드 경험 환경에서 얼마나 중요한 요소인지 간단하게 설명했다. 소식에 밝은 관리자와 경영진은 강력한 정성적 통찰과 정량적 통찰을 얻어 브랜드 경험의 핵심 요소를 개발하고 정의한다.

정량적인 기법은 사람들이 객관적이라고 인식하는 만큼 이 사회에서도 잘 수용하는 경향이 있지만, 나는 정성적인 데이터도 함께 획득하길 장려한다. 그러면 통찰에서 더 온전하고 맥락상 풍부한 느낌이 날 것이다. 또 여러분이 고객이나 여타 이해관계자의 목소리를 더 선명하게 '듣는' 데도 도움이 된다. 나는 브랜드 경험을 측정할 때 전체론적인 접근법을 채택하라고도 주장한다. 나중에 간단하게 설명하겠지만(4부), 이런

그림 5.4 비행기 표 구매하기: 옴니채널 경험 사례

이해관계자 애플린(모형을 즐기는 학생 기술에 정통함, 사회적 방식과 디지털 방식으로 관계를 맺고 있음)	브랜드 경험(상태) 디키어는 휴가를 위해 비행기 표를 사려고 한다.					
소셜 미디어					온라인 소셜 미디어 어채널을 살펴본 면서 사회적으로 검증받기	온라인으로 최종 구매하기
웹사이트(데스크톱/스마트폰)				데스크톱으로 자세히 검색하기		
상점			쇼핑센터에서 홍보 전단 얻기			
전화상담실				고객 센터에 전화해서 걱정되는 점/질문 확실하게 해소하기		
스마트폰 애플리케이션		사전 조사하기				
오프라인	파티에서 친구들과 일반적인 대화 나누기					

브랜드 경험 디자인 바이블

하지만 옴니채널로 경험을 구축하는 일은 말처럼 쉽지 않다. 브랜드 중 40%는 채널 간 고객 경험이 조화를 이루지 않는다고 입을 모으고, 경영진 중 37%는 2017년에는 브랜드 경험과 관련하여 디지털 및 물리적 단결성을 높이는 일을 우선으로 생각한다고 말한다.

그림 5.4는 에블린Evelyn이 겪은 옴니채널 경험 사례를 보여주는데, 이 학생은 기술을 잘 알고 사회적으로 관계를 맺고 있으며, 비행기 표를 예약하려고 한다. 이 표는 각 채널에서 전하는 경험이 어떻게 결합하고 서로 보완하여 더 훌륭한 전체를 형성하는지 설명한다. 한 고객 여정은 다음과 같은 과정을 수반할 수 있다.

- 파티에서 친구와 다가오는 여행에 관해 일반적인 대화 나누기
- 모바일 여행 애플리케이션으로 가볍게 사전 조사하기
- 친구와 쇼핑하다가 잠깐 상점에 들러서 정보 얻기
- 더 자세하게 온라인 검색을 하면서 가격 비교하기(데스크톱 컴퓨터)
- 고객 센터에 전화해서 모호한 부분 명확하게 이해하기
- 스마트폰으로 블로그나 트립어드바이저TripAdvisor 같은 사이트에 접속해서 사회적으로 검증받기
- 온라인으로 비행기 표 구매하기

론적으로 측정하기.

브랜드 경험 환경이 중요한 이유는 브랜드 경험의 핵심 요소를 연관성 있게 정의하고 개발하는 데(2부) 도움이 될 맥락을 제공하기 때문이다.

브랜드 경험 환경의 구성 요소가 등장하는 순서는 상대적인 중요성을 암시하지는 않는다. 이해관계자를 이해하는 일이 데이터 중심 접근법을 채택하는 일보다 더 중요하다고 추정할 수는 없다. 이와 마찬가지로, 이해관계자 프로필을 분석하는 일은 투명성을 수용하는 일보다 더 중요하거나 덜 중요하지 않다. 모든 조직은 고유하며, 브랜드 경험 환경의 구성 요소 중 일부는 필연적으로 여러분과 더 관련되게 느껴질 것이다. 조직과 시장에서 나타나는 특징, 그리고 여러분이 보유한 자원과 경쟁력에 따라 상대적인 중요성과 영향력이 판가름날 것이다. 경험과 리서치, 현실성을 함께 고려하면 올바른 균형점을 찾는 데 도움이 될 것이다.

나는 자문, 통찰, 경영진 교육 등을 망라하며 20년 넘게 세계를 무대로 브랜딩을 했던 경력을 토대로 브랜드 경험 환경을 개발했다. 광범위하고 실무자를 위주로 하는 사고 리더십과 동료 심사를 받은 학술 연구도 이 모형을 뒷받침한다. 다른 요인도 브랜드 경험 환경의 일부라고 여길 수 있지만, 집중이라는 명목 아래에서는 현실성과 타협이 필요하다. 한 규격이 어디에나 맞을 수는 없으므로, 다른 요소도 꼭 넣어야 한다고 생각한다면, 브랜드 경험의 핵심 요소를 정의할 때 그 요소를 고려하는 것도 당연히 좋다. 나도 그런 요소가 무엇인지 듣고 싶다.

> 고객은 고객 여정을 일관되게 제공한 순으로 상위 1/4에 해당하는 은행을 하위 1/4에 해당하는 은행보다 30% 더 신뢰했다.

뷰티 시장에서 세포라Sephora는 고객 여정 전체를 따라가며 채널을 교차하는 접점을 존경스러울 만큼 정교하게 결합해 놓았다. 매장에서는 '뷰티 워크숍'이라는 공간을 마련해서 고객에게 온라인 화장 강의를 제공하고, 애플리케이션과 웹사이트에서는 3D 안면 인식 기술을 이용해서 고객이 디지털 화장을 하고 움직이는 모습을 실시간으로 볼 수 있게 했다. 구매 후에 고객은 주문 현황을 조여주는 브랜드 배송 조회 페이지를 받는데, 여기서는 추천 사항과 교육 콘텐츠를 함께 제공해서 구매 건에 관한 고객의 관심과 흥미를 유지한다.

SK-II와 로레알 같은 화장품 브랜드는 중국 소비자가 해외 여행을 하는 동안 물건을 구매하길 좋아한다는 사실을 재빨리 이용했다. SK-II는 중국어 웹사이트에 해외에서 자사 제품을 구매할 수 있는 면세점을 자세하게 안내하고, 바이두Baidu 지도에서 열어볼 수 있는 링크를 제공해서 가게 위치를 보여준다. 제품을 예약해 뒀다가 매장에서 찾아갈 수 있는 면세점 목록도 작성한다. 로레알 트레블 아시아 퍼시픽L'Oréal Travel Asia Pacific은 비오템Biotherm이나 어반 디케이Urban Decay 같은 브랜드를 온라인으로 예약해 뒀다가 공항에서 찾아갈 수 있는 서비스를 제공한다.

비츠 바이 닥터 드레Beats by Dr Dre가 진행했던 #네_색을_보여줘#showyourcolor 캠페인에서도 옴니채널을 수준 높게 활용했다. 캠페인은 유명인이 비츠와 함께 자세를 잡는 모습을 텔레비전 광고로 보여줌으로써 인지도를 높이면서 시작했다. 그 다음에는 고객을 비츠 페이스북으로 초대해서 텔레비전 광고에 나온 디자인을 활용해 맞춤형으로 '옆면 덮개'를 디자인하도록 요청했다. 가장 창의적인 디자인에는 상을 수여했다. 비츠는 또 하루 동안 타임스 스퀘어Times Square를 임대하고 개조한 즉석 사진 부스에서 행인들이 비츠와 함께 사진을 찍을 수 있도록 했다. 그렇게 찍은 사진은 타임스 스퀘어에 있는 전광판 세 개 중 하나에 제목과 함께 송출했다. #네_색을_보여줘 캠페인은 비츠 바이 닥터 드레 인스타그램 팔로워를 76%, 유튜브 구독자 수를 57% 끌어올렸다.

이런 사례가 인상적인 것처럼, 아마존과 마이크로소프트같이 세계에서 가장 가치 있는 브랜드는 '생태계'를 구축함으로써 옴니채널을 더 깊은 수준으로 통합하기에 이르렀다. 이 생태계는 최상위 브랜드 아래 있거나 그와 밀접하게 관련된 경험을 융합한다. 아마존 프라임Amazon Prime을 구독하면 아마존에서 주문한 제품을 무제한으로 무료 배송받고, 영화와 텔레비전 스트리밍Prime Video, 음악 스트리밍Prime Music 서비스를 무제한으로 이용하며, 일상 필수품인 식품Amazon Pantry과 옷Amazon

그림 P2.1 브랜드 경험 청사진: 브랜드 경험의 핵심 요소에 집중할 때

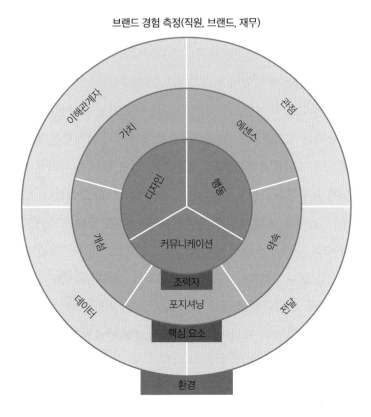

브랜드 경험의 핵심 요소는 다음과 같이 구성된다.

- 브랜드 가치
- 브랜드 에센스
- 브랜드 약속
- 브랜드 포지셔닝

　　　　　　　　　　　　　브랜드 경험 디자인 바이블

- 브랜드 개성

2부에서 브랜드 경험의 핵심 요소에 관해 읽으면 다음과 같은 일이 있을 것이다.

- 브랜드 경험을 구축할 때 허울뿐이 아니라 실체에 집중하도록 권유받을 것이다.
- 브랜드 경험을 구축할 받침대를 세우는 데 도움이 될 것이다.
- 브랜드 경험을 구축하는 과정의 규모를 키우는 데 도움이 될 것인데, 응집력 있고 일관적인 브랜드 경험을 더 많은 사람한테 전달하도록 촉진하는 지침이 생길 것이기 때문이다.
- 브랜드 경험을 전달할 수 있는 속도가 빨라질 것인데, 조직이 '브랜드'에 관해 이해를 같이할 것이기 때문이다.
- 브랜드 경험 조력자(3부)를 통해 브랜드에 생기를 불어넣을 때 적용할 수 있는 기본 논리가 생길 것이다.

브랜드 경험의 핵심 요소가 지닌 연관성을 높이려면 이들 요소를 브랜드 경험 환경의 맥락에서 개발하고 정의해야 한다. 2부에서는 각 장을 시작할 때마다 질문을 예시로 던짐으로써 여러분이 이 일을 할 수 있도록 도울 것이다. 표 P2.1에

06

데이터 중심
접근법
채택하기

이전 장에서 나는 관점을 미세 조정하는 일이 브랜드 경험 환경의 일부로서 어떤 역할을 하는지를 간단하게 설명했다. 여기에는 유대감을 조성하고, 공동 창조 활동을 촉진하고, 옴니채널로 경험을 전달하는 일이 포함되었다. 이 장에서는 브랜드 경험 환경의 네 번째이자 마지막 요소를 다룬다. 데이터 중심 접근법 채택하기다.

브랜드 경험을 개발하고 전달하는 데 데이터가 점점 더 중요한 역할을 함에 따라 나는 다음 활동이 중요한 이유를 간단히 설명할 것이다.

- 강력한 통찰(정량적이고 정성적으로) 획득하기
- 전체론적으로 측정하기

이런 활동은 여러분이 브랜드 경험을 구축하는 일에 있어 이사회에 더 강력한 사업안을 전달하고, 고위 경영진과 간부 집단에서 확실하고, 정보에 밝고, 방어할 수 있는 자리를 차지하는 데 도움이 될 것이다. 또 여러분이 브랜드 경험 관련 결정을 내릴 때 개별 일화가 아니라 더 객관적인 통찰에 근거한다는 사실을 의미할 것이다.

강력한 통찰 획득하기

내 경험에 비춰보건대 이사회는 숫자를 잘 수용하는 경향이 있다. 하지만 예산과 시간이 허락한다면 혼합 기법으로 접근하여 정량적이고 정성적인 방법을 결합하는 것이 가장 좋다. 혼합 기법을 사용하면 따로 접근했을 때 나타나는 약점을 보완하고, 더 온전한 관점을 제공하고, 여러분이 도출한 결과가 정확한지 확인하거나 의문을 제기하는 데 도움이 되는데 여러분은 여기저기서 다방면으로 받는 공격을 수용할 것이기 때문이다.

정량적인 통찰

양적인 자료를 수집한다고 하면 나는 클린트 이스트우드Clint Eastwood가 출연했던 영화 좋은 놈, 나쁜 놈, 이상한 놈The Good, The Bad and The Ugly이 떠오르곤 한다. 일부 데이터는 좋지만 애석하게도 대부분의 데이터는 나쁘거나 이상하다. 편향된 질

157

관점 미세 조정하기

	우리의 에센스는 얼마나 현실적인가?	현실적으로 볼 때, 우리는 전 브랜드 경험을 통틀어 가치를 얼마큼이나 전달할 수 있나?	우리가 제공하는 브랜드 혜택을 다시 과도하게 약속하고 덜 이행하는가?	우리의 포지셔닝은 어떤 식으로 우리가 전달하는 경험을 정확하게 표현하는가?	우리의 개성은 우리가 실제로 누구인지, 또 누가 되려고 노력하는지를 얼마큼 올바르게 반영하는가?
이해관계자의 기대 관리하기					
투명성 수용하기	브랜드 에센스는 어떻게 우리를 안내함으로써 우리가 구축하는 경험에 투명성을 포함하는가?	우리의 가치는 대중들의 감수를 얼마나 잘 견디는가?	우리는 얼마나 정직하게 혜택을 전달하는가?	이해관계자가 기본 논리에 이의를 제기해도 포지셔닝을 받아들일 수 있는가?	우리의 브랜드가 사람이라면, 얼마나 개방적이고 투명한·방식으로 진실하게 행동할 것인가?
전체론적 사고방식 채택하기	우리의 조직에서 브랜드 에센스가 무엇을 의미하는지를 현실적으로 이해하는 구성원은 누구인가?	우리의 가치가 전체 직원과는 얼마나 연관성이 있다고 생각하는가?	브랜드 약속을 이행하는 데 필요한 부서의 자원을 어떻게 하면 참여시킬 수 있나?	우리의 조직에서 브랜드 포지셔닝을 할 때 자기가 수행하는 역할을 이해하는 구성원은 누구인가? 그렇지 않은 구성원은?	조직 내 모든 사람은 브랜드 개성을 살리는 데 자기가 수행하는 역할을 얼마나 이해하는가?

가격이 아닌 가치를 통해 주로 경쟁하기	우리의 가치는 이해관계자와 연관성 있는 가치를 어떤 식으로 전달하는가?	우리의 에센스는 어떤 식으로 하여 우리가 구축하는 경험이 이해관계자와 연관성 있는 가치를 전달하도록 유도하는가?	우리가 전달하는 혜택은 어떤 식으로 대신 가치에 주로 반응하는가?	포지셔닝은 가격이 아니라 주로 가치에 얼마큼이나 집중하는가?	가격이 아닌 가치를 통해 주로 경쟁하는 데는 우리의 개성과 관련한 특성 중 무엇이 도움이 되나?
인내심 가지기	우리의 핵심 가치 에센스는 무엇이 세월의 시험을 견딜 것인가?	우리의 에센스는 새로운 브랜드 경험을 구축할 자유를 어떻게 장기적으로 제공하는가?	우리의 브랜드 경험 관련 혜택 중 수명이 긴 것은 무엇인가?	포지셔닝은 어떤 식으로 장기적이지만 확고한 연관성을 염두에 두며 발전했나?	이해관계자 중에서는 누가 장래에 우리의 개성에 동조할 것인가?
통제력을 상실했음을 인정하기	우리의 가치는 어떻게 하여 우리가 구축하는 경험을 지휘하지만 명령하지는 않는가?	우리의 소셜 미디어 팀이나 협력 인플루언서는 자기네 역할이 우리의 에센스와 어떻게 교차하는지를 얼마나 이해하는가?	우리가 전달하는 브랜드 경험 혜택 중에는 무엇이 이해관계자한테 통제감을 부여하나?	대화를 판단하고 필요하다면 우리가 바라는 브랜드 포지셔닝과 같은 방향으로(가능한 한 장) 유도하기 위해 소셜 미디어를 얼마큼이나 관장하는가?	우리의 개성을 구체적으로 표현해주는 '인플루언서와 협업하는 데는 어떤 단계를 거치는가?

191

군집 분석 Cluster analysis	각 부분을 객관적 으로 식별하기	*여러분을 얼마나 많은 부분으로 나눌 수 있으며 각 부분은 어떤 모습인지 이해한다.* 여러분한테 별개인 부분이 네 개 있다고 생각힐 수도 있다. 군집 분석은 이 생각이 사실인지 판단 하는 데 도움이 된다. 웨이브렝스에서는 회원전 용 라이프 스타일 클럽이 각 부분을 식별하도록 도왔는데, 이제 이 클럽에서는 이 부분들을 중심 으로 경험을 디자인하여 전달한다.
탐색적 요인 분석 Exploratory factor analysis	선택을 촉진하는 근본적인 혜택 식 별하기	*두드러지는 브랜드 경험 혜택을 식별한다.* 웨이브렝스는 중동 부동산 개발업자와 함께 일 했다. 한번은 아이디어 개발 워크숍에서 개발 관 련 혜택을 찾아서 긴 목록으로 작성했다. 우리는 탐색적 요인 분석을 이용하여 이 긴 혜택 목록을 4가지 요인으로 설명할 수 있음을 보였다. 환경 미학, 공동체 의식, 지역 편의시설, 지위가 그것 이었다. 이 네 가지 요소는 뒤이은 브랜드 커뮤니 케이션을 형성했다.
다차원 척도법 Multi- dimensional scaling	사람들이 여러분 의 브랜드와 비슷 하다고 인식하는 브랜드 식별하기	*응답자가 생각하는 여러분의 브랜드와 경쟁 브 랜드 사이의 기하학적 거리를 측정한다.* 이렇게 하면 사람들이 어떤 브랜드를 비슷하다 고 인식하는지 객관적으로 설명하는 데 도움이 될 것이다. 하지만 다차원 척도법은 여러분의 브 랜드가 여러분이 분석에 포함한 다른 브랜드와 어떤 면에서 비슷한지 이해하는 데는 도움이 안 된다. 다차원 전개법이 여기에 도움이 된다.
다차원 전개법 Multi- dimensional unfolding	사람들이 여러분 의 브랜드와 비슷 하다고 인식하는 브랜드는 무엇이 며 어떤 면에서 비 슷한지 식별하고 내외부 배열 측정 하기	*브랜드 연상brand association에 기초하여 경 쟁자를 식별한다.* 다음 그래프에서는 웨이브렝스 익명 클라이언트 의 사례를 보여주는데, 교육부문에서 완료한 브랜 드 경험 디자인 프로젝트의 일부에 해당한다. 그래 프는 직원이 다음과 같이 생각했음을 보여준다. •검은 점이 아주 근접해있으므로 사람들은 BMC, SOL, BC, JCC, UCB 같은 브랜드를 비 슷하게 인식한다. •이들 브랜드는 전문적이고 학술적이고 고무적 인 경향이 있었다(이들 브랜드와 가장 가까운 엑스자 표시를 보면 그렇다). •CCB는 브랜드 연상이 없다. •SBC는 학생 중심적이며 직업교육을 했다. SBC가 우리의 클라이언트사다.

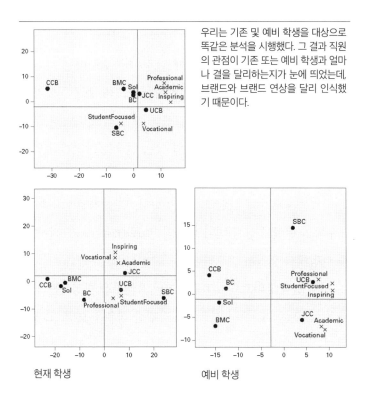

우리는 기존 및 예비 학생을 대상으로 똑같은 분석을 시행했다. 그 결과 직원의 관점이 기존 또는 예비 학생과 얼마나 결을 달리하는지가 눈에 띄었는데, 브랜드와 브랜드 연상을 달리 인식했기 때문이다.

현재 학생

예비 학생

여기서는 강력한 통찰을 얻을 수 있는데, 사람들이 여러분의 브랜드와 어떤 브랜드를 비슷하게 인식하는지(검은 점), 어떤 면에서 그런지(엑스자 표시)를 보여주기 때문이다. 그러면 기존 브랜드나 신규 진입자로서 여러분의 브랜드를 어떻게 시장에 배치하거나 재배치하고 싶은지 결정을 내릴 수 있다. 최고경영자는 이 기법이 보기에 간편하다는 점을 사랑한다.

여러분이 이들 기법을 직접 활용할 수 있어야 할 필요는 없지만, 여기에 관해 알고 있다면 외부 연구 대행사나 내부 연구팀을 더 강력하고, 철저하고, 목적에 맞게 선별하여 브리핑을 진행할 수 있다. 통계 방법론을 질문함으로써 더 유능한 외부한 이유다.

사람들은 의사 결정을 할 때 감정이 중요하다는 사실은 오래전부터 인지했다. 공자나 맹자 같은 고대 중국 철학자는 감정이 중요하다는 사실을 인정했다. 안토니오 다마시오 등 Antonio Damasio et al.이 남긴 영향력 있는 연구는 어떻게 우리가 느끼는 감정이 인간 행동을 먼저 좌우하고 이성적인 생각은 뒤를 따르는지에 대해 간단하게 설명한다. 댄 애리얼리Dan Ariely 교수와 노벨상 수상자 대니얼 카너먼Daniel Kahneman도 의사 결정 과정에서 감정이 중요하다고 강조한다.

연구 결과에 따르면 이해관계자와 유대감을 형성하는 일은 가치를 전달한다. 어떤 연구에서 발견한 내용을 보면, 고객은 '유대감을 형성하는 길'을 따라가면서 브랜드와 정서적인 관계를 점점 깊게 맺을수록 가치를 더 크게 인지한다. 다른 조사에서는 사실적이고 이성적이기보다 창의적이고 감정적인 콘텐츠가 브랜드 선호도에 긍정적인 영향을 미친다고 강조했다. 이 결과는 또 다른 연구와도 일치하는데, 순수하게 감정적인 내용을 담은 광고는 이성적인 내용만 담았을 때보다 수익률이 약 두 배 높은 것으로 드러났다(31% 대 16%). 또 다른 연구에서는 감정을 자극하는 브랜드와 선호도 사이에 유의미한 양의 상관관계($r = 0.59$)가 있음을 밝혔으며(그림 5.1), 감정 반응 점수emotional response score가 평균 이상인 광고는 매출을 23% 끌어올린 것으로 나타났다.

그림 5.1 감정이 선호도와 매출에 미치는 영향

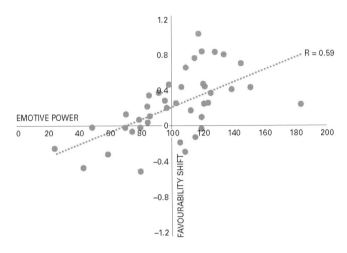

출처: 닐슨(2016)

> 다른 사업체와 거래하는 사업도 사람이 하는 것이다. 그리고
> 사람한테는 감정이 있다.

브랜딩할 때 감정이 발휘하는 가치는 B2C 시장에만 국한
되지 않는다. 구글에서 진행한 연구에서는 B2B 시장이 보이
는 인간적인 성격을 강조하면서, B2B 고객이 어떻게 B2B 브
랜드와 감정적으로 관계를 맺는지 보여준다. 이 연구에서는
'브랜드 연결성connection이 없는' 브랜드와 '브랜드 연결성이 높
은' 브랜드를 비교했다. 그 결과 '브랜드 연결성이 높으면' 다
음과 같은 가치가 있다.

브랜드 통찰을 이용해서 바랑키야 동물원의
브랜드 경험 개선하기

알바로 갈바트, 바랑키야 동물원Barranquilla Zoo에서 임명한 브랜드 자산
고문

바랑키야 동물원은 자연 보호주의에 헌신하고 과학에 공헌한
다는 명성을 오랫동안 누리면서, 시민 사이에서 존경받는 브
랜드가 되었다. 총인구가 180만 명인 지역 주민한테도 도움을
주지만, 바랑키야 동물원은 사설 재단이며 정부로부터 크게 자
금을 지원받지 않고 운영하기 때문에, 방문객 수입으로 영업
비용 대부분을 감당한다. 연간 동물원을 방문하는 사람은 약
30만 명인데, 그중 65%는 저소득층으로, 이들한테는 동물원
을 방문하는 것이 상당한 가계지출에 해당한다.

바랑키야 동물원에는 140종이 살고 있다(부지 2헥타르에
동물이 500마리가 넘게 있다). 시설은 노후 했고, 도시가 자
연스럽게 커지는 바람에 동물원이 넓은 주택가에 둘러싸여서
확장은 불가능했다. 동물원은 새 부지를 물색해야 했고, 이는
경영진한테는 그동안 전달했던 방문객 경험을 재고할만한 좋
은 기회가 됐다. 경영진은 방문객 경험에 통찰을 중심으로 접
근하는 방법을 채택했다.

표 6.1 데이터 중심 접근법을 채택하여 바랑키야 동물원의 브랜드 경험 디자인하기

믿을만하고 확실한 결과를 전달하기 위해 바랑키야 동물원 시장조사 프로그램은
잘 연계된 연구 7가지를 혼합하여 전개했다.

결과로 가는 길

부지 내 설문 조사(252명 인터뷰) 방문객의 특징과 현재 인식, 의견을 최신으로 갱신.	**오피니언 리더**opinion leader **평가(40명 심층 인터뷰)** 동물원 재배치에 관한 인식과 수준 높은 의견을 검토.
최적 위치 연구 통계 기법 구성: p-중앙값p-median과 커버링 입지 문제Maximal Covering Location Problem 사용. '접근하기 가장 좋은 선택지'를 고르기 위해 도시 전역에 있는 사용자의 집 위치에 따라 새 입지 후보를 평가.	**사용자 심층 인터뷰(표적 집단 8팀)** 실제 인식, 새로운 입지 후보에 대한 평가 및 선호도, 새 시설에 대한 기대 및 바람 이해하기.
	가정 방문 인터뷰(표본: 457) 입지 후보에 대한 선호도와 새 시설에 대한 기대/바람을 측정하기 위해 바랑키야와 도시권에서 진행.
새 동물원 디자인에 관한 방문객 설문 조사 **(부지 내 개인/가족 인터뷰)** 방문하여 경험하고 싶은 내용에 따라 방문객이 종별 전시 디자인 견본을 만듦. **(300명이 적극적으로 인터뷰에 응함)**	**내가 죽기 전에… 여론조사** 『죽기 전에 나는 …를 해보고 싶다 Before I die I want to...』라는 책에 나온 캔디 창Candy Chang의 아이디어를 이용. 현장에 게시판을 나란히 배치했으며, '바랑키야 동물원은 … 가 없다'라는 질문도 제시. **(동물원 관련 주제에 대한 대답을 1924개 얻음)**

확실한 결과

우리의 통찰은 실제 시설과 실제 경험에 관한 '만족도 차이'를
밝혀냈다. 이 통찰은 방문자 경험을 새롭게 디자인하는 데 적
용할 원칙 세 가지를 형성하는 것으로 이어졌다.

랜드가 홈페이지에 레이저기 한 대를 사진으로 올려놓은 점까지 같았다. 놀랍도록 진보한 시장이 기능에 집중했고, 그에 따라 가격이 균일화되었다. 다음날 우리는 어떻게 하면 타깃 고객에게 더 감정적인 방식으로 접근할 수 있을지 조사하기 시작했는데, 예를 들면 저명한 교수가 노벨상 후보에 이름을 올릴만한 연구를 진행하는 데 이 업체 제품이 어떻게 도움이 되는지 가볍게 설명하는 식이었다.

전문가의 조언 코너에서 조엘 해리슨Joel Harrison은 몇몇 B2B 브랜드가 감정이 발휘하는 힘을 어떻게 아주 효과적으로 점점 더 많이 사용하는지 간단하게 설명한다.

전문가의 조언 5.1

B2B 브랜드는 어떻게 감정적 경험을 통해 승리하는가?

조엘 해리슨, B2B 마케팅B2B Marketing 편집자

감정은 B2B 마케팅에서 늘 큰 부분을 차지했지만, 최근까지 B2B 브랜드 대부분은 그 중요성과 절절한 배치 방법을 이해하느라 어려움을 겪었다. B2B 브랜드는 논리와 합리성에 특별히 관심을 쏟았다. 여러 중요한 제품 특징을 극도로 세세하게 나열했다.

'일 대 다' 마케팅 채널이 지배적이던 '방송 전성시대'에 감

정을 이용할 때는 주로 부정적인 감정에 초점을 맞췄다. 행동하지 않으면 무언가 정말로 끔찍한 일이 일어날 것이다. 경쟁사에 압도당하거나 법률상 변화 때문에 경쟁력을 잃는 것과 같은 일이 생길 수도 있다. 이렇게 두려움이라는 감정을 수단으로 삼았다.

하지만 소셜 미디어 전성시대인 오늘날, B2B에서 감정은 정반대 역할을 맡는다. 브랜드는 긍정적인 메시지에 기대어, 흥미롭고, 신나고, 재밌고, 멋지고 … 심지어(작은 목소리로) 관능적인 것을 공유한다. IBM과 레노버Lenovo, 홋스위트 Hootsuite, 마이크로포커스Microfocus 같은 브랜드는 특출나게 좋은 사례로서 우뚝 섰다. 확고하고, 견실하고, 신뢰할만한 … 이성적인 선택은 소셜 미디어에서는 눈에 띄지 않는다. 소비자 마케팅에서와 마찬가지로 더 스스럼없고, 친근하고, 따뜻한 어조가 B2B에서 중요한 역할을 하는 모습을 우리는 목격한다.

이는 신선하지만, 오래전부터 해야 했던 일이다. B2C 고객과 비교하여 B2B 고객과 유대감을 조성할 때 필요한, 미묘하면서도 뿌리 깊은 차이점을 이해하는 일은 21세기에 어떤 B2B 브랜드가 성공할지를 결정하는 핵심 요인이 될 것이다.

B2B 마케팅은 통찰과 정보를 제공하는 선도 기업으로, B2B 마케팅 담당자가 성공하고 경력을 개발하도록 돕는다.

리가 연관성 있는 상태로 남아서 시장 점유율을 유지하려면, 고객이 우리의 제품을 이용하고 그 제품이 전달하는 경험을 즐겨야 하기 때문이다. 사용량은 시간의 맥락에서 측정할 수 있는데, 엑스박스 라이브Xbox Live에 들인 시간이나 고급 사용자가 아웃룩Outlook에서 사용하는 특정 기능에 접근하는 시간 등을 예로 들 수 있다. 만족도는 보통 설문 조사를 통해 측정하며 고객이 좋은 경험을 하고 있는지, 어쩌면 떠날지도 모르는 상태인지를 알아내는 데 도움이 된다.

고객 지원팀에 연락하는 고객은 아마 제품이나 사용자 경험에 문제가 생겨서 도움을 구하고 있을 것이다. 마이크로소프트처럼 거대한 기업이라면 고객 지원 문제는 그 범위가 엑스박스 때문에 분투하는 게이머에서부터 클라우드 기반에 문제가 생긴 기업 고객에까지 이를 수도 있다. 마이크로소프트에는 두 시나리오가 고객 경험 관련하여 똑같이 중요한 기회다. 좌절한 게이머는 경험마저 형편없다면 경쟁사로 떠나갈 수도 있다. 클라우드 문제는 고객에게 뿐 아니라 마이크로소프트에도 사업 위기가 될 수 있다. 따라서 고객 지원 경험을, 즉 문제 해결에 걸린 시간이나 기술자에 대한 만족도를 효과적으로 측정하는 것이 매우 중요하다.

아웃바운드 마케팅outbound marketing을 측정하려면 전략이 효과적이고 효율적이고 건설적인지 이해해야 한다. 그럴만한 가치가 있었나? 여기에 대해 밝히려면 투자수익률을 측정해야 한다. 마케팅 활동은 매번 비용이 들지만, 모든 마케팅 활동이 플러스 투자수익률을 내는 것은 아니다. 시장 점유율이나 매출, 사용량처럼 사업에 특화된 지표 또는 대차대조표에 마케팅 목표를 직접 맞추면, 여러분이 플러스 수익을 입증할 수 있을 때, 마케팅 예산을 얻기 위한 싸움이 조금 쉬워질 수 있다.

마이크로소프트(나스닥 명:'MSFT' @microsoft)는 모바일 우선, 클라우드 우선인 세상에 필요한 선도적인 플랫폼이자 생산성 회사로, 지구상의 모든 사람과 모든 조직에 더 크게 성취할 수 있는 권한을 부여한다는 임무를 수행한다.

'빅데이터(Big Data)의 출현'

빅데이터는 고위 간부가 다루는 의제에서 절대로 멀지 않은 주제이며, 주류 브랜드 마케팅 안으로 점점 더 들어가고 있다. 이 주제의 정의와 범위는 논의 중이지만, 내가 보기에 빅데이터를 다루는 일은 차후 의사 결정에 반영할 거대하고 종종 복잡한 데이터 집합을 획득하고 종합하고 분석하는 일을 수반한다. 예를 들어 쿠키 추적cookie tracking 기능과 '데이터 관리 플랫폼'은 데이터를 종합하는데, 덕분에 개인이 하는 행동을 대규모로 관찰한 다음, 여기서 얻은 통찰을 이용하여 실시간으로 맞춤형 경험을 만들 수 있다. 그러면 고객 페르소나(3

다. 홀마크Hallmark는 사람들이 사랑받는다고 느끼도록 돕는다. 리츠 칼튼은 사람들이 사신을 특별하다고 느끼도록 돕는다. 아르마니Armani는 사람들이 자신을 세련되다고 느끼도록 돕는다. 이 목록은 계속 이어지는데, 이들 브랜드는 유대감을 조성하는 일이 브랜드 경험을 구축하는 일의 일부로서 중요하다는 점을 이해한다.

공동 창조 활동 촉진하기

'사람들은 자기가 발견한 사실에 가장 잘 설득당한다.'

벤자민 프랭클린Benjamin Franklin

표준화한 브랜드 경험을 구축하던 시대는 오래전에 지났다. 브랜드가 호소력을 지니려면 권한을 부여하고 자율성을 보장해야 한다.

이해관계자, 특히 밀레니얼 세대와 Z세대는 브랜드와 함께 자기한테 맞는 경험을 공동 창조함으로써 그 경험을 자기만의 것으로 만들 수 있는 브랜드에 끌린다. 55세 이상 응답자 34%와 비교하여 18~34세 응답자는 54%가 구매하는 제품을 개인 전용으로 삼고, 무언가 특별한 것을 만들 기회를 얻으면 그 브랜드나 기업을 향한 전반적인 충성심도 영향을 받는 다고 말한다. 논리적으로 볼 때 사람들은 구매하는 것에 참견할 권리를 점점 더 원하고 있다. 수없이 많이 표적 집단을 운영하고 젊은이를 겨냥한 브랜드를 민족지학ethnography으로 연구했던 내 경험에 비춰볼 때 이런 추세는 Z세대로도 이어지기 시작한 듯하다. 여러분은 이해관계자가 이 '일'을 완성하도록 도울 수 있는데, 여러분이 구축하는 브랜드 경험의 일부로서 다음과 같은 것들을 적절하게 준비해주면, 이해관계자는 직접 브랜드 경험을 구축할 능력과 자신감을 얻는다.

- **맥락.** 예: 고객이 탐험하기를 격려하는 따뜻하고 기분 좋은 소매 형태나 경험을 창조하도록 영감을 주는 홈페이지.
- **도구.** 예: 비행기 체크인을 위한 셀프서비스 키오스크, 온라인 자동차 꾸미기 프로그램.
- **지식.** 예: 온라인 동영상 교육, 관련 지식을 공유하는 데이터 표나 보고서.

이케아Ikea는 공동 창조를 개척한 브랜드다. 어떻게 제품을 조립하는 데 드는 시간과 노력 때문에 고객이 이케아 제품을 특히 좋아하게 됐는지 강조하기 위해 '이케아 효과'라는 단어가 생겼을 정도다.

이케아가 제공하는 경험은 재기 넘치게 구축한 브랜드 경

정성적인 통찰

정성적인 통찰이 제공하는 데이터는 정량적인 기법보다 더 문맥과 연관이 있고, 풍부하고, 미묘할 수 있다. 또 사용한 단어에 특별한 중요성이나 의미가 있어서 맥락 안에서 신중하게 이해해야 하는 상황과 더불어 민감하거나, 사회적이고 문화적인 측면이 강한 주제를 연구할 때 특히 유용하다.

건강관리 부문의 한 기업은 환자가 어떤 예민한 주제에 대해 느끼는 불안을 조사하여, 이를 완화하거나 더 잘 관리할 만한 방법을 파악하고자 했다. 이 주제를 더 공감 가고 섬세한 방식으로 이해하기 위해 가족이 참석한 가운데 일대일 인터뷰를 진행하는 방법을 사용했다. 또 젊은이 대상 브랜드를 운영하는 클라이언트는 타깃 고객이 이용하는 문화와 관련한 언어를 이해함으로써 이를 후속 브랜드 커뮤니케이션과 체험행사에 포함하길 원했다.

이 문제를 다루기 위해, 우리는 고급 텍스트 분석text analytics 기술과 스마트폰으로 촬영한 동영상 일기를 이용했다. 이런 미묘한 관점에 민감하게 반응하면 브랜드 경험을 구축할 때 큰 차이를 만들 수 있으며, 이때는 정량적인 기법과 비교할 할 때 정성적인 기법이 빛을 발한다. 표 6.2는 여러분이 이용할 수 있는 정성적 기법과 함께 해당 기법이 브랜드 경험을 구축할 때 어떻게 도움이 될 수 있는지를 보여주는 사례를 공유한다.

표 6.2 정량적 기법을 이용하여 브랜드 경험 디자인하기

기법	이 기법은 다음에 도움이 될 수 있다	실용적인 응용 방법
민족지학 Ethnography	결정을 내리는 문화적 맥락 인식하기	스키장에서 스노보드를 타는 사람이 여러분 장비를 어떻게 사용하는지 평가한다. 여기에는 스노보드를 타는 사람과 관계를 맺고, 그 커뮤니티에 기입하고, 활동에 참석함으로써 스노보드를 타는 사람의 관점을 관찰하고 거기서 통찰을 얻는 일이 수반된다. 또 다른 선택지는 스노보드를 타는 사람은 데 스마트폰으로 운종일 동영상 일기를 촬영해서 공유해달라고 부탁하는 것이다. 웨이브렌스는 몇몇 클라이언트와 이 방법을 이용했는데, 의사 흐름에서 세 사람이 드러나는 경향이 있었다.
고객 방문 Customer visits	고객이 자기 환경에서 직면한 문제나 어려움 찾아내기 (B2B 중심인 경향이 있다)	특정 주제를 토대로 작성한 논의 지침을 가지고 고객 직장을 방문함으로써, 여러분의 브랜드 경험에 대해 고객분이 느끼는 불만을 이해한다. 고객은 전화상이나 설문 조사, 포커 집단 면접에서보다 익숙한 환경에서 자신들을 더 드러내는 경향이 있다. 가능하면 고객이 속한 환경 예컨대 사무실 공장, 매장 등을 맴돌면서 고객의 관점에서 맥을 잡는 것이 유용하다. 여러분은 통찰을 얻어서 고객 불만을 해결하기 위해 후속 현장을 디자인할 때 반영할 수 있다. 종요한 접은 지유롭게 대답할수 있는 질문을 던진 다음 논의 거름 맡에 닿을 만큼 많에 열어두는 것이다.

173

과 리벳을 맞춤 제작하고 나만의 모노그램을 더함으로써 핸드백을 내 마음대로 제작할 수 있다. 레고 아이디어스Lego Ideas는 온라인 플랫폼을 제공하는데, 레고 팬들은 거기에 상업적 출시를 염두에 두고 제품을 제안할 수 있다. 롤스 로이스 에어로스페이스Rolls Royce Aerospace는 케어 스토어CareStore가 있다. 고객은 이 온라인 포털을 이용하여 토탈케어 라이프TotalCare® Life®, 토탈케어 플렉스TotalCare® Flex®, 셀렉트케어SelectCare™와 같은 지원 서비스 묶음에 접근할 수 있으며, 덕분에 제품의 수명주기가 진행됨에 따라 필요한 항공 윤활유 지원 서비스 유형을 재단할 수 있다.

여러 세계적인 브랜드는 브랜드 경험을 구축할 때 책임을 이양해야 한다는 점을 이해한다. 이런 브랜드는 경험을 직접 창조하는 데 필요한 맥락과 도구, 지식을 고객에게 제공하면서 권한을 위임한다. 공동 창조를 촉진하면 더 개인에 맞추고, 연관성이 있고, 따라서 더 귀중한 경험을 만드는 데 도움이 된다. 또 생산비용 일부가 고객에게 넘어간다. 그러면 이윤이 증대하는데, 브랜드가 일할 사람을 채용할 필요가 더는 없기 때문이다. 이는 대표와 관리자가 공동 창조를 이용하여 얻을 수 있는 주요 혜택이다.

관리자와 경영자는 브랜드 경험을 구축할 책임을 고객이나 다른 이해관계자한테 위임하는 것을 걱정한다. 이 책임을 떠나보내기는 어렵다. 우려하는 점은 브랜드 가치, 개성, 포

브랜드 경험 디자인 바이블

지서닝을 비롯하여 여타 브랜드 경험의 핵심 요소(2부)를 훼손하는 경험을 고객이 창조함으로써 여러분이 전달하는 경험을 희석하거나 탈선하게 만들지도 모른다는 것이다. 이런 요소는 브랜드 자산의 핵심이므로 논의할 대상이 아니며, 따라서 이런 걱정은 유효하지 않다.

어느 정도 '통제력을 위임'받기 위해, 브랜드는 이해관계자한테 경험을 개인에 맞출 수 있는 범위를 충분히 제공하되 브랜드 경험의 핵심 요소로 범위를 제한해야 한다. 예를 들어 나이키 iD는 다양한 운동화와 선택지를 제공하므로 고객은 자기 신발을 재단할 수 있다. 하지만 색은 선택 범위가 좁으므로 패션 참사를 만들기가 불가능하진 않더라도 매우 어렵다.

수년 전 웨이브렝스에서 우리는 한 자산관리 회사를 위해 그 회사의 고객사가 자기 투자 포트폴리오를 관리할 수 있는 포털 사이트를 개발했다. 포트폴리오가 지나치게 위험하거나 불균형하면, 경리부장한테 이메일이 가서, 해당 클라이언트에게 '고객관리 전화'를 걸어 적절하게 조언을 건네라고 제안한다. 브랜드는 이런 식으로 브랜드 경험의 조력자이자 수호자가 되었다. 경험을 창조할 책임은 점점 더 고객에게 가고 있으며, 브랜드는 이 책임을 면밀하게 감독한다.

전문가의 조언 코너에서 오만 우레두Ooredoo의 마케팅팀은 어떻게 젊은이 커뮤니티와 관계를 맺고 '샤바비아Shababiah'라는 브랜드의 재출시를 둘러싼 경험을 공동 창조했는지, 그 홍

정성적 자료를 자주 겨냥하는 한 가지 비판으로는 주관적이라는 점이 있다. 질문을 만들고, 조사를 진행하고, 데이터를 분석하는 데는 편견이 개입될 수 있다. 이 문제를 다루려면 '삼각법triangulation'을 통해서 여러분이 발견한 사실을 확인하는 것이 현명하다. 다른 기법(정성적 기법과 이상적으로는 정량적 기법)을 이용해도 똑같은 결과가 나오는지 검증하는 일을 수반해야 한다. 이렇게 하면 여러분의 통찰에 신뢰가 쌓이고 자신감이 들어갈 것인데, 더 온전하고 강력하며 과학적인 분위기가 나기 때문이다. 대부분 정성적 연구는 표본 크기가 작은 점도 이사회에서 문제가 되고는 한다. 주장이 타당하다면, 답변할 때 정성적 기법을 사용하면 어떻게 하여 정량적 기법으로는 할 수 없는 방식으로, 풍부하고 맥락과 관련된 통찰에 근거한 관점을 얻을 수 있는지를 어느 정도는 간단하게 설명해야 한다. 여기에 실패했다면, 레고처럼 정성적 기법을 이용해서 브랜드 초점을 재조정한 사례를 인용함으로써 주장을 뒷받침할 수도 있다.

어떤 접근법을 채택했는지와 상관없이 정성적 데이터와 정량적 데이터는 어느 한 가지가 더 낫거나 못하지 않다는 점을 이해하는 것이 중요하다. 어떤 접근법이 연구 목적에 가장 적절한가를 파악해야 하지만, 대개 정량적 기법과 정성적 기법을 혼합하여 사용할 때 가장 좋은 결과가 나온다는 점을 염두에 두어야 하는데, 예를 들면 다음과 같은 조합이 있다.

1. 탐색적이고 정성적인 단계로, 주제와 관련된 주요 통찰, 동향, 테마, 언어를 맥락에 기반하여 이해한다.
2. 정량적 단계로, 더 크고 완전한 표본을 이용하여 이전에 정성적 단계에서 나타났던 관점을 확인한다.
3. 최종 정성적 단계로, 여러분이 구축하려 하는 경험이 이해관계자와 의미 있는 방식으로 연관성 있게 공명하는지 '논리적으로 점검'한다. 이런 논리 점검은 선행하는 정성적 통찰과 정량적 통찰을 토대로 해야 한다.

이런 접근법을 채택하기가 부담스럽다면, 관련 경험이 있는 누군가를 참여시키거나 외부 대행사와 협력하는 것도 좋은 생각이다.

생체인식과 신경과학에 관한 짧은 이야기

정성적 연구가 주관적인 성질 때문에 자주 비판을 받긴 하지만, 정량적 기법도 편향성을 띠기 쉽다. 그 결과, 재력이 큰 일부 브랜드는 생체인식과 신경과학 기법을 점점 더 많이 사용함으로써 브랜드 경험에 상당한 투자를 하기 전에 통찰에 대한 객관성을 높인다.

생체인식 기술은 심장 박동수, 피부 반응, 눈 움직임, 눈동자 확장 정도 등을 측정한다. 영화 레버넌트The Revenant의 시사회에서 20세기 폭스20th Century Fox는 관객 반응을 측정하기

그림 5.3 오만 우레두의 샤바비아 공동 창조 캠페인 사례

오만 우레두는 *2004년 12월*에 오만 왕국Sultanate of Oman에서 설립되고 정부에 등록됐다. *2005년 3월*에 신생 통신 사업자로

서 서비스를 개시했는데, 처음에는 나우라스Nawras라는 이름
으로 영업했다. 2009년에 두 번째 고정 허가fixed licence를 받은
뒤, 2010년 4월에는 국제 게이트웨이gateway를, 같은 해 5월에
는 기업용 고정 통신과 광대역 통신 서비스를, 6월에는 가정용
고정 통신과 광대역 통신 서비스를 출시했다. 우레두는 2010
년부터 통합 서비스 통신사가 됐으며 현재는 왕국을 통틀어 2
백만 명 넘는 고객에게 서비스를 제공하는 중이다.

옴니채널로 경험 전달하기

고객 생활 방식, 관심사, 구매 습관을 이해하기 위해 브랜드가
데이터를 엄청나게 많이 수집하고 분석한다는 사실은 고객도
안다. 연구에 따르면 고객은 옴니채널이 완벽하길 기대하진
않지만, 원하는 상황과 때와 방법으로 더욱더 개인에게 맞춘
경험을 전달받길 기대한다. 즉 고객을 한가지 시각으로 파악
하고서, 여러 채널 사이로 단번에 끊김 없이 미끄러져 들어갈
만큼 일관되고 응집력 있는 경험을 구축해야 할 책임이 브랜
드에 있다는 뜻이다. 이렇게 하려면 브랜드는 이전에 따로 떨
어져 있던 경험을 스마트폰이나, 태블릿 PC, 데스크톱 컴퓨
터, 소매점 등을 망라하는 하나의 직관적인 경험으로 통합함
으로써 고객이 '일'을 완성하도록 도와야 한다.

접근법을 채택하는 것은 지혜로운 일인데, 그러면 인과 관계를 판단할 수 있고 재무 지표를 사용할 때 생기는 한계점도 보완할 수 있기 때문이다.

데이터 중심 접근법을 채택하는 것은 브랜드 경험 환경의 네 번째이자 마지막 요소다. 다음 장에서는 우리가 이 책 1부에서 다뤘던 내용을 요약할 것이다.

07

요약:
브랜드
경험 환경

이 책 1부에서 나는 브랜드 경험 환경을 소개했다. 여기에는 4가지 요소가 있다.

- 이해관계자 이해하기: 이해관계자 프로필 분석하기, 이해 관계자가 '일을 완성하도록' 돕기, 이해관계자의 참여 장려 하기, 이해관계자의 기대 관리하기.
- 관점 미세 조정하기: 투명성 수용하기, 전체론적 사고방식 채택하기, 가격이 아닌 가치를 통해 주로 경쟁하기, 인내심 가지기, 통제력을 상실했음을 인정하기.
- 전달 기법 고려하기: 유대감 조성하기, 공동 창조 활동 촉 진하기, 옴니채널로 경험 전달하기.
- 데이터 중심 접근법 채택하기: 강력한 통찰 획득하기, 전체

반대로 똑같은 일을 완성하려고 떠나는 고객 여정이 다음과 같을 수도 있다.

- 친구와 쇼핑하다가 잠깐 상점에 들러서 정보 얻기
- 사전에 가볍게 온라인 검색하기(스마트폰)
- 고객 센터에 전화해서 모호한 부분 명확하게 이해하기
- 사회적으로 검증을 받고 싶은 채로 파티에서 친구와 다가오는 여행에 관해 일반적인 대화 나누기
- 더 자세하게 온라인 검색을 하면서 가격 비교하기(데스크톱 컴퓨터)
- 스마트폰으로 블로그나 트립어드바이저TripAdvisor 같은 사이트에 접속해서 추가로 사회적 검증받기
- 항공사 웹사이트나 상점을 방문해서 최종적으로 비행기표 구매하기

이 시나리오는 이해관계자가 다음 접점으로 전진하는 이상적인 상황을 대표한다. 현실에서 옴니채널 경험은 더 반복적이고 분산적이며 복잡하다. 늘 선형인 것도 아니며 접점을 평행으로 경험할 수도 있는데, 이런 경향은 Z세대에서 특히 두드러진다. 예를 들어 고객은 여러분이 운영하는 고객 서비스 팀에 전화를 걸고, 상점을 방문하기 전에 여러분이 제공하는 모바일 애플리케이션에 접속하고, 생각해본 다음에야 온

라인이나 모바일 애플리케이션을 통해 구매할 수도 있다. 또 다른 시나리오를 떠올리자면, 고객이 매장에 머무는 채로 제삼자가 운영하는 사이트에서 온라인 평가를 읽는 동안 그 친구들은 자기네 인간관계 내에서 누군가가 그 상품을 고려해 본 적 있는지 알아볼 수도 있다. 도전 과제는 이해관계자가 전체 여정에서 어디쯤 있는지 이해하고, 택한 경로와 상관없이 그 순간에 어떤 '일'을 하려고 노력하는지 이해함으로써 여러분이 제공하는 경험을 따라 전진하도록 격려하는 것이다. 고객 여정 지도를 이용하면 해법을 하나 얻을 수 있는데, 여기에 대해서는 16장에서 서비스 디자인을 살펴볼 때 다룰 것이다.

고급 소매업 브랜드는 경험을 옴니채널로 전달하는 것이 중요하다는 사실을 빨리 파악했다. 리젠트가Regent Street에 있는 버버리 매장에서는 선별한 제품 속에 RFID 태그RFID tag를 짜 넣어서 제품과 관련 있는 맞춤형 멀티미디어 콘텐츠를 틀어주고, 거울이 화면으로 변해서 런웨이 장면과 독점 영상을 보여주고, 위성 기술이 여러 행사를 매장 내에 실시간으로 중계해주고, 직원은 아이패드 애플리케이션을 이용해서 고객 경험을 재단한다. 티파니는 베벌리 힐스Beverly Hills에 재단장한 매장을 재개장했을 때 스냅챗을 사용해서 소문을 내고 고객을 끌어들였다. 이 스냅챗은 시청자를 데리고 가상 여행을 떠났고, 리즈 위더스푼Reese Witherspoon과 케이트 허드슨Kate Hudson, 할리 베리Halle Berry 같은 유명인사가 참석한 개장 파티를 방영했다.

2부

브랜드 경험의
핵심 요소

Wardrobe을 연간 79파운드라는 금액에 배달받을 수 있다. 마이크로소프트에서 삭성한 고객 포트폴리오를 보면, 윈도우 Windows와 서피스Surface, 엑스박스Xbox를 통합하여 매끄러운 고객 경험을 연결된 생태계의 일부로서 전달한다. 중국 거대 인터넷기업 텐센트는 인스턴트 메신저 애플리케이션 QQ, 소셜 네트워크위챗, WeChat, 온라인 결제 시스템텐페이, Tenpay, 게임, 음악 스트리밍 서비스QQ Music를 아울러서 생태계를 구축한다.

다음에는 무엇이 옴니채널 경험을 기다리고 있을까? 두 분야가 모습을 드러내고 있다. 가상 및 증강현실VR과 AR, 그리고 사물인터넷IoT이다. 아우디는 탄생 50주년을 기념하는 일환으로 '과거로 돌아가는 드라이브A Drive Back in Time'를 연출했다. 이 가상현실 체험행사에서 승객은 차를 몰고 기억을 거슬러 올라가면서 1965년에 싱가포르가 어떤 모습이었는지 볼 수 있었다. 왕좌의 게임Game of Thrones 경험에서는 관객이 왕좌의 게임 세상으로 들어가는데, 브랜드를 구현하여 활과 화살로 무장한 가상 세계 속에서 관객은 이리저리 돌아다니며 상호작용할 수 있다. 구글 데이드림Google Daydream은 스마트폰용 리모컨 애플리케이션을 헤드셋과 연결함으로써 경험에 참여하는 사람들에게 더 큰 통제력을 부여한다. 초기 발견에 따르면 고전적인 2D나 심지어 360도 경험과 비교해서도 VR은 마음에 더 오랫동안 깊숙이 남는 경험을 전달한다.

사물인터넷이 출현하면서 고객은 물리 세계와 디지털 세

계를 매끄럽게 섞는 브랜드 경험을 점점 많이 찾을 것이다. 그리고 집, 자동차, 직장, 여타 물리 공간 및 사물을 연결하는 브랜드 경험을 브랜드가 구축해주길 기대할 것이다. 예를 들어 BMW는 가라지오Garageio와 제휴를 맺고 애플리케이션 묶음을 출시했는데, 이 애플리케이션은 중앙난방을 조절하여 여러분이 집에 도착할 때 온도를 적절하게 맞춰주고, 주차할 때 차고 문을 열어주고, 차고를 나설 때 문을 닫아주는 등의 일을 자동으로 처리해줄 것이다. 이런 발전은 브랜드가 경험을 구축할 기회를 새로운 방향으로 제공할 것이다.

결론

브랜드 경험을 연관성 있게 구축하기 위해서는 브랜드 경험을 전달하는 기법을 고려해야 한다. 여기에는 어떻게 유대감을 조성하고, 공동 창조 활동을 촉진하고, 옴니채널로 경험을 전달할지를 생각하는 일이 수반된다. 브랜드 경험의 핵심 요소를 어떻게 개발하고 정의할지는 브랜드 경험 환경이 좌우하는데, 전달 기법을 고려하다 보면 브랜드 경험 환경과 관련 있는 중요한 세부사항에 관해서도 생각하게 될 것이다.

서는 그 내용을 요약한다.

브랜드 경험 환경과 브랜드 경험의 핵심 요소를 연결하는 일은 네모 칸에 체크 표시를 하는 일이 아니라는 점을 기억하기를 부탁한다. 브랜드 경험 환경의 모든 부분에 브랜드 경험의 핵심 요소를 그러넣을 필요는 없다. 브랜드 경험 환경을 구성하는 요소는 다양한 요인에 따라 상대적으로 중요성이 다른데, 이런 요인에는 조직의 부문, 규모, 자원, 위험에 대한 태도, 문화, 목표를 비롯하여 조직에서 나는 특정한 느낌이나 시장 특성에 따라 결정되는 수많은 여타 요인이 포함된다.

표 P2.1 브랜드 경험 환경에 핵심 요소 연결하기: 스스로 물어볼 질문

	가치	에센스	역할	포지셔닝	개성
	이해관계자 이해하기				
이해관계자 프로필 분석하기	우리의 가치가 이해관계자와 연관성 있게 공명할 것이라고 얼마나 확신하는가?	우리의 에센스는 이해관계자와 연관성 있게 경험을 구축할지를 얼마나 장려하나?	우리가 제공하는 혜택 중 이해관계자와 연관성이 있는 것은 무엇이고, 그저 우리가 제공하기 편한 것은 무엇인가?	우리의 포지셔닝은 이해관계자와의 관련성이 있는가?	우리는 개성을 어떻게 이용하여 이해관계자가 연관성 있는 방식으로 우리의 브랜드에 동조하도록 도울까?
이해관계자가 '일'을 완성하도록 돕기	우리의 가치가 연관성 있는 일을 완성하는 데 얼마나 도움이 되는가?	이해관계자가 연관성 있는 일을 완성하도록 도울 때 우리 에센스는 우리를 어디까지 안내하는가?	우리의 브랜드 경험에서는 어떤 부분이 이해관계자가 연관성 있는 일을 완성하는 데 도움이 되는 혜택을 전달하는가?	우리의 포지셔닝은 어떤 식으로 이해관계자가 연관성 있는 일을 완성하도록 돕는가?	우리의 개성은 어떤 식으로 이해관계자가 연관성 있는 일을, 예컨대 관련 그룹의 회원임을 보여주는 일을 완성하도록 돕는가?
이해관계자의 참여 장려하기	우리의 가치는 어떤 방식으로 이해관계자가 우리의 브랜드에 참여하도록 장려하는가?	우리의 에센스는 어떻게 하여 이해관계자 모두한테 매력적인 경험을 구축하라고 지시하는가?	우리의 경험은 이해관계자의 참여로 발생한 혜택을 어떤 식으로 전달하는가?	우리의 포지셔닝은 어떻게 이해관계자가 우리의 브랜드 경험에 참여하도록 장려하는가?	우리는 개성을 어떻게 이용하여 이해관계자가 브랜드에 참여하도록 장려하는가?

문이나 규모, 응답뿐 아니라 부적절한 표본 추출 방법과 관련해서도 구체적인 문제가 여럿 있다. 이린 상황이 골치 아픈 이유는 가장 재능있는 정량 데이터 분석가라고 해도 편향성을 해결할 수는 없기 때문이다. 이런 문제를 어떻게 다룰지에 대해 매우 현실적이고 꼼꼼한 개관을 살펴보고 싶다면, 설문 조사 설계에 관하여 딜먼Dillman이 저술한 책을 읽어보길 추천한다.

설문 조사나 다른 방법으로 양적인 자료를 수집했다면, 고급 통계 기법을 사용하여 브랜드 경험을 구축하는 노력에 과학적 엄밀성을 더할 수 있다. 표 6.1은 여러분이 사용할 수 있는 몇 가지 통계 기법을 설명하고, 이들 기법이 어떻게 도움이 될지 보여주고, 여러분 상상력을 자극할 현실적인 사례를 제공한다. 이런 기법은 다양한 방식으로 사용할 수 있으며, 제공하는 사례는 순전히 설명을 위한 것임을 기억하자.

표 6.1에서 간단하게 설명하는 기법은 대부분 '추리 통계학inferential statistics'을 이용하는데, 이 통계학은 데이터(전체 표본)가 여러분이 관심 있는 사람들(모집단)을 얼마나 잘 대표하는지 여러 신뢰 수준에서 추측하는 데 도움이 된다. 데이터 분석을 할 때는 대부분 모집단과 상관없이 전체 표본에만 근거하여 통찰을 얻는 경향이 있는데 추리 통계학은 여기서 나타나는 큰 약점을 보완한다. 다양한 신뢰 수준에서 전체 표본을 근거로 모집단을 추측할 수 있는 것이 중요하다. 그렇게 하면 브랜드 경험이라는 그림을 더 완벽하고 온전한 관점에서

브랜드 경험 디자인 바이블

바라보게 될 것이며, 따라서 브랜드 투자 위험에 노출되는 일
이 줄어들 것이다.

표 6.1 고급 통계 기법을 이용하여 브랜드 경험 디자인하기

기법	이 기법은 다음에 도움이 될 수 있다	실용적인 응용 방법
회귀 분석 Regression	어떤 변수가 관심 있는 결과에 영향을 미치는지 식별하기	*어떤 브랜드 경험 접점이 수익이나 연관성, 지지도, 할증된 값을 치를 의사 등과 같은 성과 지표를 끌어올리는지 찾는다.* 회귀 분석은 중요한 접점을 찾아서 거기에 노력을 집중하는 데 도움이 될 것이다. 웨이브렝스에서는 기업 금융 회사가 브랜드 자산 지표를 주도하는 가치를 찾도록 돕는 데 회귀 분석을 이용했다.
구조 방정식 모형 Structural equation modeling	변수와 관심 있는 결과 사이에 존재하는 인과 관계 이해하기.	*수익이라는 맥락에서 상대적인 만족도가 충성도를 끌어내는지(아니면 그 반대인지) 규명한다.* 수익을 좌우하는 인과 관계를 이해했다면, 그 분야에 노력을 집중해서 중요한 일을 차례로 시작할 수 있다.
베이즈 망 모형 Bayes network modelling	변수와 변수 간 상호작용을 관심 있는 결과와 관련하여 이해하고 식별하기	*매출이나 연관성, 할증한 가격을 낼 의사처럼 관심 있는 결과를 어떤 변수가 좌우하는지 이해하기.* 많은 브랜드 과학자는 회귀 분석과 구조 방정식 모형보다 베이즈 망이 '동인 분석driver analysis' 모형을 만들기에 더 나은 방법이라고 여기는데, 두 예측 변수 간 상관관계가 높을 때 발생하는 다중공선성multicollinearity 문제를 완화하고, 분석에 사용하는 변수 간 상호작용 효과를 설명하기 때문이다. 시각을 활용한 발표도 이사회에서 잘 인정받는 경향이 있다.
결합분석 Conjoint analysis	선택을 촉진하기 위해 접점 최적화하기	*주어진 접점에서 서비스 디자인을 최적으로 확립한다.* 예를 들어, 모바일 사이트가 전화, 이메일, 라이브 채팅, 스카이프Skype를 지원해야 하는가? 어쩌면 이메일과 라이브 채팅을 지원하는 것으로 충분할 수도 있다. 이렇게 하면 경험 능률이 올라가고, 비용이 감소하고, 배송 기간이 줄어들고, 고객 서비스 지원을 간소화할 수 있다.

전달 기법 고려하기

유대감 조성하기	우리의 가치 중 어느 것이 이해관계자와의 유대감을 조성하는 데 도움이 되는가?	우리가 바라는 대로 유대감을 촉진하고자 경험을 전달하는 데는 에센스가 어떻게 도움이 되는가?	우리가 전달하는 혜택 중에는 무엇이 우리가 조성하고 싶은 유대감을 강화하는가?	포지셔닝은 우리가 조성하고 싶은 유대감과 얼마나 궤를 같이 하는가?	개성을 어떻게 사용하면 우리가 원하는 대로 이해관계자와 유대감을 조성하는 데 도움이 되는가?
공동 창조 활동 촉진하기	우리의 가치는 어떻게 공동 창조 활동을 촉진하나?	이해관계자한테는 우리의 에센스의 범위를 벗어나지 않으면서 개인한테 맞춰 경험을 공동 창조할 기회를 얼마큼이나 제공하는가?	혜택을 실제로 공동 창조하여 전달하는 데 필요한 때라과 도구, 지식을 어떻게 우리가 구축하는 경험을 통해 이해관계자한테 전달하는가?	포지셔닝에서 공동 창조 활동이 수행하는 역할은 어떤 종류인가?	브랜드 개성은 어떤 식으로 공동 창조와 정을 활발하기 정려하는가?
옴니채널로 경험 전달하기	우리는 어떻게 다양한 경로를 가로지르며 일관적으로 가치를 전달하나?	우리가 구축하는 브랜드 경험과 연관성 있는 채널을 선별하는 데 도움이 되려면 브랜드 에센스를 어떻게 사용해야 하나?	우리가 전달하는 혜택을 어떻게 가장 연관성 높은 채널에 배치하나?	전 채널을 따르거나가 포지스레 포지셔닝 한 브랜드 경험은 얼마나 경을 같이 하는가?	어떻게 전 채널을 망라하여 개성을 표현하는가?

브랜드 경험 디자인 바이블

데이터 중심 접근별 채택하기

강력한 통찰 획득하기	우리의 가치 중 어느 것이 브랜드 경험 성과를 끌어내는지는 어떻게 확인하나?	기존/계획된 브랜드 경험이 우리의 브랜드 에센스와 얼마나 연관성이 있는지 재관적으로 측정하는 데 도움이 되려면 데이터를 어떻게 사용해야 하나?	수익과 기호, 할증된 가격, 입소문 같은 주요 성과 지표를 어떻게 좌우하는지 설명하려면 데이터를 어떻게 획득해야 하나?	포지셔닝을 결정할 때 일화가 아닌 데이터 중심 통찰에 얼마만큼 기반하는가?	특정 이해관계자 집단에서 우리의 개성을 연관성이 높다고 또는 낮다고 인식하는지 파악하는 데 도움이 되는 통찰은 어떻게 얻는가?
전체론적으로 측정하기	우리의 가치 중 어느 것이 직원이나 고객, 여타 이해관계자와의 관성이 더 있거나 덜 있는지는 어떻게 측정하나?	직원이나 고객, 여타 이해관계자가 우리의 에센스가 무엇인지를 얼마만큼이나 직관적으로 이해하는지는 어떻게 측정하나?	직원이나 고객, 여타 이해관계자 집단이 가치를 전달하는지는 어떤 식으로 측정하나?	브랜드 포지셔닝에 대한 직원과 고객, 여타 이해관계자 집단의 인식이 일치하는지는 어떻게 알 수 있나?	직원과 고객, 여타 이해관계자는 우리의 개성을 얼마나 비슷하게 해석하는가?

08

브랜드
가치

이 장에서는 브랜드 가치가 무엇인지 명확하게 밝힌 다음, 브랜드 경험을 구축할 때 브랜드 가치가 왜 중요한지를 간략하게 설명한다. 훌륭한 브랜드 가치를 창출하는 방법에 관해 실용적인 조언도 제공한다. 이 장을 읽으면 브랜드 가치를 어떻게 개발하고 정의해야 브랜드 경험을 구축하는 활동에 도움이 되는가에 관해 깊고 실용적으로 이해할 것이다.

이 장을 진행하는 동안 브랜드 가치가 어떻게 브랜드 경험 환경과 연관되는지 생각해보길 바란다. 그러면 더 연관성 있는 브랜드 가치를 더 빨리 개발하고 정의할 수 있을 것이다. 표 8.1에 간단하게 나와 있는 질문 사례를 자문함으로써 이 일을 할 수 있다.

브랜드 가치란 무엇인가?

사람들은 브랜드 가치를 브랜드 경영 관련 용어로 치부하면서 미심쩍게 취급하거나 더 나쁘게는 무시하기도 한다. 그러면 문제가 생기는데, 중요한 브랜드 경험의 핵심 요소를 간과할 수도 있기 때문이다. 실용적이고 일상적인 언어로 브랜드 가치에 대해 논의하면 이런 상황을 다루기에 유용하다. '여러분의 브랜드를 네다섯 단어로 설명하라면 어떻게 하겠는가?'라고 질문해보자. 대부분 사람이 대답할 수 있는 간단한 질문이다. 그러면 '활기', '포부', '재미', '성실'처럼 브랜드 가치와 매우 유사한 대답이 나오는 경향이 있다. 여러분은 이 대답을 정제해서 최종 브랜드 가치로 만들 수 있다.

표 8.1 브랜드 가치를 브랜드 경험 환경에 연결하기: 스스로 물어볼 질문

여러분의 브랜드 가치를 브랜드 경험 환경에 연결하기	
이해관계자 이해하기	
이해관계자 프로필 분석하기	• 우리의 가치가 이해관계자와 연관성 있게 공명할 것이라고 얼마나 확신하는가?
이해관계자가 '일을 완성하도록' 돕기	• 우리의 가치는 이해관계자가 연관성 있는 일을 완성하는 데 얼마나 도움이 되는가?
이해관계자의 참여 장려하기	• 우리의 가치는 어떤 방식으로 이해관계자가 우리의 브랜드에 참여하도록 장려하는가?
이해관계자의 기대 관리하기	• 현실적으로 볼 때, 우리는 전 브랜드 경험을 통틀어 가치를 얼마큼이나 전달할 수 있나?
관점 미세 조정하기	

투명성 수용하기	• 우리의 가치는 대중들의 감시를 얼마나 잘 견디는가?
전체론적 사고방식 채택하기	• 우리의 가치가 전체 직원과는 얼마나 연관성이 있다고 생각하는가?
가격이 아닌 가치를 통해 주로 경쟁하기	• 우리의 가치는 이해관계자와 연관성 있는 가치를 어떤 식으로 전달하는가?
인내심 가지기	• 우리의 핵심 가치 중에서는 무엇이 세월의 시험을 견딜 것인가?
통제력을 상실했음을 인정하기	• 우리의 가치는 어떻게 하여 우리가 구축하는 경험을 지휘하지만 명령하지는 않는가?
전달 기법 고려하기	
유대감 조성하기	• 우리의 가치 중 어느 것이 이해관계자와 유대감을 조성하는 데 도움이 되는가?
공동 창조 활동 촉진하기	• 우리의 가치는 어떻게 공동 창조 활동을 촉진하나?
옴니채널로 경험 전달하기	• 우리는 어떻게 다양한 경로를 가로지르며 일관적으로 가치를 전달하나?
데이터 중심 접근법 채택하기	
강력한 통찰 획득하기	• 우리의 가치 중 어느 것이 브랜드 경험 성과를 끌어내는지는 어떻게 확인하나?
전체론적으로 측정하기	• 우리의 가치 중 어느 것이 직원이나 고객, 여타 이해관계자와 연관성이 더 있거나 덜 있는지는 어떻게 측정하나?

왜 브랜드 가치를 부여하는가?

가치는 행동에 영향을 미친다

가치는 우리의 신념에 영향을 미치고 신념은 행동에 영향을 미친다. 좋든 싫든 브랜드 경험이 추구하는 궁극적인 목표는 행동에 영향을 미치는 것이다. 브랜드 경험은 구매하거나, 값을 치르거나, 추천하거나, 여행하거나, 먹거나, 마시거나, 주는 것과 같은 행동을 더(때로는 덜) 하도록 장려한다. 즉 행동에 영향을 미치고 싶다면 이해관계자와 가치 수준에서 관계를 맺음으로써 행동 변화를 끌어내야 한다. 언더 아머Under Armour에서 진행한 '나는 내가 원하는 것을 해낼 것이다I Will What I Want'라는 캠페인은 활동적이고 자신감 있고 경쟁적이라는 가치를 구현한다. 이 캠페인은 고객들에게 의지력을 발휘해서 목표를 성취하는 데 도움이 되는 일을 하라고 장려한다. 브랜드 가치와 연계한 고객은 결국엔 특정 행동 반응을 유발한다.

가치는 여러분의 브랜드를 매력적으로 만들 수 있다

브랜드 가치가 이해관계자와 공명하면, 이해관계자는 브랜드에 동조하고 이끌릴 것이다. 토요타 프리우스Toyota Prius의 소비자가(우버Uber 운전자는 제외한다!) 이 브랜드에 이끌린 이유는 진보적이고, 기술에 정통하고, 신중하고, 환경을 생각한다는 가치를 믿기 때문이다.

잠재 직원은 여러분이 내세우는 가치에 공감할 때 여러분의 브랜드에 이끌릴 것이다. 이런 식으로 '고용주 브랜드employer brand'를 구축하는 일은 특히 중요한데, 많은 밀레니얼 세대가 윤리 기준이 명확한 조직에서 근무하려고 하기 때문이다. 온라인 인플루언서도 점차 더 중요한 이해관계자 그룹

이 되고 있다. 조사에서는 어떻게 인플루언서 중 42%가 브랜드 제휴 기회가 왔을 때 브랜드의 핵심 가치에 동조히는 것이 가장 중요하다고 생각하는지를 간단하게 설명한다.

자석과 마찬가지로, 가치가 누군가를 밀어낼 가능성도 있다. 여러분의 가치에 동조하지 않는 누군가는 여러분이 구축하는 경험에도 참여하지 않을 수 있다. 베르사체Versace의 고객은 외향적이고 사교적이며 대담한 브랜드 가치에 이끌렸지만, 아르마니Armani의 고객은 그렇지 않을 것인데, 더 정제되고, 유행을 타지 않고, 절제된 가치에 이끌리는 경향이 있기 때문이다.

> '긍정적이고 진심을 담은 가치가 여러분의 팀에 스며들면, 팀원은 권한을 부여받고, 인정받는다고 느끼며, 단순히 돈을 버는 것보다 큰 임무에 속했다는 점을 이해할 것이다. 이런 부분은 팀원이 고객을 대하는 방식에서도 드러날 것이며, 그 고객은 여러분의 브랜드와 서비스에 더 충실하다고 판명이 날 것이다. 그러면 이윤에도 긍정적인 효과가 날 것이다.'
>
> 리처드 브랜슨 경, 버진 그룹 창립자

3장에서 이해관계자 프로필 분석에 관해 설명할 때, 나는 이해관계자가 추구하는 가치를 찾는 것이 중요하다는 점을 강조했다. 그렇게 하면 여러분의 브랜드 가치가 해당 이해관계자 집단과 공명함으로써 연관성이 생길지를 평가하는 데 도움이 된다. 이 일은 중요한데, 연구에 따르면 브랜드 가치와 고객 가치가 서로 결을 같이할 때 고객은 만족하고, 믿으며, 정서적으로 몰입하고, 충성심을 갖기 때문이다. 중요한 점은 현재 또는 이상적인 사업을 실감 나게 반영했다고 느껴지도록 가치를 정의하고, 이 가치가 기존 및 이상적인 이해관계자 각자와 어떻게 조화를 이루는지 평가하는 것이다.

웨이브렝스에서는 영국 패혈증 신탁이 브랜드를 구축하도록 도왔다. 어떤 브랜드 가치가 특정 이해관계자 집단(그림 8.1 참고)과 더 또는 덜 관련이 있는지 평가하는 일도 프로젝트의 일부로 들어갔다. 가치가 어떻게 공통분모로 작용했는지 이해하자, 부분 가치segment value를 염두에 둔 채 후속 브랜드 커뮤니케이션과 체험행사를 재단할 수 있는 토대가 생겼다. 예를 들어 '로저'는 전문적이고 영향력 있는 브랜드에 끌린다. 사상가로서 자리를 잡고 자기 브랜드를 구축하는 것이 로저가 완수하고 싶은 중요한 '일'이었기 때문에 이런 가치를 매력적으로 느꼈다. 그 결과 로저는 이런 가치와 공명할만한 기술 보고서와 사고 리더십 콘텐츠를 받았다. 이와 대조적으로 리안은 전문성, 열정, 신선함이라는 가치에 끌리는데, 패혈증에 관해 더 배우고 다른 사람도 그렇게 하도록 돕는 일을 열심히 하기 때문이다. 여러 브랜드 가치가 공존하는 가운데, 브랜드의 특정한 일면은 브랜드가 특정 이해관계자 집단과 관계를 맺었을 때 브랜드 가치를 통해 두드러지게 드러나면서 호소력을 키우고 연관성이 높였다.

그림 8.1 부분 가치와 브랜드 가치 정렬시키기: 영국 패혈증 신탁으로 본 고객 사례

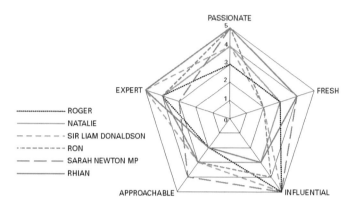

전문가의 조언 코너에서 젬마 손더스Gemma Saunders는 브랜드 가치를 정의하고 개발하는 것이 글리슨 리크루트먼트Gleeson Recruitment가 적절한 인재를 보유하고 끌어오는 데 어떻게 도움이 됐는지 간단하게 설명한다. 서비스 부문에 종사하는 영업 및 마케팅 관리자 중에서 가치를 표현한 다음 차후 성장을 위한 발판으로 사용하고자 분투하는 이들과 특히 연관이 있다.

채용 중개 기업(recruitment firm)은
어떻게 자기 가치를 이용해서 사업을 키웠나?

젬마 손더스, 글리슨 리크루트먼트 그룹 인사부 부장

글리슨 리크루트먼트 그룹의 이사회가 야심 차게 성장 계획을 내놓자 수많은 과제가 생겼다. 고객 경험을 일관적으로 전달하기, 글리슨에서 크게 사랑받는 가족 같은 분위기 유지하기, 우리의 가치에 관해 모두가 암묵적으로 이해하는 바를 지속해서 표현하기 등이 있었다. 이런 과제를 앞두고 우리는 가치를 표현함으로써 앞으로 성장하기 위한 발판을 마련해야 한다는 사실을 깨달았다.

이에 따라 우리는 2단계짜리 프로젝트에 착수했다. 첫 번째 단계에서는 심화 워크숍 일정에 전 직원이 참석했고 거기서 나온 결과를 '가치'로 만들었다. 두 번째 단계에는 '글리슨 경험 설문 조사'를 작성하는 일이 포함되었다. 전 직원이 이 조사에 응한 덕분에, 직원이 느끼기에는 어떤 '가치'가 글리슨을 가장 잘 대표하는지 찾아내는 데 도움이 되었다.

직원이 생각하기에 글리슨을 가장 정확하게 잘 대표하는 '가치'는 재미, 가족 지향, 유연성, 지원이었다. 이런 가치는 직관적으로 봐도 매력적이었는데, 다들 알고는 있지만 한 번도 진지하게 이야기한 적은 없는 방식으로 이런 가치가 사업을 대표한다고 느꼈기 때문이다. 이사진은 여기에 '협력'을 추가했는데, 사업이 성공하려면 꼭 필요하다고 생각해서였다.

우리는 신규 채용 기간에 이런 가치를 사용하여 고용주 브랜딩 전략을 알리고 우리가 지원하는 사회적 책임 관련 계획을 안내했다. 만약 한 걸음 물러나서 가치를 분명하게 정의하지 않았더라면 이런 일은 완전히 불가능했을 것이다.

글리슨 리크루트먼트 그룹은 중견 채용 중개 기업으로 재무와 회계, 인사, 공학기술과 공급망, IT, 영업과 사무 보조 분야에서 전 직급에 해당하는 인재를 모집한다.

밀레니얼 세대와 그 독특한 성격에 관해서는 그동안 말이 많았다. 나는 이런 차이가 과장된 것은 아닌가 하는 의문이 있다. 가치는 세대를 아우를 수 있고 사람들을 한 데 묶는 강력한 힘으로 작용한다. 얼마 전, 웨이브렝스는 활동적인 야외 생활 브랜드와 협업했다. 우리는 극단적인 환경에서 겨울 스포츠, 달리기, 신체 단련, 자전거를 즐기는 사람들을 10대에서 60대 후반까지 모은 집단에 집중했다. 그러자 집단 내 젊은이들이 더 연장자인 참가자를 크게 우러러보고 존경하는 모습이 눈에 띄었다. 이 조사의 일부로서 진행했던 민족지학 연구도 똑같

브랜드 경험 디자인 바이블

은 통찰을 전했다. 참가자가 지닌 가치는 브랜드와 결을 같이 했을 뿐 아니라 집단을 묶는 공통분모로 작용했다.

브랜드 가치는 이해관계자가 자기 가치를 표현하게 돕는다

예를 들어, '나는 내가 진보적이고, 기술에 정통하고, 신중하며 환경을 생각한다는 점을 보여주기 위해 토요타 프리우스를 운전한다.' 이런 맥락에서 브랜드는, 또는 더 구체적으로 브랜드를 뒷받침하는 가치는, 프리우스 운전자가 자기 가치를 세상에 공표하도록 도와주는 자기표현 수단이 된다. 이런 발표는 매우 강력한데, 그 가치를 기반으로 하는 브랜드가 어떤 개인이 속해 있거나 속하길 바라는 커뮤니티에 신호를 보내기 때문이다. 버튼Burton과 빌라봉Billabong은 이런 지식을 스노보드 및 서핑 커뮤니티에 매우 효과적으로 이용했다.

가치는 브랜드 경험 조력자를 사용하도록 안내한다

신선함과 담대함, 파격이라는 가치를 중심으로 브랜드를 형성했다면, 연관성 있는 직원 행동과 커뮤니케이션, 디자인, 즉 브랜드 경험 조력자를 이용해 이런 가치를 표현해야 한다. 현실적으로 볼 때, 팝업 스토어pop-up store 중앙에서 멋진 DJ가 테크닉 SL-1200Technics SL-1200 턴테이블에 펑키 음악 엘피판을 돌리는 가운데 이 브랜드가 체험행사를 열어야 할 수도 있다는 뜻이다. 배경은 선명하고 강렬한 색으로 꾸미고, 직원은 '힙스

터'나 '패셔니스타'여야 할지도 모른다. 종합하면, 이런 요소가
결합하면서 브랜드 가치에 힘을 실어준다.

브랜드 가치를 명백하게 정의하면, 여러분은 브랜드 경험
조력자를 이용하는 데 참고할 지침을 얻을 것이며, 이렇게 브
랜드 경험 조력자를 이용하면 더 일관되고 응집력 있는 경험
을 대규모로 전달할 수 있을 것이다. 이 점에 관해서는 이 책
3부에서 더 깊이 다룰 것이다.

전문가의 조언 코너에서 론 다니엘스Ron Daniels 박사는 영
국 패혈증 신탁이 어떻게 그 가치가 유도하는 대로 생명 구조
활동을 헌신적으로 벌였는가를 자세하게 설명한다.

전문가의 조언 8.2

브랜드 가치는 어떻게 영국 패혈증 신탁이
생명 구조 활동을 벌이도록 도왔나?

론 다니엘스 박사, 영국 패혈증 신탁 최고경영자

지난 5년 동안, 전문가와 유명인이 지지를 보내주고, 영국 의
회가 열리는 웨스트민스터Westminster와 관청이 모여있는 화이
트홀Whitehall에도 영향력을 행사하면서, 영국 패혈증 협회는
탄탄한 전국 규모 자선단체로 성장했다.

우리가 가치를 표현한 것은 성공하는 열쇠가 되었다. 우리

는 스스로 영향력 있고, 접근하기 쉽고, 전문성 있다고 여기지만, 차별화를 꾀하기 위해 신선하고 혁신적일 필요도 있다고 느꼈다. 사용자 부문 활동과 더불어, 우리는 영국 패혈증 신탁을 이 다섯 가지 가치에 따라 구축하고 이를 통해 패혈증을 치료하기 시작했다.

우리의 직원과 경영진은 모두 이 여정에 합류했으며 우리는 오늘날까지 벽에 우리의 가치를 붙여놓고 있다. 새로 결론을 도출할 때마다 이들 가치와 대조하여 검증한다. 이 결론은 새롭고 창의적인 작업일 수도, 기금 마련 행사일 수도, 주어진 문제에 대응하는 방식일 수도 있다.

성과는 다음과 같다.

- 보건부 장관과 국민 의료보험 의료 책임자가 '패혈증은 죽음에 이르는 질환'임을 공동으로 발표했다.
- 공중 보건국은 우리의 전단 160만 부를 배포했고, 국내 뉴스 매체는 우리의 이야기를 기다린다. 텔레비전 드라마에서도 우리의 포스터가 보인다.
- 우리가 광고 예산이 전혀 없는 상태에서 처음 발족했을 때와 비교하면, 현재는 패혈증을 인지하는 사람이 최소 2천5백만 명 이상 늘었다.
- 패혈증 생존율이 60%에서 80%로 증가했는데, 이는 매년 수천 명의 생명을 구하고 있다는 뜻이다.

가치가 이끄는 대로 브랜드 구축 계획을 뚜렷하게 세우고 전략을 시행함으로써, 우리는 영국을 비롯하여 더 먼 곳으로까지 패혈증을 치료하러 가는 길을 벗어나지 않고 있다.

영국에서는 매년 25만 명이 패혈증에 걸리고, 4만4천 명이 패혈증으로 사망하며, 4만 명이 영구적이고 삶을 뒤바꿔놓는 후유증에 시달린다. 영국 패혈증 신탁은 임무가 뚜렷한데, 정치 변화를 끌어내고, 전문가 대상 보건 교육을 진행하고, 대중 인식을 높이고, 감염자한테 지원을 제공함으로써 생명을 구하고 패혈증 생존자를 위한 성과를 개선하는 것이다.

가치는 브랜드에 의견을 제시한다

에덜만Edelman이 조사한 바에 따르면 다음과 같다.

- 응답자 67%는 논란거리인 주제와 관련하여 어떤 브랜드가 취한 태도에 동의하기 때문에 처음으로 그 브랜드를 구매했다.
- 응답자 23%는 자기와 같은 입장을 지지하는 브랜드를 위해 최소한 25% 할증된 값을 치를 의사가 있다.
- 응답자 48%는 브랜드가 침묵을 지키기보다는 목소리를 높일 때 브랜드를 옹호하고, 변호하고 경쟁자를 비판할 것

이다.

- 응답자 57%는 사회적이나 정치적 현안에 대해 브랜드가 취하는 태도에 따라 그 브랜드를 구매하거나 불매할 것이다.

믿을 수 있고, 진실하고, 권위 있게 의견을 표하는 브랜드는 강력한데, 사람들이 그 관점에 동의하거나 흥미를 갖고 모여들기 때문이다.

2016년 라마단Ramadan 기간에 코카콜라는 중동에서 외모를 기준으로 사람에게 고정관념을 덧씌우거나 꼬리표를 붙인다는 까다로운 주제에 달려들었다.

라마단 기간 중 해가 질 무렵에 단식을 멈추고 식사하는 자리인 이프타르Iftar를 깜깜한 방안에 마련하고 초면인 사람 6명을 초대하여 자기 삶과 관심사에 관해 이야기해보라고 격려했다.

불을 켰을 때, 각 참가자는 캔 두 개를 담은 상자를 받았는데, 캔에는 코카콜라라는 상표 대신 '꼬리표는 캔을 위한 것이지 사람을 위한 것이 아니다'라는 말이 쓰여 있었다. 이 내용은 코카콜라 사상 두 번째로 많이 본 동영상이 됐고, 지출은 5만 달러였지만 3천만 달러어치 이상의 언드 미디어earned media가 발생했다.

켄코Kenco는 '커피 대 범죄조직'이라는 캠페인을 통해서 어떻게 커피 관련 직업이 범죄 생활에 대안을 제공해 줄 수 있는

가에 대해 의견을 표현했다. 세일스포스Salesforce는 #모두를_환영해#WelcomesAll 캠페인을 통해 LGBT(레즈비언, 게이, 양성애자, 성전환자) 관련 입법에 대해 의견을 분명하게 표현했다. 인도에서는 브룩 본드 레드 라벨Brooke Bond Red Label 차 회사가 성전환자 공동체와 협력하여 인도 최초로 성전환자 음악 밴드를 결성함으로써 성전환자 조직과 연대했다. 이 밴드의 동영상은 유튜브에서 750만 뷰 이상을 달성했고, 인도 도시에서 이 브랜드의 시장 점유율이 1% 증가하는 데 기여했다. 유니레버Unilever는 엑스/린크스Axe/Lynx와 노르Knorr 같은 브랜드를 통해서 성 고정관념에 도전하는 의견을 표현했는데, #첫_맛에_반하는_사랑#loveatfirsttaste과 #고정관념_깨기#unstereotype 같은 해시태그를 사용했다. 도브Dove와 헬만Hellam을 포함하여 지속 가능한 생활 브랜드는 같은 기업이 보유한 다른 브랜드보다 2배나 빠르게 성장했다. 도브가 말하는 의견에 따르면 자연스러운 아름다움은 여성에게 불안이 아니라 자신감과 영감을 주는 원천이어야 한다. 여성용 위생용품을 생산하는 이 업체는 모멸적인 성 고정관념에 늘 정면으로 맞서며, #소녀처럼#LikeaGirl이라는 해시태그를 통해 10대한테 자신감과 자존감을 불어넣는다.

이런 브랜드는 중요하다고 느끼는 주제가 있으면 자기 가치에 따라서 의견을 공유한다. 고객과 다른 이해관계자는 그 브랜드가 자기와 연관성이 있는지 잘 알고서 결정할 수 있다.

훌륭한 브랜드 가치는 어떻게 창출하는가?

브랜드 가치를 창조하는 일을 훌륭하게 수행하는 경영진과 고위 간부는 고유하고, 구체적이고, 능동적이고, 의도적이며, 균형 잡힌 가치를 표현한다.

고유한 가치

가치가 고유하면 브랜드 경험을 독특하게 전달하기도 더 쉽다. 언젠가 웨이브렝스는 정부 지원을 받는 동남아시아 거대 저축 은행과 협업한 적이 있다. 작업하는 동안 '겸손'이라는 가치가 중요하게 떠올랐다. 나는 상업적 우위가 명백한 대다수 금융 서비스 브랜드와 비교하여 이 가치가 참신하게 다르다는 느낌을 받았다. '겸손'함은 지역에서 검증을 받았고 지역 시장 감수성에 깊은 반향을 일으켰다. 마찬가지로 우리는 '조심성'이 얼마나 중요한지 이해하는 의료 서비스 브랜드와도 일했다. 나는 이 가치가 사람들이 바라는 의료 서비스의 핵심에 다가갔다고 느꼈다. 또 '환자 중심'이나 '보살핌'같이 흔하고 때로는 다소 상투적으로 들릴 수도 있는 가치보다는 미묘하게 더 멀리 나아간다.

이들 사례를 '품질', '혁신', '전문성'과 같은 가치와 대조해보자. 이런 가치는 맥이 풀리게 흔하고 일반적이다. 그러면 문제가 생길 수도 있는데, 행동이나 커뮤니케이션, 디자인을 통해 가치를 표현했을 때 시장에서 차별화될 만큼 고유한 경험을 낳지 않을 것이기 때문이다.

구체적인 가치

가치가 구체적이어야 여러분이 의도하는 대로 브랜드에 생명을 불어넣을 수 있다. 가치가 구체적이면 모호함이 줄고 내외부에서 온갖 오해가 발생할 여지도 좁아진다. 가치가 구체적이라면 다음과 같을 것이다.

- 여러분이 바라는 브랜드 경험에 가치관이 부합하는 사람을 인사부의 동료가 신규채용하는 데 도움이 된다.
- 내외부에서 커뮤니케이션을 시행할 때 여러분의 가치를 반영해서 소통하는 데 도움이 된다.
- 대행사를 상대로 명료하고 설득력 있게 업무 지침을 전달하는 데 도움이 되며, 이렇게 하면 대행사가 작업한 디자인이 실망스러울 때 여러분의 입장을 더 잘 변호할 수 있을 것이다.

'가치'가 품질과 혁신, 전문성 등이라고 생각해보자. 이런 '가치'는 해석할 수 있는 범위와 공간이 넓어서 문제가 생길 수 있다. 동료나 대행사가 이해하는 '품질'이나 '혁신', '전문성'은 여러분과는 철저하게 다를 수도 있다. 불행히도 이런 차이는 너무 늦게서야 명백하게 드러나는 경향이 있다. 맞지 않는 사람을 신규 채용하거나, 과녁을 빗나가게 커뮤니케이션하거나, 창작물이 실망스러울 수 있다는 측면에서 볼 때 값비싼 실수를 저지를 수도 있다.

능동적인 가치

가치를 능동적으로 구축한다는 것은 결과가 아니라 원인에 집중함으로써 행동 변화를 촉구한다는 뜻이다. '품질'과 '혁신', '전문성'은 가치가 아니다. 가치에서 발생한 행동 결과다. 다음과 같이 재구성해보자.

- '품질'은 '세심함'으로 재구성: 세심하게 행동하면 매장 내 서비스나 온라인 사용자 경험의 품질을 매우 구체적인 방식으로 강화할 수 있다.
- '혁신'은 '진보'로 재구성: 진보적으로 행동하면 더 혁신적이고 앞을 내다보는 브랜드 경험 디자인 과정을 개발할 수 있다.
- '전문성'은 '헌신'으로 재구성: 헌신적으로 행동하면 더 전문적인 고객 서비스를 제공함으로써 모든 고객 문의를 확실하게 다룰 수 있다.

'협업'은 또 다른 고전 사례다. 협업은 '공감'이나 '감정 지능', '협조' 같은 가치를 행동으로 실천한 결과다. 가치가 아니라 행동 결과에 집중한다면, 상황을 뿌리까지 파고들지 못할 것이다. 그 결과 여러분은 장려하고자 하는 행동을 촉진하는 데 애를 먹을 것이다.

가치를 '능동'적으로 정의하는 일이 중요하다는 사실은 브랜드 경험 조력자(3부) 중 직원 행동에 관해 알아볼 때 더 명백하게 드러날 것이다.

의도적인 가치

여러분은 연관성이 있지만 겹치지는 않는 가치가 필요하다. 이런 식으로 가치는 고유한 목적을 달성하지만, 반복되거나 불필요하게 많은 일을 벌이지는 않는다. 여러분의 가치는 형제자매가 친한 가족처럼 작용하되 일란성 쌍둥이가 되어서는 안 된다(내 친애하는 쌍둥이 사촌한테는 사과를 보낸다!).

기업법 부문 클라이언트를 위해 마련한 브랜드 아이디어 개발 시간에서는 '통찰', '정직', '협조', '근면', '사교성'이라는 예비 가치를 애서서 도출했다. 이상한 점을 찾을 수 있나? 사교적이라는 이유로 기업법 관련 회사를 선택할 가능성은 낮다. 사교성을 발휘하는 것이 이 회사가 돈을 받고 하는 일이 아니며, 사교성은 다른 가치와 연관성 있게 느껴지지도 않는다. 이 회사는 자신이 거래하기에 좋고 해가 없다는 점을 전달하고자 했다. 우리는 '사교성'을 '접근성'으로 재구성했다. 문제가 풀렸다.

다른 쪽 극단으로 가면 겹치는 문제가 생길 수 있다. 한 도시형 패션 브랜드 기업은 '자신감', '창의성', '생동감', '재미'라는 가치를 내세웠다. '생동감'이 있는 것과 '재미'있는 것은 겹치므로 '재미'를 '이타성'으로 바꿔서 브랜드에 공감 능력을 더 부여했다. 자신감 넘치고, 창의적이고, 생동감 있고, 이타적인 젊은이 브랜드는 밀레니얼 세대의 목표 및 감수성과 연관성이 있다.

의도적으로 가치를 창출하려면, 가치를 신중하게 정의하길 권한다. 그렇게 하면 명확성을 촉진하고 중첩을 예방할 수 있다. 일치하거나 겹치는 부분이 명백하게 드러나지 않는 선에서 가치를 정의하자. 학술적으로 들릴 수도 있지만, 잘 쓴 시간이 될 것이다.

나는 상당히 끔찍한 브랜드 가치를 몇 가지 본 적 있는데, 이런 가치는 브랜드 경험 조력자를 사용할 때 혼란과 불필요한 비용을 유발한다. 또 정말로 좋은 가치도 봤는데, 여러분에게도 알려주어서 여러분의 상상력에 불을 붙이고 싶다(표 8.2 참고). 이들 가치는 사례일 뿐이며 어떤 가치는 다른 가치보다 여러분의 브랜드와 맥락상 더 연관성 있을 것이라는 점을 염두에 두자. 보다시피 이들 가치는 상당히 고유하고 구체적으로 느껴진다. 또 그 틀이 능동적이어서 행동 변화를 촉구할 것이다.

브랜드 가치를 개발하기 시작할 때까지는 가치가 얼마나

의도적인지 평가하기 어려울 것이다. 하지만 가치는 일란성 쌍둥이가 아니라 친한 형제자매여야 한다는 짐을 기억하자.

그림 8.2 브랜드 가치의 사례

접근성, 포부, 대담함, 솔직함, 배려, 상업 중심, 간결함, 신중함, 용기, 호기심, 품위, 신뢰, 성실성, 현실성, 역동성, 교육, 감성 지능, 공감, 활기, 호감, 집중, 재미, 근면성, 유용성, 겸손함, 탐구심, 통찰력, 꼼꼼함, 객관성, 과시, 외향성, 열정, 품위, 실용성, 원칙, 사실성, 반항, 책임, 세심함, 간결성, 전통, 유행, 파격, 절제, 활력, 따뜻함, 재치.

균형 잡힌 가치

고유하고, 구체적이고, 능동적이며, 의도적인 가치를 만들었다면, 한숨 돌리고 나서 가치가 얼마나 균형 잡혔는지 생각해야 한다. 핵심, 주변, 기능, 감정 관점에서 가치를 살펴봐야 한다.

핵심 가치는 변하지 않는다. 핵심 가치는 브랜드가 자리한 기반이며 그 뿌리에 충실하다. 따라서 더 바디 샵The Body Shop 에 있어 '사회적 책임'이라는 가치는 이제까지처럼 앞으로도 핵심을 차지할 것이다.

주변 가치는 브랜드가 연관성을 유지할 수 있도록 수정하거나 다른 가치로 변경할 수 있다. 벤틀리Bentley는 컨티넨탈 GTContinental GT와 더 최근에는 벤테이가Bentayga 같은 모델을 출시하면서 가치가 덜 '정제'되고 더 '대담'해졌다고 주장할 수 있다.

기능 가치는 브랜드의 현실적인 측면을 고려한다. 예를 들어 '신뢰'는 대개 기능 가치다. 영향력이 큰 브랜드는 정서적으로 강력한 반응을 끌어내지만, 기능이 중요하다는 점도 간과해선 안 된다. 출발하지 않는 페라리Ferrari나 부서지는 구찌Gucci 핸드백을 갖고 있을 이유는 없다. 가장 호화로운 브랜드조차 기능 가치가 필요하다.

감정 가치를 이용하면 브랜드는 대상 시장과 더 깊고 더 정서적인 방식으로 연계할 수 있다. 프록터 앤드 갬블은 2012년 런던 올림픽 기간에 '엄마들의 자랑스러운 후원자Proud Sponsor of Mums'라는 캠페인을 벌이면서 '협조성'을 보이고자 했다.

브랜드 가치에 '균형'을 잡는 일은 중요하다. 여러분의 가치가 전부 핵심 가치라면 시장이 진화함에 따라 브랜드는 연관성을 상실할 수도 있다. 주변 가치뿐이라면 브랜드는 움직이는 목표물이 되어서, 이해관계자도 브랜드와 어떻게 관계를 맺을지 모를 것이다. 기능 가치뿐이라면 이해관계자의 감정에 호소할 수 없을 것이고, 감정 가치뿐이라면 기본을 전달하지 않을 수도 있다. 이런 이유로 표 8.2에 보이는 칸마다 해당하는 가치를 적어도 한 가지씩은 두는 것이 좋다. 그러면 오늘과 내일 그리고 앞으로 수년간 고객들에게 기능적이면서 감정적으로 호소하며 그 균형을 맞추는 어려운 작업을 관리하는데 도움이 될 것이다.

표 8.2 핵심, 주변, 기능, 감정 가치 모형

	핵심	주변
기능		
감정		

현대는 전략적인 접근법을 채택해서 브랜드 가치를 중심으로 운전 경험을 구축했다. 처음에는 믿을만한 자동차를 팔면서 핵심 가치와 기능 가치만을 구축했다. 높은 연비와 본체 품질 보증서는 믿기에 합당한 이유를 제공했다. 시간이 흐르자, 현대는 이런 핵심 가치와 기능 가치에 기반하면서 더 감정적인 영역으로 브랜드를 움직였다. 이 부분은 현대가 최근 갱신한 슬로건, '새로운 생각. 새로운 가능성'에도 반영됐는데, 이 슬로건은 포부와 감정을 자극하는 함의가 담겨있다. 현대가 기능 면에서 자격을 갖추고 이를 발판삼아 더 감정 지향적으로 브랜드를 키우지 않았더라도 이처럼 성공을 누릴 수 있었을지에 관해서는 의견이 분분하다.

의미론처럼 들릴 수도 있지만, 고유하고, 구체적이고, 능동적이고, 의도적이고, 균형 잡히게 가치를 정의하면 브랜드 경험 조력자를 통해 브랜드 경험을 전달할 때 큰 이득을 얻을 것이다.

결론

이 장에서는 브랜드 가치가 무엇인지, 왜 중요한지, 훌륭한 브랜드 가치는 어떻게 정의하기 시작해야 하는지를 간단하게 설명했다. 신중하게 브랜드 가치를 표현하면 시간과 돈을 절약함은 물론 어쩌면 앞으로 겪을 마음고생까지 덜 수 있을 것이다. 가치에 관해 신중하게 생각했다면 대행사에 정확하게 업무를 지시하고, 여러분이 브랜드에 안 맞는다고 느끼는 디자인이나 커뮤니케이션 작업에 건설적으로 이의를 제기할 수도 있을 것이다. 가치를 명확하게 정의했다면, 인사부에서도 바람직한 브랜드 경험을 자연스럽고 진실한 방법으로 전달할 수 있는 사람을 채용하기에 좋을 것이다. 가치를 명확하게 정의하는 일은, 브랜드 경험을 구축할 주춧돌을 놓는 작업이다.

09

브랜드
에센스

이전 장에서는 가치가 무엇인지, 왜 중요한지 간단하게 설명하고, 훌륭한 브랜드 가치를 창출하는 방법에 관해 현실적인 조언을 제공했다. 이 장에서는 브랜드 에센스를 다룬다.

첫 번째 부분에서는 브랜드 에센스가 무엇인지 명확하게 밝힌 다음, 브랜드 경험을 구축할 때 왜 에센스가 중요한지 간단하게 설명한다. 또 다음을 할 것이다.

- 여러분이 브랜드 에센스를 정의하는 데 도움이 될 도구와 기법을 제공한다.
- 브랜드 에센스와 슬로건 사이에는 어떤 차이가 있는지 명확히 밝힌다.

브랜드 에센스에 관해 더 많이 이해하면, 여러분과 제삼자가 보유한 자원을 이용하여 기존 시장과 신규 시장에서 브랜드 경험을 구축하는 활동을 어떻게 확대할 수 있는지 인지하는 데 도움이 될 것이다. 이 장을 읽는 동안에는 브랜드 에센스를 브랜드 경험 환경이라는 맥락 안에서 생각해보길 권한다. 표 9.1에서 제공하는 질문 사례에 관해 생각해보면 도움이 될 것이다.

표 9.1 브랜드 에센스를 브랜드 경험 환경에 연결하기: 스스로 물어볼 질문

여러분의 브랜드 에센스를 브랜드 경험 환경에 연결하기	
이해관계자 이해하기	
이해관계자 프로필 분석하기	• 우리의 에센스는 이해관계자와 연관성 있게 경험을 구축하기를 어떻게 장려하나?
이해관계자가 '일을 완성하도록' 돕기	• 이해관계자가 연관성 있는 일을 완성하도록 돕는 경험을 구축할 때 에센스는 우리를 어디까지 안내하는가?
이해관계자의 참여 장려하기	• 우리의 에센스는 어떻게 하여 이해관계자 모두한테 매력적인 경험을 구축하라고 지시하는가?
이해관계자의 기대 관리하기	• 우리의 에센스는 얼마나 현실적인가?
관점 미세 조정하기	
투명성 수용하기	• 브랜드 에센스는 어떻게 우리를 안내함으로써 우리가 구축하는 경험에 투명성을 포함하는가?
전체론적 사고방식 채택하기	• 우리의 조직에서 브랜드 에센스가 자기한테 무엇을 의미하는지를 현실적으로 이해하는 구성원은 누구인가?

가격이 아닌 가치를 통해 주로 경쟁하기	• 우리의 에센스는 어떤 식으로 하여 우리가 구 축하는 경험이 이해관계자와 연관성 있는 가 치를 전달하도록 유도하는가?
인내심 가지기	• 우리의 에센스는 새로운 브랜드 경험을 구축 할 자유를 어떻게 장기적으로 제공하는가?
통제력을 상실했음을 인정하기	• 우리의 소셜 미디어 팀이나 협력 인플루언서 는 자기네 역할이 우리의 에센스와 어떻게 교 차하는지를 얼마나 이해하는가?

전달 기법 고려하기

유대감 조성하기	• 우리가 바라는 대로 유대감을 촉진하고자 경 험을 전달하는 데는 에센스가 어떻게 도움이 되는가?
공동 창조 활동 촉진하기	• 이해관계자한테는 우리의 에센스의 범위를 벗어나지 않으면서 개인한테 맞춰 경험을 공 동 창조할 기회를 얼마큼이나 제공하는가?
옴니채널로 경험 전달하기	• 우리가 구축하는 브랜드 경험과 연관성 있는 채널을 선별하는 데 도움이 되려면 브랜드 에 센스를 어떻게 사용해야 하나?

데이터 중심 접근법 채택하기

강력한 통찰 획득하기	• 기존/계획된 브랜드 경험이 우리의 브랜드 에 센스와 얼마나 연관성이 있는지 객관적으로 측정하는 데 도움이 되려면 데이터를 어떻게 사용해야 하나?
전체론적으로 측정하기	• 직원이나 고객, 여타 이해관계자가 우리의 에 센스가 무엇인지를 얼마큼이나 직관적으로 이해하는지는 어떻게 측정하나?

브랜드 에센스란 무엇인가?

다트머스 대학Dartmouth College 터크 경영대학원Tuck Business School 교수인 켈빈 레인 켈러Kevin Lane Keller는 브랜드 에센스, 다른 말로 '브랜드 만트라'를 브랜드의 '심장과 영혼'이라고 지칭하면서 브랜드가 근본적으로 표방하는 바를 브랜드 에센스가 어떻게 표현하는지 간단하게 설명한다.

나이키는 브랜드 에센스가 '진정한 운동 기록'이며, 디즈니는 '즐거운 가족용 오락'이다. 나는 브랜드 에센스를 두고, 브랜드가 하는 모든 일을 뒷받침하고 형성하는 핵심 아이디어나 전제라고 생각하려고 한다. 브랜드 에센스는 상당히 추상적인데, '여러분의 브랜드가 무엇에 대한 것인지'를 요약하는 두세 단어라고 생각하는 편이 더 쉬울 수도 있다. 따라서 나이키는 '진정한 운동 기록'에 대한 것이며 디즈니는 '즐거운 가족용 오락'에 관한 것이다.

왜 브랜드 에센스가 중요한가?

브랜드 에센스는 수많은 목적을 달성하는 데 필요하다. 여러분의 브랜드를 뒷받침하는 기본 전제나 핵심 의미를 직원이 이해하는 데 도움이 된다. 내부 브랜드 교육을 어디에 집중해야 하는지 알려주고 협력을 촉진한다. 브랜드 에센스는 다른 브랜드를 인수하거나 브랜드 경험을 전달할 채널을 고르기 위해 접근할 때도 지침으로 사용할 수 있다. 무엇보다도 브랜드 에센스는 브랜드 포지셔닝과 관계가 밀접한데, 브랜드 경험에 관해 전략을 세울 때 유용한 내부 시금석을 제공하기도 하며, 이 전략은 여러분이 어떤 부문이나 시장으로 브랜드를 움직이거나 움직이지 말아야 할지 판단하는 데 도움이 된다.

스노보드 시장에 머물러야 할까, 아니면 스키 시장으로까지 움직여야 할까? 전통적인 소매금융 제안에 더해 개인 금융 서비스를 출시해야 할까? 나는 이때야말로 여러분이 브랜드 경험 활동을 벌이는 데 브랜드 에센스를 다른 브랜드 경험의 핵심 요소보다 고유하고 특별하게 사용할 수 있다고 생각한다. 여러분이 구축하거나 구축하지 말아야 하는 경험이 무엇인지 논리적으로 점검할 수 있고, 그 범위나 경계를 정할 수도 있다. 브랜드 에센스가 불러오는 혜택은 예시를 통해 가장 잘 설명할 수 있다.

나이키는 육상, 농구, 테니스, 축구, 럭비, 골프와 같은 부문에서 영업한다. 나이키가 제품에 둘러놓은 경험은 '진정한 운동 기록'을 표현한다. 이 회사는 '진정한 운동 기록'을 함의하는 범위 내에서 스포츠 아카데미 가맹점을 열 수 있었다. 이 아카데미에서 여러분은 운동선수가 매번 마지막 한 방울까지 힘을 짜내서 그 한 방을 쏘거나 태클을 거는 모습을 보길 기대했을 것이다. 예컨대 사회 참여보다는 경쟁, 승리, 최선을 다하는 모습에 대한 것을 말이다. 나이키는 스노보드와 스케이트 분야로 이동해서는 제한적인 성공밖에 거두지 못했다. 진정한 운동 기록과는 맞지 않았기 때문이다. 이런 시장에서는 버튼과 반스Vans, 볼컴Volcom처럼 멋지고 유행을 선도하는 생활 브랜드가 번성한다.

디즈니는 놀이공원, 영화, 장난감, 게임, 휴가 시장에 속해 있다. 디즈니가 전하는 상품이나 경험은 '즐거운 가족용 오락'이다. 디즈니는 '즐거운 가족용 오락'에 집중하는 테마 레스토랑 가맹점을 개설하여 데니스Denny's 같은 곳과 경쟁했다. 레스토랑에 들어가면 대피 덕Daffy Duck이 환영해주고 미키 마우스Mickey Mouse가 음식을 가져오는 모습을 상상해보자. 가족이 즐길만한 재밌는 오락이다. 반대로, 디즈니가 어린이용 권투 클럽 가맹점을 개설했다면, 브랜드 에센스를 벗어나지 않았냐를 두고 논쟁할 여지가 있다. 권투는 재밌는 가족용 오락과 연관시키기가 쉽지 않기 때문이다. 적어도 디즈니 브랜드에 맞는 방식으로는 말이다.

레드 불Red Bull은 브랜드 에센스가 '아드레날린이 치솟는 쾌감'이라고 가정해보자. 그러면 왜 레드 불이 F1 팀을 운영하고, 익스트림 스포츠를 후원하고, 성층권에서 홍보용 묘기를 선보이는지 설명할 수 있다. 이런 종류의 경험과 연관된 것들은 레드불의 브랜드 에센스 범위에 완벽하게 들어간다. 이 회사는 원한다면 지구상에서 가장 극단적인 롤러코스터가 있는 놀이공원을 개장할 수도 있었다. 이 놀이공원도 에센스 범위에 맞았을 것이다.

영국 항공British Airways과 버진 항공을 비교하면 브랜드 에센스가 얼마나 중요한지 드러난다. 영국 항공은 그동안 휴가, 호텔, 렌터카, 명절 관련 경험을 포함하여 다른 시장으로 이동하고자 헛되이 노력했다. 영국 항공이 어려움을 겪은 이유는 항공 부문을 중심으로 브랜드를 설립했기 때문이다. 그 결과 브랜드 연상에 제한이 생기면서, 브랜드가 항공 부문에 발이 묶이고 새로운 부문으로 성장하는 데 방해를 받았다. 반면 버진은 브랜드 중심으로 전략을 세움으로써 제품 부문이라는 사슬에 얽매이지 않았다. 버진에 있어 브랜드는 강력한 성장 발판으로 작용하며, 브랜드 에센스는 들어가야 하고 들어가지 말아야 하는 시장을 구분하는 기준이다.

다음 사례는 브랜드 에센스가 어떻게 비용 효율적이고 브랜드 주도적인 성장을 가속할 수 있는지 보여준다.

• 어떤 부문이나 시장에 브랜드가 들어가야 하는지 안 들어가야 하는지는 브랜드 에센스가 규정하긴 하지만, 그렇다고 브랜드 내에서만 경험을 관리해야 한다는 뜻은 아니다. 브랜드 에센스에 얼마나 잘 부합하는지를 토대로 하여 잠재적인 화이트 라벨 제품white-label product이나 제삼자 제안을 조사한 다음에 납품 하도급을 맡길 수도 있다. 나이키 스포츠 아카데미는 연관성 있는 운영 비법을 보유한 기존

스포츠 센터 브랜드에서도 운영할 수 있었다. 나이키는 '진정한 운동 기록'이라는 에센스를 전하려면 경험을 어떻게 제공해야 하는지에 대해 명확한 지침을 제공했을 것이다. 그다음에는 전문 협력사가 경험 전달을 담당하는데, 이때 명확하게 표현한 약관, 서비스 수준 동의안, 브랜드 지침 등을 준수해야 한다.

• 브랜드 에센스 주도형 접근법을 채택하면 연구 개발 비용, 자본 지출 투자 등에 노출되는 일이 제한된다. 자동차 협회AA, Automobile Association는 도로에서 차량에 문제가 생겼을 때 도움을 제공하기 위해 1905년에 설립됐다. 현재 AA는 그 밖에도 다양한 서비스를 제공하는데, 상황이 잘못됐을 때 도움이 될만한 보험과 보일러 파손 보장 서비스도 포함한다. 이런 서비스는 AA가 자동차 고장을 다뤄오면서 남긴 유산에 들어맞는다. AA는 보험 정책에 서명하거나 고장이 난 보일러를 수리하지는 않지만, 자사 브랜드를 걸고 협력사를 통해 이들 서비스를 제공하는 것 역시 브랜드 에센스가 정한 범위에 잘 들어맞는다.

• 중소기업도 브랜드 에센스를 이해하고 수용함으로써 이득을 얻을 수 있다. 웨이브렝스는 틈새시장을 노린 고급 브랜드인 스태그StaaG와 함께 브랜드 에센스에 공을 들였다. 그렇게 하자 브랜드가 폴로 셔츠류를 취급했던 원래 경계 너머로 이동하여 여행용 작은 가방과 벨트, 보석 등 영국에서

솜씨 좋은 직공이 수제로 제작한 여타 수많은 고급 품류를 취급하며 번창하는 데 도움이 되었다. 그 밖에 여행 사진상, 런던 예술 대학University of the Arts London과의 관계, 스태그에서 발행하는 스포츠 유산 안내서에 수록되며 생활 브랜드에도 잘 부합하는 콘텐츠 등과 관련하여 결정을 내릴 때도 스태그는 브랜드 에센스에 의지한다.

그림 9.1 스탠더드 앤드 푸어스 500종 평균 주가지수로 본 유형 및 무형 자산 (1975~2015)

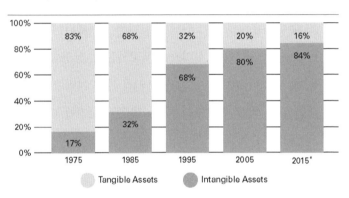

출처: 오션토모 유한회사(Ocean Tomo LLC), 2015년 무형 자산 시장 가치 연례 보고서, 5월 3일, bit.ly/wavelength-ot

조직이 브랜드 에센스를 이해하면 사업 모델을 혁신할 수 있다. 물리적 기능을 갖춘 제품이 아니라 브랜드와 경험을 포함한 무형 자산에서 주로 가치가 발생한다는 점을 깨닫기 때문이다. 따라서 자산을 지출하는 프로젝트에 과도하게 투자

하는 대신, 조직은 하도급 업체에 납품을 맡기는 브랜드 같은 무형 자산에 점점 더 많이 투자하고 있으며, 그 결정에는 분명하게 정의한 브랜드 에센스가 스민다. 이런 추세는 지난 40년 넘게 이어졌으며, 이 기간에 스탠더드 앤드 푸어스 500종 평균 주가지수를 구성하는 가치의 원천이 역전됐다(그림 9.1).

브랜드 에센스는 어떻게 정의하는가?

브랜드 상담사는 '사다리 구축하기' 같은 기법을 이용해서 브랜드 에센스를 도출하라고 권장할 것이다. 이 기법에는 브랜드의 기능상 특징에서부터 고차원적인 정서적 혜택으로까지 전진하는 과정이 수반된다. 방 안에 있는 누군가가 맥락과 현실감을 유지한다면 사다리 구축하기는 효과적일 수 있다. 어떤 브랜드는 사다리가 하늘까지 닿은 나머지 현실 세계와는 연관성이 끊길 수도 있다. 노련한 상담사라면 때가 오기 전에는 이 세상에서 다음 세상으로 이동하지 못하도록 막을 것이다.

더 실질적이고 구조적으로 접근하여 브랜드 에센스를 공표하려면 세 가지 부분에서 에센스를 고려해야 한다.

- **브랜드 기능.** 여기서는 제공하는 경험의 본질을 정의한다. 나이키는 운동 성적에 집중하고 디즈니는 오락에 집중한다.
- **설명 수식어**descriptive modifier. 이 부분에서는 전달하는 경

험의 종류를 명확히 한다. 예를 들어, 나이키는 그냥 성적이 아니라 운동 성적을 제시하며 디즈니는 가족용 오락에 집중한다.

- **감정 수식어**Emotional modifier. 여기서는 브랜드가 가치나 혜택을 어떻게 전달하는지 고려한다. 나이키는 진정하게 디즈니는 재미있게 전달한다.

나는 클라이언트 기업들과 일을 하면서 브랜드 기능에서 시작하여 설명 수식어로 이동한 다음 감정 수식어를 살펴보면 편리하다는 점을 발견했다. 이 기법을 이용하면 구조가 생기고, 큰 그림에서 시작하여 점차 집중적이고 감정적으로 흘러가는 순서가 나타난다.

나는 브랜드 에센스를 표현하는 또 다른 접근법도 개발했다. 이 기법은 실용적이고 직관적이므로 클라이언트도 특히 편리하게 여긴다. 다음의 문장을 완성하면 된다.

'누가 우리의 브랜드를 두세 단어로 요약해 달라고 요청한다면, 나는 _____/_____/_____에 관한 것이라고 말할 것이다.'(예: 진정한 운동 기록, 재밌는 가족용 오락 등)

앞서 다룬 더 구조적인 접근법을 이 문장 완성 기법과 결합하면 효과가 좋다. 전자는 아주 중요한 양식과 틀을 제공함

브랜드 경험 디자인 바이블

으로써 처음 떠오른 생각을 안내한다. 그리고 문장 완성 기법은 여러분이 찾아낸 두세 단어가 브랜드의 심장과 영혼을 요약하는지 논리적으로 점검하는 데 도움이 된다. 문장 완성 기법을 먼저 사용한다면 사고를 전개하고 집중하는 데 필요한 구조와 방향성이 부족하다고 느낄 수도 있다.

표 9.2에는 기업의 브랜드 에센스를 몇 가지 사례로 담았으며, 브랜드 에센스를 명확하게 정의하면 어떻게 해서 새로운 사업 기회가 탄생하는지도 보여준다.

표 9.2 사업 성장을 이끄는 브랜드 에센스

이전 제품/사업 계열	브랜드 에센스	브랜드 에센스 덕분에 가능하게 된 추가 제품/사업 계열
조립용 가구 (특히 탁자/의자)	영리하고 아담한 디자인	신흥 시장이 형성된 주요 도시, 예컨대 자카르타, 델리, 브라질리아에 살며 자산이 많은 개인이나, 공간 활용 면에서 뛰어나다는 이유로 '영리하고 아담한 디자인'을 높이 평가하는 호화 요트 제조업체에 실내 장식이나 상담 제공.
야외 활동용 옷 (특별히 험하거나 힘든 지대용)	탁월한 야외 활동	'탁월한 야외 활동'을 성취하는 데 도움이 되는 식품 보조제, 휴대용 물병, 시계, 교육 세미나, 자기계발 프로그램 등.
천연 화장품	균형 잡힌 과학적 아름다움	'균형 잡힌 과학적 아름다움'을 제공하는 식품, 상담 서비스, 웰빙 교육 프로그램.

브랜드 에센스는 브랜드 슬로건인가?

아니다. 브랜드 에센스와 슬로건은 관련은 있지만 별개다. 무엇보다도 브랜드 에센스는 여러분의 브랜드가 시장에 들어가야 하는지 들어가지 말아야 하는지를 두고 그 범위를 정하거나 경계를 긋는다. 즉 브랜드 에센스는 내부용 브랜드 전략 도구로서 새로운 부문이나 시장으로 진출하는 움직임을 거를 때 사용해야 한다. 브랜드 슬로건은 로고와 이름, 색 조합과 같은 여타 디자인 신호와 더불어 브랜드를 표현하는 데 사용할 수 있는 또 다른 도구다. 예를 들어 나이키가 내세우는 '그냥 해보는 거야'라는 슬로건은 '진정한 운동 기록'이라는 에센스를 전달하는 데 도움이 되고, 브랜드와 브랜드가 전달하는 관련 경험의 핵심인 '승리'를 암시한다.

결론

이 장에서는 브랜드 에센스가 무엇인지, 왜 중요한지, 무엇보다도 여러분의 브랜드가 시장에 진입해야 하는지 진입하지 말아야 하는지를 두고 어떻게 경계를 그어주는지 알아보았다. 관리자와 경영진은 브랜드 에센스를 파악할 때, 브랜드 및 관련 경험을 생각하는 방법의 측면에서 크게 도약하는 경향이 있다. 가치는 무형 자산(브랜드와 경험)에 있으며, 브랜드 에센스에 부분적으로 좌우되는 관계를 제삼자와 맺음으로써 무형 자산을 확대할 수 있음을 깨닫기 때문이다. 브랜드 에센스라는 개념이 다소 추상적이고 이해하기 어렵게 느껴질 수도 있으므로, 나는 에센스를 정의하는 방법뿐 아니라 브랜드 에센스와 슬로건을 구분하는 방법에 관해 실용적인 조언을 제공했다.

10

브랜드
약속

이전 장에서는 브랜드 에센스가 브랜드 경험을 구축하는 데 수행하는 역할을 간단하게 설명했다. 브랜드 에센스는 여러분이 브랜드를 운영하거나 운영하지 말아야 할 시장 또는 부문을 논리적으로 점검할 때 도움이 된다. 제삼자와 관계를 맺고 브랜드 경험을 확대하는 데도 도움이 된다. 이 장에서는 다음의 사항들을 명확하게 설명한다.

- 브랜드 약속이란 무엇인가?
- 기능과 혜택은 어떻게 구분할 수 있는가?
- 브랜드 약속에 포함할 수 있는 혜택 유형은 어떻게 식별하는가?

이 장을 읽으면, 관련 혜택을 표현하고 여러분이 구축하는 경험에 포함하는 데 도움이 될 것이다. 그렇게 하면 경쟁자보다 유리한 점이 생길 수도 있는데, 경쟁자는 그 자체만으로는 가치를 전달하는 데 한계가 있는 브랜드 기능에 집중할지도 모르기 때문이다. 브랜드 가치나 브랜드 에센스와 마찬가지로, 브랜드 약속을 개발할 때도 브랜드 경험 환경이라는 맥락에서 생각하길 추천한다. 표 10.1에서 제공하는 질문 사례에 관해 생각해보면 도움이 될 것이다.

브랜드 약속이란 무엇인가?

> '약속하고 지키는 것은 브랜드를 만드는 훌륭한 방법이다.'
>
> 세스 고딘Seth Godin

표 10.1 브랜드 약속을 브랜드 경험 환경에 연결하기: 스스로 물어볼 질문

여러분의 브랜드 약속을 브랜드 경험 환경에 연결하기	
이해관계자 이해하기	
이해관계자 프로필 분석하기	• 우리가 제공하는 혜택 중 이해관계자와 연관성이 있는 것은 무엇이고, 그저 우리가 제공하기 편한 것은 무엇인가?

이해관계자가 '일을 완성하도록' 돕기	• 우리의 브랜드 경험에서는 어떤 부분이 이해관계자가 연관성 있는 일을 완성하는 데 도움이 되는 혜택을 전달하는가?
이해관계자의 참여 장려하기	• 우리의 경험은 이해관계자의 참여로 발생한 혜택을 어떤 식으로 전달하는가?
이해관계자의 기대 관리하기	• 우리가 제공하는 브랜드 혜택을 어디서 과도하게 약속하고 덜 이행하는가?

관점 미세 조정하기

투명성 수용하기	• 우리는 얼마나 정직하게 혜택을 전달하는가?
전체론적 사고방식 채택하기	• 브랜드 약속을 이행하는 데 필요한 부서의 직원을 어떻게 하면 참여시킬 수 있나?
가격이 아닌 가치를 통해 주로 경쟁하기	• 우리가 전달하는 혜택은 어떤 식으로 가격 대신 가치에 주로 기반하는가?
인내심 가지기	• 우리의 브랜드 경험 관련 혜택 중 수명이 긴 것은 무엇인가?
통제력을 상실했음을 인정하기	• 우리가 전달하는 브랜드 경험 혜택 중에는 무엇이 이해관계자한테 통제감을 부여하나?

전달 기법 고려하기

유대감 조성하기	• 우리가 전달하는 혜택 중에는 무엇이 우리가 조성하고 싶은 유대감을 강화하는가?
공동 창조 활동 촉진하기	• 혜택을 실제로 공동 창조하여 전달하는 데 필요한 맥락과 도구, 지식을 어떻게 우리가 구축하는 경험을 통해 이해관계자한테 전달하는가?
옴니채널로 경험 전달하기	• 우리가 전달하는 혜택을 어떻게 가장 연관성 높은 채널에 배치하나?

데이터 중심 접근법 채택하기

강력한 통찰 획득하기	• 수익과 기호, 할증된 가격, 입소문 같은 주요 성과 지표를 어떤 혜택이 좌우하는지 설명하려면 데이터를 어떻게 획득해야 하나?

브랜드가 전달하는 혜택은 이해관계자한테 연관성 있는 가치를 제공해야 한다. 이런 혜택은 브랜드 약속으로 포장할 수 있다. 브랜드는 혜택이 아니라 객관적 특징에 집중하는 경향이 있다. 예를 들면 ATM 대수, 데이터 속도, 직원 수 등에 말이다. 객관적 특징에 집중하면 문제가 생길 수 있는데, 다음과 같은 이유에서다.

- **객관적 특징은 목표를 위한 수단이다.** 혜택에 담긴 가치는 특징을 통해 전달하며 궁극적으로는 브랜드 약속에 공헌한다. 고객은 잠김 방지 브레이크 장치나 에어백에 신경 쓰는 것이 아니다. 가족의 안전에 신경을 쓰는 것이다. 대중은 공공 서비스에 투자한 1억 파운드에는 크게 관심이 없지만, 그 투자가 간호사와 의사, 교사 수라는 측면에서 어떤 의미인지는 궁금해한다. 고객은 여러분이 직원을 얼마나 많이 고용했는지를 고민하지는 않지만, 그 직원들이 자기 일을 어떻게 도와줄 수 있을지 걱정한다.
- **객관적 특징에 집중하면 여러분이 제공하는 것에서 차별성이 사라진다.** 여러분의 브랜드와 경쟁 브랜드가 제공하는 특징을 표로 정리해 보면, 차이라고 생각했던 점들이

235

동일성이라는 바다에 녹아버리는 모습을 발견할 가능성이 크다.

- **객관적 특징을 중심으로 하는 사고방식은 복잡성과 원가를 추가할 뿐이다.** 경쟁 위협을 느끼고 성과가 하락할 때 자주 취하는 반응은 여러분이 제공하는 제품이나 서비스, 경험에 특징을 추가하면서, 이 조처가 문제를 개선해주길 바라는 것이다. 이렇게 해서 도움이 되는 때는 절대로는 아니더라도 거의 없다. 선택지가 과하면 고객은 스트레스를 받는다. 특징이 많을수록 잘못될 일도 많은데, 고객 서비스가 더 복잡해지면서 전달하기 어려워진다. 불필요한 특징은 불필요한 비용도 추가한다.

혜택과 객관적 특징은 어떻게 구분하는가?

웨이브렝스의 귀중한 친구인 클라이브 부스Clive Booth는 객관적 특징에서 혜택을 뽑아내는 데 도움이 되는 유용한 도구를 소개해 줬다. **'(특징)을 하는데, 이는(혜택)이라는 뜻이다.'** 예를 들어, 4G를 이용하면 엄청나게 빠른 속도로 데이터를 내려받을 수 있는데**(특징)**, 이는 더 잘 응답하는 고객 서비스를 제공할 수 있다는 뜻이다**(혜택)**.

특징에서 핵심 혜택을 뽑아내기 위해서는 '이라는 뜻이다'라고 여러 번 말해야 할 수도 있다. '이라는 뜻이다'라고 더는 말 할 수 없을 때, 여러분은 목적지에 도착했다는 것을 알 것이다. 예를 들어 은행은 이렇게 말할 수 있다. '우리의 지점들은 주말에도 영업하는데, 이는 여러분이 토요일에도 방문하실 수 있다는 뜻이며, 이는 여러분이 겪는 계좌 문제를 곧바로 직접 해결해 드릴 수 있다는 뜻이며, 이는 여러분이 금융 면에서 언제나 더 큰 마음의 평안을 누리실 수 있다는 뜻입니다.' ' 이라는 뜻이다'라고 더는 말하기가 어려우므로, '금융 면에서 언제나 더 큰 마음의 평안'을 누리는 것은 전체 브랜드 약속에서 일부를 차지하는 혜택이다.

'(특징)을 하는데, 이는(혜택)이라는 뜻이다.' 양식은 한가지 특징이 여러 가지 혜택을 전달하는지 판단하는 데도 도움이 될 것이다. 이런 경우는 흔하다. 예를 들어 데이터 전송 속도가 4G라면, 여러분이 다음과 같은 일들을 할 수 있다는 뜻이다.

- 더 잘 응답하는 고객 서비스 제공하기
- 분주한 와중에도 프로젝트 통제하기
- 하루를 더 많은 일에 활용하기
- 기차에서 지루함을 달래기 위해 그래픽 사양이 높은 게임 실행하기
- 기분을 달래기 위해 버밍엄 시티 FC 경기를 실시간으로 시청하기
- 커뮤니티와 관계를 유지하기 위해 유튜브 채널에 짧은 동

영상 업로드하기
* 사무실 밖에서 투자자와의 화상 회의 진행하기

어떤 기능에 담긴 혜택을 전부 찾았다면, 각 혜택을 연관성 있는 이해관계자 집단에 배당할 수 있다. 하지만 그러기 전에, 이해관계자한테 가치를 더 많이 제공할 수 있도록, 여러분이 제공할 혜택의 종류에 관해 생각해보는 것이 현명하다.

혜택의 종류

데이비드 아커David Aaker 교수는 혜택을 크게 네 가지 유형으로 나눠서 설명했다. 기능적, 감정적, 자기 표현적, 사회적이 그 유형이다.

* 기능적 혜택은 브랜드를 통해 누군가를 돕는 현실적인 방법과 관련이 있다. 다음 문장을 완성함으로써 기능적 혜택을 찾아낼 수 있다. '(특징)은(형용사)다.' 예를 들어 'G는 빠르다'라거나 '알루미늄은 가볍다'라고 할 수 있다. 기능적 혜택으로 경쟁을 벌이면 문제가 생길 수 있는데, 기능적 혜택은 상대적으로 따라 하기가 쉽고 인간 두뇌가 잘 받아들이는 감정 주파수를 찾지 못하기 때문이다.
* 감정적 혜택은 누군가가 여러분의 브랜드를 경험했을 때

　　　　　　　　　　　브랜드 경험 디자인 바이블

느끼는 감정과 관련이 있다. 다음 문장을 완성함으로써 감정적 혜택을 찾아낼 수 있다. '나는 이 브랜드를 구매하거나 사용할 때, _____ 느낌을 받는다.' 예를 들면 안전 하거나 (볼보), 존중받거나(아멕스 골드 카드, AmEx Gold Card), 세련되거나(아르마니 콜렉션), 안심되거나(IBM), 안정된(로스차일드, Rothschild) 느낌 등을 받는다.

- 자기 표현적 혜택은 누군가가 자기 개성의 일부를 전달하는 데 도움이 된다. 다음 문장을 완성함으로써 자기 표현적 혜택을 찾아낼 수 있다. '나는 이 브랜드를 구매하거나 사용할 때, 내가 _____ 사람임을 보여준다.' 예를 들면 성공하거나(메르세데스 벤츠). 창의적이거나(애플), 남을 잘 돌보거나(도브), 정보에 밝은(로이터, Reuters) 사람임을 보여준다.

- 사회적 혜택은 누군가 브랜드를 이용해서 어떤 집단의 회원임을 보여주는 일을 수반한다. 다음 문장을 완성함으로써 사회적 혜택을 찾아낼 수 있다. '나는 이 브랜드를 구매하거나 사용할 때, _____와 관련된 유형의 사람이 된다.' 예를 들면 세계적인 축구 커뮤니티(FC 바르셀로나, FC Barcelona 팬), 자전거 동호인(할리 데이비드슨, Harley Davidson 운전자), 일류 사업가(파이낸셜 타임스, Financial Times)와 관련된 유형의 사람이 된다.

기능적 혜택을 덜 중요하게 여기는 것이 가장 좋은데, 비교하기가 쉬워서 가격 중심 경쟁으로 내몰릴 것이기 때문이다(4장 참고). 감정적, 자기 표현적, 사회적 혜택은 브랜드 약속을 구성하는 강력한 퍼즐 조각일 가능성이 있다. 기능적 혜택보다 더 깊은 수준에서 사람들과 공명하기 때문이다. 기능적 혜택을 무시해야 한다는 뜻은 아니다. 기억하자, 출발하지 않을 페라리는 구매할 이유가 없다.

연구에 따르면 인간 행복은 크게 세 가지 혜택을 기반으로 한다. 나는 클라이언트를 도와 브랜드 약속을 개발할 때면, 기능적, 감정적, 자기 표현적, 사회적 혜택에 이들 세 가지 혜택을 추가하는 것이 유용하다고 생각한다. 그 혜택은 다음과 같다.

- 능력 부여 혜택Enablement benefit. 이런 혜택은 고객이 일을 완성거나, 임무를 성취하거나, 문제를 해결하거나, 두려움을 완화하거나, 어려운 일을 다루는 데 도움이 된다. 예를 들어 칼폴Calpol을 이용하면 유아가 겪는 통증을 완화할 수 있고, 저스트 포 맨Just for Men을 이용하면 흰 머리를 염색할 수 있으며, 크레딧 스위스Credit Suisse가 남긴 유산을 이용하면 인수합병 기업이 투자 은행을 고를 때 고민할만한 문제를 줄일 수 있다. 고객은 능력 부여 혜택을 경험할 때, 마음이 놓이거나, 유능해지거나, 보호받거나, 안전 하거나, 자

신감이 생기는 느낌을 받는다.

- 유혹 혜택Enticement benefit은 유쾌하고, 재밌고, 흥미롭고, 정서를 옭아매는 방식으로 고객의 생각과 감정을 관통하면서 고객이 느끼는 감각(촉각, 시각, 청각, 후각, 미각)을 자극한다. 예를 들면 이렇다. 사치스러운 안락의자에 앉아서 변호사를 만나기 위해 기다린다. 반얀 트리Banyan Tree 호텔에서 감각적인 목욕을 즐긴다. 파샤Pacha 나이트클럽에서 베이스 소리가 뼈를 타고 울리는 것을 느낀다. 고객은 유혹 혜택을 경험할 때, 안락하거나, 만족스럽거나, 자극받거나, 마음이 끌리거나, 즐겁거나, 따듯하거나, 들뜬 느낌을 받는다.
- 강화 혜택은 자기가 어떤 사람인지(또는 어떤 사람이 되고 싶은지)에 관한 인식에 가치를 더한다. 고객을 신중하게 선별하여 VIP 전용 출시 행사에 초대하는 것은 자아 존중감과 자부심을 향상할 수 있는 사례다. 강화 혜택을 경험한 고객은 풍요롭고, 고무적이고, 자랑스럽고, 연결되고, 확인받고, 인정받고, 진실한 느낌을 받는다.

전문가의 조언 코너에서 모하메드 아담 위 압둘라는 CIMB가 내건 브랜드 약속과 이 회사가 어떻게 그 약속에 기대어 성공했는지를 자세하게 설명한다.

CIMB는 어떻게 브랜드 약속에 기대어 성공을 거뒀나?

모하메드 아담 위 압둘라, 아세안 CIMB 그룹 최고 마케팅 책임자 겸 그룹 최고 고객 경험 책임자

브랜드는 인지 수준에서 작동한다. 매력을 발산하고, 고객을 유혹하고, 수요를 창출하고, 브랜드가 내거는 약속에 따라 크게 흔들리는 고객 마음속에 기대를 심는다. 고객 경험을 관리하는 목적은 조직이 그 약속을 이행할 수 있게 보장하는 것이다. 그렇게 하려면 관리 체계를 마련하고, 제품 생산, 공정과정 개선, 채널 관리, 서비스 디자인, 커뮤니케이션 등에 고객의 관점을 적용하는 것이 중요하다.

CIMB에서는 '3E'를 통해 이를 수행하는데, 즉 추가 거리 Extra Mile를 가면서 쉽고Easy 효과적Efficient으로 일을 처리하는 것이다. 이는 우리가 사용하는 실용적인 관리 체계를 대표하며, 고객 경험에 집중적으로 접근할 때 도움이 된다. 3E 체계의 일환으로, 우리는 고객 여정 지도 같은 도구를 사용해서 보완해야 하는 치명적인 약점을 찾아낸다. 그다음에는 린 식스 시그마 방법론과 도구를 적용해서 사업 절차를 재설계함으로써 고객 및 금융과 관련된 결과를 도출한다.

CIMB가 내부 문화를 계속해서 개선하도록 촉구하려면 역

량 강화라는 요소가 꼭 필요하다. 우리는 브랜드 약속에 기대어 성공을 이어가기 위해, 맞춤형으로 설계한 린 식스 시그마 옐로우 벨트 온라인 연수 도구를 전 직원한테 제공한다. 고객 경험 프로젝트에 참가하는 직원한테는 사내 블랙 벨트 교관이 진행하며 더 포괄적인 린 식스 시그마 옐로우 및 그린 벨트 연수를 추가로 지원한다.

고객 경험을 이행할 때 이런 도구와 기법을 사용하여 표면 아래로 진입함으로써 CIMB는 연관성 있는 경험을 전달하는 능력을 유지하는데, 이런 경험은 고객을 유치하여 유지함으로써, 궁극적으로는 이윤을 높이고 장기적인 사업 가치를 창출한다.

CIMB은 동남아시아국가연합에서 선도적인 겸업 은행 그룹으로 소매 및 기관 고객 모두에게 금융 해법을 제공한다.

결론

이 장에서는 '(특징)을 하는데, 이는(혜택)이라는 뜻이다'라는 양식을 이용함으로써 객관적 특징에서 혜택을 추출하는 방법을 간단하게 설명했다. 이 실용적인 도구는 한 가지 특징에서 여러 가지 혜택을 짜내는 데도 도움이 될 것이다. 그러면 여러분이 브랜드 경험을 구축함으로써 이해 관계자한테 전달하는 가치도 그 너비와 깊이가 증가할 것이다.

혜택은 종류가 다양하다. 기능적이고, 감정적이고, 자기 표현적이고, 사회적이며, 능력을 부여하고, 유혹하고, 강화한다. 이들 혜택은 서로 결합하여 브랜드 약속을 구성한다. 브랜드 약속에서 다양한 혜택과 양상을 발견했다면, 이해관계자 집단에 보여줌으로써 연관성 있게 가치를 전달하는 브랜드 경험을 구축할 수 있다.

이해관계자 프로필을 분석하고, 이해관계자가 일을 완성하도록 돕고, 유대감을 조성하는 등을 비롯하여 브랜드 경험 환경에서 나타나는 여러 측면이 그토록 중요한 것도 이런 이유에서다. 이해관계자를 깊이 이해했고, 여러분이 전달하는 혜택을 찾아냈다면, 연관성 있는 가치가 어느 출처에서 발생하는지 분명하게 보일 것이다. 그러면 이 출처를 브랜드 경험에 포함할 수 있다.

11

브랜드
포지셔닝

이전 장에서는 브랜드 약속을 만드는 방법을 안내했다. 이번 장에서는 브랜드 포지셔닝에 집중하면서 포지셔닝이란 무엇이고, 경쟁자를 어떻게 정의해야 하고, 포지셔닝 기술문positioning statement을 어떻게 써야 하는지를 이해하는 일의 중요성을 강조할 것이다. 고전적인 '부문(카테고리) 기반' 포지셔닝 접근법을 이용하면 새롭거나 약삭빠른 경쟁자를 보지 못할 수도 있는데, 이 장을 읽으면 그 너머로 시야를 확대하는 데 도움이 될 것이다. 이런 통찰로 무장하고 나면, 여러분은 장기적인 연관성을 염두에 두고 브랜드 경험을 배치할 자리를 더 잘 마련할 것이다.

브랜드 경험을 구축하는 과정에서 이 단계에 이르면, 브랜드 경험 환경이 오래된 기억처럼 느껴질 수도 있다. 여러분은 이 장을 읽는 동안, 브랜드 경험 환경을 잊지 않으려고 노력해야 하는데, 그렇게 해야 브랜드 및 관련 경험을 연관성 있는 방식으로 배치할 수 있다. 이 장을 읽다가 표 11.1에 나온 질문 사례를 다시 확인하면 도움이 될 것이다.

표 11.1 브랜드 포지셔닝을 브랜드 경험 환경에 연결하기: 스스로 물어볼 질문

여러분의 브랜드 포지셔닝을 브랜드 경험 환경에 연결하기	
이해관계자 이해하기	
이해관계자 프로필 분석하기	• 우리의 포지셔닝은 이해관계자와 얼마나 연관성이 있는가?
이해관계자가 '일을 완성하도록' 돕기	• 우리의 포지셔닝은 어떤 식으로 이해관계자가 연관성 있는 일을 완성하도록 돕는가?
이해관계자의 참여 장려하기	• 우리의 포지셔닝은 어떻게 이해관계자가 우리의 브랜드 경험에 참여하도록 장려하는가?
이해관계자의 기대 관리하기	• 우리의 포지셔닝은 어떤 식으로 우리가 전달하는 경험을 정확하게 표현하는가?
관점 미세 조정하기	
투명성 수용하기	• 이해관계자가 기본 논리에 이의를 제기해도 포지셔닝을 방어할 수 있는가?
전체론적 사고방식 채택하기	• 우리의 조직에서 브랜드 포지셔닝을 할 때 자기가 수행하는 역할을 이해하는 구성원은 누구인가? 그렇지 않은 구성원은?
가격이 아닌 가치를 통해 주로 경쟁하기	• 포지셔닝은 가격이 아니라 주로 가치에 얼마큼이나 집중하는가?
인내심 가지기	• 포지셔닝은 어떤 식으로 장기적이지만 확고한 연관성을 염두에 두며 발전했나?

통제력을 상실했음을 인정하기	• 대화를 판단하고, 필요하다면 우리가 바라는 브랜드 포지셔닝과 같은 방향으로(가능한 한 잘) 유도하기 위해 소셜 미디어를 얼마큼이나 관찰하는가?
전달 기법 고려하기	
유대감 조성하기	• 포지셔닝은 우리가 조성하고 싶은 유대감과 얼마나 결이 같은가?
공동 창조 활동 촉진하기	• 포지셔닝에서 공동 창조 활동이 수행하는 역할은 어떤 종류인가?
옴니채널로 경험 전달하기	• 전 채널을 따르거나 가로지르게 포지셔닝 한 브랜드 경험은 얼마나 결을 같이 하는가?
데이터 중심 접근법 채택하기	
강력한 통찰 획득하기	• 포지셔닝을 결정할 때 일화가 아닌 데이터 중심 통찰에 얼마큼이나 기반하는가?
전체론적으로 측정하기	• 브랜드 포지셔닝에 대한 직원과 고객, 여타 이해관계자 집단의 인식이 일치하는지는 어떻게 알 수 있나?

브랜드 포지셔닝이란 무엇인가?

브랜드 포지셔닝이란 여러분이 바라기에 이해관계자가 여러분의 브랜드를 보고 떠올려 주었으면 하는 고유한 연상에 관한 것이다. 코카콜라는 행복이 연상된다. 아우디는 훌륭한 독일 기술이 연상된다. 나이키는 승리가 연상된다(진정한 운동 기록이라는 브랜드 에센스와의 연관성에 주목하자). 맥킨지McKinsey는 최고급 복합 경영 상담이 연상된다. 블랙베리BlackBerry는 초기에는 휴대전화 이메일이 매우 성공적으로 연상됐지만, 블랙베리 메신저와 함께 젊은이 시장으로 이동하면서 고객 마음속에서 그 연상이 흐려졌다. 블랙베리는 기업용 이메일 브랜드였나, 젊은이 브랜드였나, 둘 다였나? 이렇게 집중하지 못한 데다가, 기술적 결함을 겪고, 애플과 삼성처럼 강력한 브랜드가 등장한 덕분에 블랙베리가 하락했다고 주장할 수 있다. 블랙베리는 이제 처음으로 되돌아갈 계획인데, 그러기 위해서 보안 기술 부서를 통해 모바일의 사이버 보안에 더 크게 집중할 것이다.

경쟁자와 비교하여 브랜드를 포지셔닝 할 때는 유사점과 차별점을 고려해야 한다. 유사점이란 여러분이 제공하는 경험 중에서 경쟁자도 전달하는 부분을 말한다. 은행을 예로 들면, 대출, ATM, 온라인 뱅킹, 신용카드 등이 있을 것이다. 회계 법인을 예로 들면, 세금, 회계 감사, 자문 서비스 등이 있을 것이다. 여러분이 이런 유사점을 고려하지 않으면, 타깃 고객이 은행이나 회계 법인에 관해 생각할 때 여러분의 브랜드는 '고려 대상 묶음'에 들지 못할 것이다. 유사점은 이해관계자가 여러분이 제공하기를 기대하는 위생요인hygiene factor이며, 어떤 부문이나 시장에 속했음을 나타내는 주요 요소다. 2010년에 문을 연 메트로 뱅크Metro Bank는 영국에서 100년 만에 등장한 새로운 대형 소매 은행high street bank이었다. 그렇지만 현금카드, ATM, 당좌 예금, 수표책 등과 같은 것들에서 유사점이 나타난다. 유사점은 경험에서 새로운 부분을 구성하진 않았지만, 메트로 뱅크가 은행이며, 로이즈Lloyds나 HSBC, 버클레이즈Barclays 같은 은행과 경쟁할 대상임을 명확히 하는 데는 필요했다. 호화 요트 시장에서는 선시커Sunseeker와 프린세스 Princess가 부유한 고객들의 돈을 두고 경쟁한다. 두 브랜드의 유사점은 요트의 성능과 주로 관련이 있다.

차별점이란 여러분이 전달하는 경험 중에서 경쟁자와 비교했을 때 고유한 부분을 말한다. 메트로 뱅크가 집중했던 차별점은, 일요일에도 영업하고, 애견용 물그릇을 제공하고, 고객 서비스를 중심에 두는 것으로, 편의를 중심으로 한 포지셔닝에 수렴했다. 선시커와 프린세스가 집중하는 차별점은 각자가 전달하는 요트 경험 유형이다. 선시커는 자신만만하고 대담하지만, 프린세스는 더 절제하고 정제한 경험을 제공한다. 이 점은 모터보트 전시회에서 각 브랜드의 진열대를 보면 뚜렷하게 드러난다.

브랜드를 새로 구축하든 기존 브랜드를 다시 포지셔닝 하든, 유사점과 차별점은 순서가 중요하다. 많은 브랜드가 유사점을 밝히기 전에 차별점을 외쳐댄다. 그러면 문제가 발생할 수 있는데, 경쟁사라는 비교 기준이 불분명하면 타깃 고객은 여러분이 무엇과 다른지 모를 수도 있기 때문이다. 아이팟을 출시하면서 스티브 잡스는 소장한 CD 전체를 여기저기 가지고 다니는 데 아이팟이 어떻게 도움이 될지 간단하게 이야기했다. 잡스는 유사점(휴대용 CD 플레이어와 비슷한 것이다)은 물론 고객이 중요한 일(원하는 때에 보유한 음악을 전부 소지한다)을 완수하는 데 도움이 되는 차별점(보유한 음악 전체를 이리저리 가지고 다닐 수 있다)까지 난 한 문상으로 전달했다. 그러자 잠재 고객은 단번에 아이팟을 경쟁 브랜드 맥락에서 고려할 수 있었다.

전문가의 조언 코너에서는 랜드로버Land Rover가 고급 포지셔닝을 지탱하기 위해 어떻게 경험을 이용하는지를 샐리 맥케니Sally McKechnie 박사가 간단하게 설명하는 동안, 준만 지아 Junman Jia는 중국에서 '영국'의 포지셔닝을 지탱하기 위해 영국 문화원British Council이 전달하는 경험 유형을 공유한다.

전문가의 조언 11.1

랜드로버는 어떻게 경험을 이용하여
포지셔닝을 강화했나?

샐리 맥케니 박사, 영국 노팅엄 대학Nottingham University 경영대학원 마케팅 부교수

랜드로버는 상징적인 영국 브랜드이며, 1948년에 로버 컴퍼니 Rover Company에서 '농부와 시골 주민, 일반 산업용도'를 위한 전천후 차량으로서 처음 생산했다. 1970년에는 파격적인 새 출발을 기록했는데, 이 브랜드를 소유한 브리티시 레일랜드 자동차British Leyland Motor Corporation에서 레인지 로버를 소개함으

로써 '스포츠형 다목적 차량SUV' 시장을 창출했다.

2016년에 등록된 신규 차량 270만 대 중 1/5을 차지할 만큼 영국 SUV 시장은 경쟁적이며, 그 안에서 랜드로버가 고급 포지셔닝을 강화하는 데는 경험이 핵심 역할을 한다. 여기에는 다음과 같은 일이 포함된다.

- 증강현실 캠페인을 통해서 전시 체험이 풍기는 고급스러운 '분위기'를 강화하는데, 덕분에 소비자들은 신형 디스커버리 스포츠Discovery Sport가 2014년에 출시되기 전부터 그 모습을 살펴볼 수 있었다.
- 2016년, 런던 쇼핑센터에 재규어 랜드로버Jaguar Land Rover 매장을 열었다.
- 전 세계에 랜드로버 체험 센터 서른 곳을 운영하면서 개별과 단체별 체험 운전을 제공한다.
- 2014년에 랜드로버 어드벤처 트래블Land Rover Adventure Travel을 출시하여, 험악한 지형으로 떠나는 여행과 모험을 제공한다.
- 안내원이 딸린 공장 견학 프로그램을 운영하면서 예술 같은 경지에 이른 제조 공정을 방문객한테 직접 보여준다.

재규어 랜드로버에서 장기적으로 지향하는 바가 '고객을 최우선으로 두고 고객을 위해 고객이 좋아하는 경험을 평생

제공하는 것'임을 고려하면, 이 상징적인 랜드로버 브랜드는
장래가 밝은데, 지금까지도 경험을 전달함으로써 '높고 멀리'
간다는 슬로건에 충실했다.

노팅엄 대학 경영대학원은 세계에서 상위 1%에 속하는 노팅
엄 대학교 소속 기관이며, 영국과 중국, 말레이시아에 캠퍼스
를 둠으로써 독보적으로 세계에 발을 넓혔다.

전문가의 조언 11.2

영국 문화원은 브랜드 경험을 어떻게 활용함으로써
중국 내 포지셔닝을 지탱하는가?

준만 지아, 재중 영국 문화원 마케팅 책임자

중국에서 영국 문화원이 바라는 미래상은 영어와 교육, 예술,
문화 관련 협력자로 중국이 영국을 선택하는 것이다. 또 영국
문화원은 국제적인 기회를 창출하고 영국인과 중국인 사이에
가교를 놓는 것을 목표한다. 영국을 관광지로 선보이고, 영국
문화 속으로 사람을 더 많이 초대하고, 형체가 없는 영국 관
련 경험에 형태를 부여하고자, 영국 문화원은 문화 및 교육 캠
페인을 몇 가지 시행함으로써 영국인과 중국인을 잇는 고리

를 만들었다.

예술과 문화의 측면을 보면, 2016년에 셰익스피어 사망 400주기를 맞아 셰익스피어 작품을 기념하고자 '셰익스피어 생중계Shakespeare Lives'라는 캠페인을 시행했다. 이 경험 중 핵심은 가장 위대한 셰익스피어 극 배우 중 하나로 유명한 이안 맥켈런Ian McKellen 경을 상하이로 초대하여, 팬들과 만남을 주선하고, 그 여정 전체를 소셜 미디어에서 생방송으로 중계하는 것이었다. 이안 맥켈런 경이 방문하자 셰익스피어 팬이 중국으로 모였고, 이 캠페인은 소셜 미디어에서 크게 찬사를 받았다.

교육의 측면을 보면, 젊은 세대가 영국식 혁신과 교육을 조망하도록 격려하기 위해, 공식적으로는 왕립 공군 곡예비행 팀Royal Air Force Aerobatic Team이라고 하며 왕립 공군의 대중용 얼굴이기도 한 레드 애로우Red Arrows가 베이징에서 '스마트 토크Smart Talk' 행사를 독점으로 진행했다. 조종사 세 명과 기술자 두 명은 레드 애로우에 얽힌 뒷이야기를 논의했다. 일상 업무에서부터 팀에 들어가기 위한 조건까지 말이다. 이런 이야기는 이들이 영국에서 구축한 교육 배경과 팀이 곡예비행을 선보이도록 뒷받침해주는 최신식 영국 기술을 조명했다. 이들이 들려주는 흥미로운 이야기는, 이공계 학생들, 조종사 훈련생, 기술 마니아와 전문가를 중국 전역에서 끌어모았다.

두 캠페인은 '위대함GREAT'이라는 캠페인 하에 진행했다. '

위대함' 캠페인은 영국을 위한 영국 대사관의 중요한 커뮤니케이션 전략으로 작용하며, '교육이 위대함', '혁신이 위대함', '영화가 위대함' 등과 같은 다른 캠페인을 아우른다. 이 캠페인은 영국이라는 브랜드가 중국 내에서 잡은 포지셔닝을 지탱하기 위해, 여러 경험을 이용하여 일관적이고 조화로운 방식으로 다양한 메시지를 전달하도록 보장한다.

영국 문화원은 문화 관계와 교육 기회를 위해 영국에서 운영하는 세계적인 조직이다.

경쟁자 정의하기

브랜드를 배치하려면 경쟁자를 정의해야 한다. 경쟁자를 정의할 때는 여러분이 경쟁을 벌이는 부문뿐 아니라 이해관계자가 해내고 싶은 일에도 근거해야 한다. 그러면 더 넓고 현실적인 관점으로 기존 및 잠재 경쟁자를 바라볼 수 있다. 수년 전, 내가 한 회의에서 말을 꺼내자 유명 오토바이 브랜드에서 나온 대리인이 내 앞에서 말했다. 대리인은 여타 오토바이 브랜드뿐 아니라 온실을 짓거나 대형 여객선을 파는 기업도 자기네 경쟁자가 될 수 있는데, 이들 브랜드도 같은 고객의 돈을 두고 경쟁하기 때문이라는 점을 간단하게 설명했다. 이 발언이 너무나 명료하게 울리는 나머지, 귀가 먹먹한 침묵이 뒤따랐다.

부문이 아니라 '완성해야 하는 일'이라는 렌즈를 끼고서 경쟁자를 고려했으면 이득을 볼 수 있었을 브랜드의 대표적인 사례로 코닥이 있다. 코닥은 자신을 필름 사업 부문에 속했다고 여겼고, 따라서 후지 필름Fuji Film 같은 브랜드에 경쟁 노력을 집중했다. 이 회사는 타깃 고객이 완수하도록 도와야 하는 일이 기억을 포착해서 공유하는 것이라는 사실을 인지하지 못했다. 휴대전화에 카메라가 들어갔고, 나머지는 역사가 되었다. 코닥이 '완성해야 하는 일'을 중심으로 생각했다면, 이런 변화가 다가오는 것을 보고, 그에 따라 브랜드 포지셔닝을 재고했을 수도 있다. 하지만 코닥은 제품 부문에만 집중함으로써 사고를 제한해 버렸다. 제품은 목적을 위한 수단이지 사람들이 이루고픈 목적이 아니다. 코닥뿐이 아니다. 제록스Xerox, 루슨트Lucent, 아타리Atari도 한때는 강력한 브랜드였으나 제품 부문에 집중한 나머지 새로 다가오는 경쟁자를 보는 능력이 둔화했다.

2001년에 IT 업계에 종사하는 누군가와 테이블 축구를 하면서 모바일 통신 기술에 관해 논의했던 기억이 난다. 상대방은 음성 인터넷 프로토콜Voice over Internet Protocol, VoIP 기술의 출현과 스카이프에 관해 언급했다. 그 순간부터, 나는 스마트폰 브랜드에 돈을 쏟아붓는 시대는 얼마 남지 않았음을 알았다. 인터넷만 접속할 수 있다면, 세계 어디에서나 공짜로 대화를 주고받을 수 있으니 국제 로밍도 더는 필요가 없었다. 17년이 흐르고, 이세 우리한테는 인터넷 진화 애플리케이션 조각들이 있고, 왓츠앱, 라인, 위챗 같은 브랜드는 스마트폰 회사가 벌어들이는 수익에 큰 구멍을 남겼다. 이런 브랜드는 전통적인 휴대전화 회사는 아니지만, 대안을 통해서 고객이 같은 일-소통-을 완수하게 돕는 기술 브랜드다.

더 최근에는, 중국 온라인 시장인 알리바바에서 파생한 알리페이AliPay 같은 서비스가 페이팔PayPal과 유사한 방식으로 결제 서비스를 제공한다. 이런 서비스는 전통적으로 은행이 맡았을 영역이었다. 더는 아니다. 페이스북 와치Watch는 BBC, CBS, ESPN과 같은 기존 채널은 물론 넷플릭스Netflix나 아마존 프라임 비디오에까지 도전할 기회를 노릴 것이며, 구글이 보유한 유튜브의 온라인 동영상 파이 한 조각에도 눈독을 들이고 있다. 이해관계자가 완성하려는 일이 아니라 부문이나 채널에 집중하면, 새롭고 강력한 경쟁자가 인근 업계에서 등장하여 여러분 코앞에 놓인 수익을 낚아챌 수 있다.

웨이브렝스는 유럽 전역에 지점을 둔 한 중소 호텔 브랜드와도 일했다. 대상 시장은 기업 출장객으로, 대략 오전 9시부터 오후 5시까지는 단체 생활에 치이고 그 이후에 휴식이 필요한 사람이었다. 이런 출장객은 대부분 호텔에서 제공하는 격조 높고 고루한 경험은 즐기지 않았다. 이 '힙스터'들은 집을 떠나있는 동안 비슷한 사람들과 어울릴 수 있는 곳에서, 도

　　　　　　　　　　　　브랜드 경험 디자인 바이블

시의 은밀한 문화를 진정으로 경험하길 바랐다. 부문에 기초하여 포지셔닝에 접근했다면, 경쟁 기준틀을 호텔에만 집중했을 것이고, 베개의 종류, 무료 와이파이, 운동 시설 등처럼 기능과 특징에 기반한 경쟁에 브랜드가 휘말렸을 것이다. 그 회사는 타깃 고객이 하려는 일을 이해하고 나자, 경험을 구축하고 포지셔닝하는 데 자연스레 다른 방식으로 접근했다. 타깃 고객이 완수하고픈 일로는 출장 기간에 저녁 시간만큼은 회사 업무를 차단하는 것, 주류 도시 경험에서 탈출하는 것, 현지의 은밀한 공동체에 합류했다고 느끼는 것, 자신이 정보에 밝다는 점을 친구에게 보여주는 것 등이 있었다.

이런 통찰에 기반하여, 이 호텔 브랜드는 전반적으로 경험이 잘 섞여서 고객이 이런 일을 해내도록 도울 수 있는 현지 브랜드와 제휴를 맺었다. 현지의 디자이너는 바에서 패션쇼를 열었고, 신예 DJ가 호텔 음향 시스템을 통해 하우스 음악을 크게 틀었다. 이 조처는 정보에 밝은 현지 힙스터를 끌어당기는 자석이 되었다. 이런 경험을 유치하자 고객은 호텔에 머물렀고 다른 곳보다 호텔에서 돈을 썼다. '완성해야 하는 일'에 기초하여 접근하는 방식은 이 호텔이 몹시 매력적인 경험을 만드는 데 도움이 됐는데, 이런 경험은 분별력 있고, 은밀하며, 부유한 타깃 고객이 원하는 대로 적절한 차별점을 전달했다. 이 통찰은 포지셔닝 기술문에도 반영되었다.

포지셔닝 기술문 작성하는 법

표 11.2는 중소 호텔 브랜드에서 얻은 포지셔닝 기술문 사례이다. 대상 시장, 완성해야 하는 일, 주요 혜택, 믿을만한 이유에 초점을 맞춘다. 경영자와 간부는 대부분이 '부문'을 포함하겠지만, 나는 상기한 이유에서 이를 '완성해야 하는 일'로 교체하길 권한다.

이때 목표는 믿어야 할 이유를 통해 보여준 대로, 혜택을 전달함으로써 대상 시장이 일을 완성하도록 돕는 것이다. 예를 들어 이 호텔의 타깃 고객이 하려는 중요한 일 중 하나는 집을 떠나 일하는 동안 저녁에는 회사 업무에서 완전히 신경을 돌리는 것이다. 그렇게 하려면 저녁 동안에는 긴장을 풀고, 재충전하고, 평소처럼 지낼 수 있어야 한다. 손님 중 75%는 저녁 동안에 회사 업무에서 벗어날 수 있던 것 같다고 대답했는데, 이런 사실은 고객이 일을 완수하도록 호텔이 도왔다고 믿을만한 이유가 된다.

표 11.2 브랜드 포지셔닝 기술문 양식

포지셔닝 기술문 구성 요소	양식 언어	호텔 부문 기업의 설명 예시
대상 시장	…를 위해	젊고, 출세 지향적이고, 세계적인 사업 출장객
브랜드 네임	(브랜드 네임)	힙스터 호텔(가상으로 지어낸 브랜드 네임)
'완성하려는 일'	…를 하도록 돕는데	1. 출장 동안 저녁에는 회사 업무와 관계 끊기. 2. 예측 가능한 주류 도시 경험에서 벗어나기. 3. 현지의 은밀한 공동체에 소속감 느끼기. 4. 정보에 밝다는 점을 친구에게 보여주기.

혜택	이는 …를 할 수 있다는 뜻으로	1. 저녁에는 긴장을 풀고, 재충전하고, 평소처럼 지내기. 2. 도시의 풍경과 사람에 대한 '진짜' 분위기 느끼기. 3. 현지 풍경으로 들어가서 마음이 맞는 사람과 어울리기. 4. 집에 돌아갈 때 친구한테 강한 인상을 남기기.
믿어야 할 이유	…하기 때문이다	1. 손님 중 75%는 저녁에 일에서 벗어난 것 같다고 대답했다. 2. 손님 중 80%는 예컨대 지하에서 음악을 트는 현지 신예 DJ, 현지 디자이너가 참여하는 쇼, 지역 도시 예술과 패션 전시회 같은 경험에서 진정성을 느꼈다고 대답했다. 3. 손님 중 60%는 관심사가 같은 덕분에 우리의 호텔에서 만난 사람과 계속 연락을 주고받는다. 4. 손님 중 75%는 도심으로 여행을 떠날 때 친구/배우자를 우리 호텔에 데리고 올 의향이 있다.

결론

시장과 경쟁자를 구상한 다음 이해관계자가 해야 하는 일을 중심으로 포지셔닝 하는 것이 현명하다. 그동안 전통적인 경쟁자도 주의 깊게 주시해야 한다. 이렇게 하면 경쟁을 벌이는 풍경을 더 넓고 포괄적으로 바라볼 수 있다. 신규 시장이나 인근 시장에서 발생할 수도 있는 잠재 경쟁자를 더 잘 예측하고 알아보며, 브랜드 경험을 어떻게 하면 더 경쟁력 있으면서 연관성 있고 탄력성 있는 방식으로 배치할지 생각하는 데 도움이 될 것이다.

이렇게 '일 기반' 관점을 채택하는 것과는 정반대로 대부분 브랜드는 제한이 따르는 부문 기반 접근법을 사용한다. 부문 기반 접근법을 이용하면 지평선이나 그 바로 너머에서 어떤 경쟁 위협이나 기회가 기다릴지 볼 수 없다. 기술 혁신이 시장을 교란하고 전통적으로 부문이나 채널에 기반하던 경쟁 간의 경계를 흐릿하게 만들면서, '일 기반' 관점을 채택하는 일이 점점 중요해질 것이다.

12

브랜드
개성

11장에서는 브랜드 경험을 구축할 때 브랜드 포지셔닝이 수행하는 역할을 규명하고, 부문 기반 접근법 대신 '일'을 적용하여 브랜드 경험을 포지셔닝하면 얻는 혜택을 강조했다. 이장에서는 브랜드 개성이 무엇인지, 왜 브랜드에 개성을 부여해야 하는지, 브랜드 개성을 진짜 사람으로 구현했을 때 생기는 장단점은 무엇인지를 간단하게 설명한다. 사람은 무생물을 생물로 만드는 기질이 있는데, 브랜드 개성을 이해하면 어떻게 이런 성향을 활용하여 경험에 더 감정적인 연관성을 부여할지를 알아채는 데 도움이 된다. 다른 브랜드 경험의 핵심요소와 마찬가지로, 브랜드 개성도 브랜드 경험 환경이라는 맥락에서 고려해야 한다. 이 장을 읽으면서 표 12.1에 나온 질문 사례에 어떻게 대답할지 생각하면, 이 두 가지를 연결하는

데 도움이 될 것이다.

표 12.1 브랜드 개성을 브랜드 경험 환경에 연결하기: 스스로 물어볼 질문

여러분의 브랜드 개성을 브랜드 경험 환경에 연결하기	
이해관계자 이해하기	
이해관계자 프로필 분석하기	• 우리는 개성을 어떻게 이용하여 이해관계자가 연관성 있는 방식으로 우리의 브랜드에 동조하도록 도울까?
이해관계자가 '일을 완성하도록' 돕기	• 우리의 개성은 어떤 식으로 이해관계자가 연관성 있는 일을, 예컨대 관련 그룹의 회원임을 보여주는 일을 완성하도록 돕는가?
이해관계자의 참여 장려하기	• 우리는 개성을 어떻게 이용하여 이해관계자가 브랜드 경험에 참여하도록 장려하는가?
이해관계자의 기대 관리하기	• 우리의 개성은 우리가 실제로 누구인지, 또는 누가 되려고 노력하는지를 얼마큼 올바르게 반영하는가?
관점 미세 조정하기	
투명성 수용하기	• 우리의 브랜드가 사람이라면, 얼마나 개방적이고 투명한 방식으로 진실하게 행동할 것인가?
전체론적 사고방식 채택하기	• 조직 내 모든 사람은 브랜드 개성을 살리는 데 자기가 수행하는 역할을 얼마나 이해하는가?
가격이 아닌 가치를 통해 주로 경쟁하기	• 가격이 아닌 가치를 통해 주로 경쟁하는 데는 우리의 개성과 관련한 특성 중 무엇이 도움이 되나?
인내심 가지기	• 이해관계자 중에서는 누가 장래에 우리의 개성에 동조할 것인가?
통제력을 상실했음을 인정하기	• 우리의 개성을 구체적으로 표현해주는 '인플루언서'와 협업하는 데는 어떤 단계를 거치는가?
전달 기법 고려하기	
유대감 조성하기	• 개성을 어떻게 사용하면 우리가 원하는 대로 이해관계자와 유대감을 조성하는 데 도움이 되는가?

공동 창조 활동 촉진하기	• 브랜드 개성은 어떤 식으로 공동 창조 과정을 활발하게 장려하는가?
옴니채널로 경험 전달하기	• 어떻게 전 채널을 망라하여 개성을 표현하는가?
데이터 중심 접근법 채택하기	
강력한 통찰 획득하기	• 특정 이해관계자 집단에서 우리의 개성을 연관성이 높다고 또는 낮다고 인식하는지 파악하는 데 도움이 되는 통찰은 어떻게 얻는가?
전체론적으로 측정하기	• 직원과 고객, 여타 이해관계자는 우리의 개성을 얼마나 비슷하게 해석하는가?

브랜드 개성이란 무엇인가?

브랜드 개성은 브랜드에 사람 같은 특징을 불어넣는다. 여기에 포함할 수 있는 것을 몇 가지 말해보면 어디로 저녁 식사를 하러 가는지, 어떤 음악을 좋아하는지, 관심사, 쇼핑 습관, 사교 모임, 이야기와 가치 등이 있다. 그 개성을 통하면 여러분의 브랜드가 '누구'인지, 민감한지(도브), 대담한지(레드불), 믿을 수 있는지(IBM) 금세 그림이 떠오를 것이다.

> '와비 파커(Warby Parker)는 저녁 식사 모임에서 옆에 앉고 싶은 사람이다. 재밌고 영리하며, 설거지까지 해준다.'
>
> 몰리 영Molly Young, 와비 파커의 편집장

다이렉트 라인 보험Direct Line Insurance은 브랜드에 다시 활기를 불어넣고자 하비 케이틀Harvey Keitel을 고용해서, 곤경에 빠진 고객을 -다이렉트 라인 보험이 그랬던 것처럼- 구해주는 암흑가 '해결사' 윈스턴 울프Winston Wolf를 가상으로 창조했다. 이 캠페인으로 거둔 이익은 투자 1파운드당 순이익 1.22파운드꼴로 추정되며, 따라서 개성을 강조함으로써 고객과 공명한 것이 분명했다.

고급 요가 및 피트니스 브랜드인 룰루레몬은 브랜드 홍보대사로 적절해 보이는 요가 강사와 피트니스 트레이너를 고용하는데, 이들이 브랜드의 가치와 라이프 스타일을 구체적으로 표현해주기 때문이다. 이들 홍보대사는 매장에서 수업을 진행하고 이 브랜드를 몸에 걸친 사진을 공유한다. 그러면 브랜드를 광고에 노출하는 효과가 생기는데, 룰루레몬의 타깃 고객은 이를 흡입력 있지만, 진정하고 믿을 수 있다고 인식한다.

웨이브렝스를 찾은 교육부문 클라이언트사는 더 넓은 브랜드 경험 프로젝트의 일환으로서, 브랜드 개성의 프로필을 이해하고 기존 학생과 예비 학생, 직원으로 명확하게 정의한 세 이해관계자 집단과 이 개성이 얼마나 연관성이 있는지를 파악하고자 했다. 브랜드 개성 척도를 이용해서 우리는 클라이언트가 지닌 성격적 특징을 각 집단에 따라 측정했다. 그림 12.1을 보면 세 집단은 대체로 브랜드를 비슷하게 인식하는데, 다만 직원만이 브랜드가 상류층용이라고 인지하지 않을 뿐이다. 이 데이터는 브랜드의 성격이 젊잖음을 암시했다. 보통은 좋은 소식이다. 문제는 이 브랜드가 젊은이 브랜드라는 점이었다. 연관성을 획득하려면 더 대담하고 멋지고 창의적이고 현대적이어야 했다. 무엇보다도 브랜드에서는 이런 특징이 두드러지지 않았다. 이렇게 얻은 통찰은 나중에 브랜드 경험 전략을 세울 때 반영했다.

그림 12.1 브랜드 개성 측정

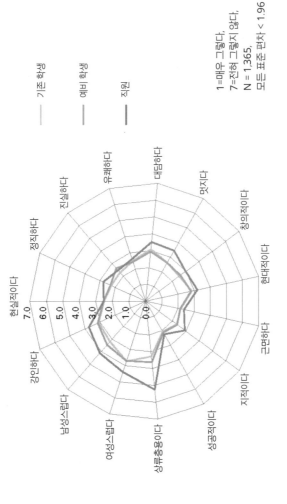

기존 학생

예비 학생

직원

1=매우 그렇다,
7=전혀 그렇지 않다,
N = 1,365,
모든 표준 편차 < 1.96

현실적이다
7.0
6.0
5.0
4.0
3.0
2.0
1.0
0.0

정직하다
진실하다
유쾌하다
대담하다
멋지다
창의적이다
현대적이다
근면하다
지적이다
성공적이다
상류층용이다
여성스럽다
남성스럽다
강인하다

출처: 웨이브렝스 마케팅 프로젝트, 트래픽 마케팅 & 커뮤니케이션 유한회사(Traffic Marketing & Communications)와 합작.

브랜드 경험 디자인 바이블

왜 브랜드에 개성을 부여하는가?

브랜드에 개성을 부여하는 일은 사람들이 무생물에 인간다운 특징을 부여하는 기질을 이용한다. 이 과정은 '의인화'라고 하며 매우 중요한데, 브랜드에 개성을 주입하면 사람들이 조직이나 제품, 서비스, 브랜드 관련 경험에 감정적인 수준으로 엮일 수 있기 때문이다. 폭스바겐 비틀VW Beetle인 허비Herbie는 고전적인 브랜드 개성이다. 전 세계 사람들의 마음을 훔친 것은 자동차가 아니었다. 허비가 보여준 충성스럽고, 뻔뻔하고, 잘 노는 성격이 자동차 주변에 감정이라는 포장지를 둘렀고 사람을 끌어당긴 것이다.

브랜드 개성은 자기 표현적 가치를 전달한다. 선사시대부터 사람들은 상징을 이용해서 자기를 표현했다. 사냥꾼은 자기가 죽인 동물 가죽을 몸에 걸침으로써 사냥 솜씨를 뽐냈다. 수천 년 후로 넘어와서 동일한 원칙을 적용해 보자. 세계에서 가장 훌륭한 레스토랑에서 식사한다는 것은 여러분이 안목 있고, 고상하고, 교양 있다고 말해 준다. 대형 투자 은행에서 여러분의 주식 상장을 관리해준다는 것은 여러분의 회사가 건실하다는 뜻이다. 동네 소규모 양조장에서 만든 맥주를 마신다는 것은 여러분이 지역 사업과 공동체를 염려하며, 맥주 애호가이기도 하다는 점을 보여준다.

사람은 복잡하고 다면적이다. 우리는 특정 맥락에서 관계를 맺은 브랜드를 통해서(또는 그런 브랜드를 만들지 않음으로써) 정도는 다르지만 다양한 성격이나 '자아'를 표현한다. 이런 자아는 다음과 같을 수 있다.

- '실제 자아actual self' - 홀리데이 인Holiday Inn에 머무는 실속파 임원
- '이상적 자아ideal self' - 뫼벤픽Mövenpick에 머무는 고상한 임원
- '사회적 자아social self' - 가족이 운영하는 해변 방갈로에 머무는 소탈한 사람
- '이상적인 사회적 자아ideal social self' - JW 메리어트JW Marriott에 머물면서 옥상 클럽에서 열린 그 도시의 친목회에 참석하여 칵테일을 홀짝이는 고상한 사교계 명사

상황에 따라 다르지만, 우리는 브랜드 개성을 이용하여 우리가 누구인지나 어떤 존재로서 인정받고 싶은지를 공표한다. 이는 브랜드 경험을 강력하게 구축하는 일을 암시하며 이해관계자의 관점에서 생각해야 한다는 뜻이다. '이 브랜드는 관계를 맺었을 때 나를 어떻게 표현해주나?'

연구에 따르면 고객이 사회적이고 개인적인 정체성을 표현하도록 돕는 브랜드는 더 탄탄한 브랜드 성과를 누린다. 이런 브랜드는 '사회적 통화'를 보유하며, 고객은 평균적으로 그 브랜드를 선택할 확률이 27% 더 높고, 할증된 가격을 낼 의사도 19% 더 큰데, 사회적이고 개인적인 표현적 가치를 브랜드

가 전달해주기 때문이다. 다른 연구에서도 우리가 타인을 평가하거나 그 반대인 상황에서 브랜드가 사회적 통화로서 수행하는 역할을 뒷받침한다.

브랜드 개성을 분명하게 이해하고 표현하면 외부 대행사를 더 효과적으로 관리하는 데도 도움이 된다. 브랜드 프로필을 작성해보니 조지 클루니George Clooney가 됐다고 하자. 성숙하고, 고상하고, 멋지다. 대행사에 업무를 지시하고 브랜드의 가치, 에센스, 약속, 포지셔닝을 공유하다 보면, 때로는 뒤이은 행동이나 커뮤니케이션, 디자인을 잘못 사용하기도 하는데, 단어를 다르게 해석할 수 있기 때문이다. 이때 브랜드 개성을 조지 클루니와 비슷하다고 말할 수도 있는데, 브랜드 경험의 핵심 요소를 더 확실하고, 명확하고, 쉬운 방식으로 전달함으로써 오해가 생길 가능성을 최소화하는 데 도움이 되는 또 다른 방법이다.

브랜드 개성은 실제 사람이나 마스코트가 될 수 있나?

브랜드 개성은 실제나 허구 속 사람에 기초할 수 있다. 어느 쪽을 선택하든 그 사람을 이용하는 데는 앞서 짧게 설명한 논리가 뒷받침된다.

어떤 브랜드는 실제 사람을 이용해서 브랜드에 개성을 부여하는데, 그 사람한테서 발생하는 호감 가는 브랜드 연상이나 '자산'을 통해 이득을 보길 원하기 때문이다. 예를 들어 에미레이트Emirates와 에티하드Etihad는 각각 제니퍼 애니스톤Jennifer Aniston과 니콜 키드민Nicole Kidman을 브랜드 홍보대사로 임명했다. 목표는 이 세계적이고 세련된 스타 덕에 브랜드에 후광효과가 발생하는 것이었다. 만다린 오리엔탈Mandarin Oriental은 루시 리우Lucy Liu 같은 유명인을 활용해서 세계적인 함의를 바탕으로 동양적인 뿌리를 강화했으며, 로레알 파리는 헬렌 미렌Helen Mirren을 고용하여 에이지 퍼펙트Age Perfect 노화 방지 보습크림을 홍보하는 '완벽한 나이The Perfect Age' 캠페인을 진행했다. 워커스 감자칩Walkers Crisps은 전직 영국 축구선수인 게리 리네커Gary Lineker와 오랫동안 관계를 맺고 있다. 리네커는 레스터Leicester에서 태어나 레스터 시티 FCLeicester City FC에서 경기를 뛰었는데, 이 브랜드가 레스터에 뿌리를 두고 있다는 점에서 완벽한 인연이었다. 전문가의 조언 코너에서 아이셰율 야지치Ayşegül Yazıcı는 터키 항공Turkish Airlines이 세계적인 스포츠 스타 2명과 함께 소셜 미디어 주도형 접근법을 사용함으로써 이 브랜드가 국제 운행 범위에 대한 인지도를 높인 방법을 간단하게 설명한다.

터키 항공은 소셜 미디어와 스포츠 스타를 어떻게 이용하여 매력적인 브랜드 경험을 구축했나?

아이세율 야지치, 터키 항공 온라인 지역 마케팅 전문가

디지털 채널을 전반적인 브랜드 경험에 성공적으로 집어넣으려면, 마케팅 담당은 어느 채널과 어떤 콘텐츠 유형이 효과가 있는지 이해해야 한다. 2014년 맥킨지 보고서에 따르면, 향후 5년 동안 디지털 광고는 가장 빠르게 성장하는 광고 부문이 될 것이며 2018년까지 연간 총 성장률이 15.1%에 이를 것으로 예상하는데, 이와 비교해서 TV(일반 광고, 옥외 광고, 영화관 광고 포함) 광고는 5% 성장할 것으로 보인다. 터키 항공은 통합된 디지털 마케팅 캠페인을 계획할 때는 어떤 채널이 효과를 발휘하고 사업에 영향을 주는지 이해하는 일이 중요하다는 사실을 안다.

2013년에 터키 항공은 '네 세계를 넓혀라Widen Your World' 캠페인을 시작했다. 여기서는 터키 항공이 어떻게 세계 그 어떤 항공사보다 더 많은 나라로 비행하는지를 보여주었다. 이 회사는 코비 브라이언트Kobe Bryant와 리오넬 메시Lionel Messi라는 스포츠 스타를 브랜드 홍보대사로서 광고에 기용하기로 했다. TV 광고에서는 브라이언트와 메시가 가장 이국적인 셀카를

찍기 위해 경쟁하는데, 이동수단으로 터키 항공을 이용하는 모습을 보여줬다(그림 12.2 참고). 목적은 유럽, 북미, 중동, 극동 지방에서 브랜드 인지도를 높이고, 대상 시장에서 매력을 발산하는 인물을 이용하는 것이었다. '셀카'는 2013년에 가장 많이 검색한 단어이기도 해서, 터키 항공은 이런 새로운 국면을 상호작용하는 방식으로 유튜브라는 채널을 이용하여 활용하고자 했다.

그림 12.2 터키 항공은 유명한 인물(리오넬 메시와 코비 브라이언트)을 이용하여 국제 운행 범위에 대한 인지도를 높였다.

터키 항공은 사람들을 TV에서 디지털 세계로 불러들여서 더 매력적이고 연관성 있는 경험을 타깃 고객(18~34세, 즉 밀레니얼 세대)에게 전달하고자 했다. 이 대상 집단은 TV보다

브랜드 경험 디자인 바이블

디지털 미디어에 더 몰리기 때문에, 터키 항공은 유튜브를 필두로 하여 이 집단과 더 연관성 있는 채널을 이용해 브랜드 경험을 구축하길 원했다.

'네 세계를 넓혀라' 캠페인은 뛰어난 성과를 올렸다. 세계적인 브랜드 회상brand recall이 9% 증가했고, 첫 주에 조회 수가 7천7백만에 육박했으며, 터키 항공의 유튜브 브랜드 검색량은 3배로 늘었고, 구글 세계 브랜드 검색량은 16%가 증가했다. 이 일은 터키 항공에 있어 분수령이 됐고, 현재 소셜 미디어는 우리가 전달하는 브랜드 경험에서 핵심 역할을 하고 있다.

터키 항공은 터키 국책 항공사로 세계 그 어느 항공사보다 많은 나라로 비행한다.

알림: 터키 항공이 브라이언트 및 메시와 계약한 기간은 각각 2010~14년, 2012~15년이다.

브랜드 개성을 전달해줄 유명인을 선발할 때는 신중하게 생각해야 한다. 버클레이즈는 사무엘 L. 잭슨Samuel Leroy Jackson을 브랜드 커뮤니케이션에 기용했다가 큰 손해를 봤는데, 당시 잭슨이 영화에서 저속한 말을 했기 때문이다. 이런 브랜드 연상은 버클레이즈를 찾는 핵심 고객에게는 잘 맞지 않았

다. 말레이시아 정부는 브랜드 피트Brad Pitt가 나오는 토요타 광고를 금지했는데, 말레이시아 정부 인사 중 몇몇이 느끼기에 아시아 사람이 아니라 코카서스 사람을 기용하면 현지인 사이에 열등감을 촉진할 수도 있기 때문이다. 한 브랜드와 밀접하게 연관된 유명인을 기용하면 여러분이 한 일에 대한 결실을 그 다른 브랜드가 누릴 수도 있다. 반대로 유명인이 서너 브랜드와 함께 일하면 브랜드 연상을 희석할 수도 있으므로, 여러분이 바라는 고유한 연상을 얻는 데 더 큰 브랜드 지출이 필요할 것이다.

유명인을 통해서 브랜드에 개성을 부여하는 대신, 바람직한 브랜드 연상을 창조하고 연관성 있는 가치를 구현할 사람을 찾기도 한다. 올레이Olay, 캐피털 레코드Capitol Records, 모드Mode는 제휴를 맺고 비디오 몇 편을 찍었는데, 여기 출현하는 캐피털 레코드의 최고운영 책임자 미셸 쥬브라이어Michelle Jubelirer는 올레이의 타깃 고객과 연관성이 높아 보이는 인물이다. 쥬브라이어는 음악 산업계에서 영향력이 큰 경영자이자 젊은 엄마들이 선망하는 대상인데, 부담이 큰 두 가지 역할에 균형을 잡는 와중에도 시간을 내어 멋지게 꾸미고 유쾌하게 생활하기 때문이다. 올레이는 쥬브라이어 같은 사람을 통해 이런 어려움을 다루면서 타깃 고객에게 말을 거는데, 이 고객들은 어머니이자 직장인이라는 어려움에 동질감을 느끼기 때문이다. 올레이 제품이 등장하는 이 동영상 시리즈는 2주 만에 1

천만 조회 수를 기록했다. 싱가포르 항공Singapore Airlines의 승무원은 또 다른 사례를 보여준다. 이 승무원은 영원한 품위와 교양, 세련됨을 전달하는데, 이는 더 넓은 브랜드 경험에 완벽하게 들어맞는다. 영국에서는 옥소(Oxo, 여기서 생산하는 고형 육수는 그레이비나 다른 소스를 만들 때 사용한다)가 가상으로 가족을 창조해서 옥소 그레이비 소스를 수북하게 쌓아놓고 일요일에 바비큐 파티를 즐기는 모습을 보여주었다. 진짜 가족은 아니었지만, 상황은 진짜였다. 이점은 연관성 있게 공감할만한 기반을 제공했다. 점점 더 많은 브랜드가 커뮤니티에 활발하게 참여하는 소셜 미디어 인플루언서(유명인은 아닐 수도 있다)를 고용해서 그 청자한테 접근하는데, 사람들이 유명인보다 인플루언서를 더 가깝게 느끼기 때문이다. 이런 접근법은 밀레니얼 세대 및 Z세대와 특히 잘 공명하는데, 이들 세대는 인플루언서가 더 정직하다고 인식하기 때문이다.

브랜드는 가상 인물을 마스코트 형태로 창조하기도 하는데, 이 인물을 통해 브랜드의 감정적 요소를 전달함으로써 의미 있는 차별점을 제공할 수 있을 때 이런 선택을 한다. 그러면 이 가상 인물은 귀중한 브랜드 자산이 된다. 미쉐린 맨Michelin Man과 듀라셀 버니Duracell Bunny는 내구성을 대표한다. 베티 크로커Betty Crocker는 가정과 양육, 어머니를 연상시키면서, 보살핌과 위안을 주는 브랜드를 암시한다. 처칠 보험Churchill Insurance의 개는 평범한 개가 아니다. 영국산 불독이다. 전시에 영국 총리를 역임했던 윈스턴 처칠이 가장 좋아했던 종이자, 신뢰와 강인함, 충성심이라는 성격의 대명사로 인식되는 종이다. 여러분이 보험 회사에 바라는 점과 정확히 일치한다.

그림 12.3 웨이브렝스 마케팅의 브랜드 마스코트인 웨이비Wavey 제작 과정

가상 인물을 사용하면 장수를 촉진한다. 이 인물은 강력한 브랜드 자산이 되어 수년 또는 수십 년까지 존재할 수도 있다. 로널드 맥도날드Ronald McDonald, 버즈아이 선장Captain Birdseye, 퀘이커 오트Quaker Oats에서 보이는 얼굴은 거의 신화와도 같은 지위를 차지했고 유명인은 할 수 없는 방식으로 사회 조직에 얽혀 들어간 브랜드 개성의 사례다. 맞춤 재단했지만 일관된 브랜드 경험을 전 세계에 수십 년 동안 전달하는 데도 이런 인물이 중요한 역할을 한다. 예를 들어 태국에서는 로널드 맥도날드가 '사 와 디(안녕하세요)'이라고 말하려는 것처럼 양손을

기도하듯 모으고 살짝 고개를 숙이며 손님을 맞이한다. 웨이
브렝스에서 우리는 삽화가인 클라우디오 나카리Claudio Naccari
와 긴밀하게 협력하여 '웨이비'를 만들었다(그림 12.3). 웨이
비는 브랜드 전문가로, 브랜드에 관해 진지한 의견을 다소 쾌
활하게 제시한다(그림 12.4).

그림 12.4 브랜드 메시지를 전하는 웨이비

밀레니얼 세대는 중요합니다.
그들과 공감하고 관계를 맺으세요.

더는 사람들이 브랜드를 인지하는 방식을
통제할 수 없어요, 친구.

여러분과 함께 브랜드 경험을 공동 창조하는 데
필요한 도구를 고객에게 드리세요.

브랜드를 다중감각적으로 만들어서
더 기억에 잘 남게 해보세요.

절대로 과하게 약속하고 덜 이행하지 마세요.
치명적인 브랜드 마케팅 실수입니다.

새 상품을 출시할 때는 브랜드 에센스를
따라가세요.

투명한 브랜드를 구축하세요. 소셜 미디어
덕분에 이제는 숨을 곳이 없습니다.

여러분과 함께 브랜드 경험을 공동 창조하는 데
필요한 도구를 고객에게 드리세요.

결론

브랜드에 개성을 부여하려면 라이프 스타일, 관심사, 가치, 이야기 등과 관련하여 사람 같은 성격을 주입해야 한다. 이는 사람들이 무생물에 인간적인 성격을 부여하곤 하는 경향을 이용하는 것이다. 브랜드 개성은 이해관계자가 브랜드와 감정적인 수준에서 관계를 맺는 데 도움이 되는데, 감정은 선택을 좌우하는 주요 동인이므로 이 과정은 매우 중요하다(4장 참고).

브랜드 경험을 구축할 때는 예산이 허용하는 범위에서 마스코트를 만들거나 유명인을 비롯하여 여타 실제 또는 가상 인물과 함께 일하고 싶을 수도 있다. 어떤 접근법을 따르든, 핵심은 여러분의 브랜드를 구현하고 여러분 이해관계자가 동질감을 느낄만한 특성이 있는 인물을 이용하거나 창조하는 것이다. 그렇게 하면 여러분의 브랜드는 연관성 있다고 인식될 것이고, 이해관계자도 여러분의 브랜드와 연관되길 강력하게 바랄 것이다.

요약:
브랜드 경험 환경과
핵심 요소

이 책 1부에서는 브랜드 경험 환경을 소개했다. 브랜드 경험 환경이란 여러분이 브랜드 경험의 핵심 요소를 개발하고 정의할 때 신경을 써야 하는 더 넓은 맥락이다. 브랜드 경험 환경은 다음 4가지 요소로 구성된다.

- **이해관계자 이해하기:** 이해관계자 프로필 분석하기, 이해관계자가 '일을 완성하도록' 돕기, 이해관계자의 참여 장려하기, 이해관계자의 기대 관리하기
- **관점 미세 조정하기:** 투명성 수용하기, 전체론적 사고방식 채택하기, 가격이 아닌 가치를 통해 주로 경쟁하기, 인내심 가지기, 통제력을 상실했음을 인정하기
- **전달 기법 고려하기:** 유대감 조성하기, 공동 창조 활동 촉

브랜드 경험 디자인 바이블

진하기, 옴니채널로 경험 전달하기

- **데이터 중심 접근법 채택하기:** 강력한 통찰 획득하기, 전체론적으로 측정하기

이런 요소들이 브랜드 경험의 핵심 요소와 어떻게 상호작용하는지를 고민하느라 시간을 보냈다면 시간을 아주 잘 쓴 것인데, 2부에서 소개했던 브랜드 경험의 핵심 요소와 관련성이 높기 때문이다.

- **브랜드 가치:** 브랜드를 네다섯 개의 단어로 설명한다면 어떻게 하겠는가?
- **브랜드 에센스:** 브랜드를 두세 단어로 요약하라고 한다면, 무엇에 관한 것이라고 말하겠는가?
- **브랜드 약속:** 객관적 특징이 아니라 어떤 혜택을 브랜드가 전달하는가?
- **브랜드 포지셔닝:** 여러분은 경쟁자와 어떻게 다른가?
- **브랜드 개성:** 브랜드를 사람에 빗대어 설명한다면 누구라고 하겠는가?

브랜드 경험의 핵심 요소는 여러분이 브랜드 경험을 구축할 토대다. 또 다음과 같은 역할을 한다.

- 브랜드 경험을 구축할 때 허울이 아니라 실체에 여러분 정신을 집중시킨다.
- 브랜드 경험을 구축하는 작업을 더 빠르고 대규모로 처리하는 데 도움이 된다.
- 브랜드 경험 조력자(3부)를 더 연관성 있게 사용할 수 있는데, 브랜드 경험 환경 안에서 이것들을 개발하고 정의하기 때문이다.
- 브랜드 경험 조력자를 이용하여 브랜드에 생기를 불어넣을 때 적용할 수 있는 기본 논리가 생긴다.

브랜드 경험의 핵심 요소를 정의하고 개발할 때는 전체론적 방법론을 수용하는 것이 중요한데, 그래야 강력하고 온전한 통찰에 따라 브랜드 경험을 형성하기 때문이다. 브랜드 경험의 핵심 요소가 겹치는 부분이 생길 수도 있는데, 그러면 이 과정이 다소 반복적이라고 느낄 수도 있다.

그렇다 해도 걱정하지는 말자. 적절한 범위 내에서라면 오히려 좋은 신호이다. 여러분의 생각이 공통된 논리로 수렴함을 보여주기 때문이다. 다 갈래로 공격을 감행하면, 브랜드 경험의 핵심 요소라는 무형의 세계에서 브랜드 경험 조력자라는 유형의 세계로 이동할 때 오해가 발생할 확률이 줄어든다.

일부 관리자와 경영자는 브랜드 경험의 핵심 요소 다섯 가지 중 무엇부터 시작해야 하는지 묻는데, 서로 밀접하게 연관이 있으므로 정해진 순서는 없다.

가치에서 시작해서 에센스와 포지셔닝으로 이동한 다음 다시 가치를 다듬고 나서 약속으로 이동하고 그다음 개성으로 갈 수도 있다. 아니면 개성을 먼저 끌어낸 다음 그 개성과 관련하여 주요 질문을 하는 것을 더 쉽게 느낄 수도 있다. 예를 들면 이렇게 말이다. '그 사람을 어떻게 네다섯 단어로 설명하겠는가?'(가치), '그 사람을 두세 단어로 요약한다면, 어떤 사람이라고 말하겠는가?'(에센스), '그 사람은(경쟁자의 개성과는) 어떻게 차별화되는가?'(포지셔닝), '그 사람은 어떤 혜택을 전달하는가?'(약속).

내가 클라이언트를 위해 사용하는 접근법은 그 조직의 부문과 문화, 창의력을 발휘하기에 편안한 영역에 따라 다르다. 창의적이고 자유로운 사상가라면 브랜드 개성을 짜 맞추는 작업부터 시작하는 접근법이 잘 맞는다. 더 격식을 차리고 의견을 잘 터놓지 않는 조직이라면 가치부터 시작하는 편이 더 효과적인데, 언어가 더 익숙할 것이기 때문이다. 어느 쪽이든, 브랜드 경험의 핵심 요소를 정의하려면 반복 작업을 거쳐야 한다. 브랜드 경험의 핵심 요소는 브랜드 경험 환경을 염두에 두고서 개발하고 정제하고 정의하는 과정을 거쳐 등장할 것이다.

브랜드 경험의 핵심 요소를 정의하기 위해 어떤 접근법을 채택했는지와 상관없이, 이 반복적이고 전체론적인 접근법은 사용할 만한 가치가 있으며, 이는 행동과 커뮤니케이션, 디자인을 통해 브랜드 경험이 기능하기 시작할 때 분명하게 드러날 것이다.

3부

브랜드 경험 조력자

그림 P3.1 브랜드 경험 청사진: 브랜드 경험 조력자에 집중할 때

브랜드 경험 측정(직원, 브랜드, 재무)

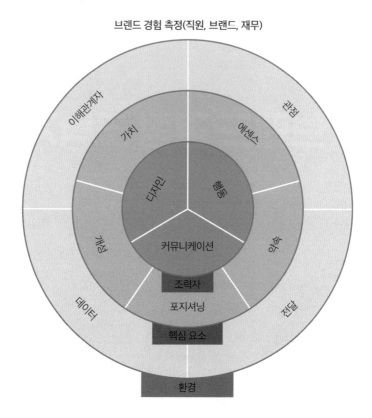

3부에서 브랜드 경험 조력자에 관해 읽으면, 다음의 3가지를 이용하여 브랜드 경험의 핵심 요소에 생명을 불어넣는 데 도움이 될 것이다.

- 직원 행동
- 디자인

- 커뮤니케이션

3부를 읽으면서는 브랜드 경험의 핵심 요소를 현실적으로 표현하려면 브랜드 경험 조력자를 어떻게 이용해야 할지 고민해야 한다. 표 p3.1은 브랜드 경험의 핵심 요소와 브랜드 경험 조력자를 연결하는 데 도움이 될 질문 사례를 자세하게 보여준다. 이 표는 매우 중요하다. 여러분이 브랜드 경험을 구축하는 일에 관해 더 깊고(브랜드 경험의 핵심 요소), 더 넓게(브랜드 경험 조력자) 생각하도록 장려하기 때문이다.

표 P3.1 브랜드 경험의 핵심 요소를 조력자와 연결하기: 스스로 물어볼 질문

	행동	커뮤니케이션	디자인
가치	우리의 가치를 지지하는 방식으로 행동할 직원은 어떻게 채용하나?	가치를 매력적으로 전달하려면 소셜 미디어는 어떻게 이용해야 하나?	어떻게 디자인을 활용하여 가치에 생기를 불어넣는가?
에센스	어떤 행동이 우리의 에센스 경계 내에 맞거나 맞지 않는지 이해하도록 직원을 안내/교육하려면 어떻게 해야 하나?	스마트폰을 어떻게 이용하면 우리의 에센스 범위 내에서 맞춤형 경험을 전달하는 데 도움이 되는가?	어떻게 디자인을 동원하면 에센스의 범위에 맞게 경험을 구축할 수 있나?
약속	직원이 브랜드 경험 관련 혜택을 전달하는 데 있어 각자 맡은 역할을 이해하도록 교육하려면 어떻게 해야 하나?	경험을 통해 상호작용하며 제공할만한 혜택을 전하는 데 게임화 기법은 어떻게 이용할 수 있나?	디자인을 어떻게 사용하면 브랜드 경험 관련 혜택을 연관성 있게 전달하는 데 도움이 되는가?

포지셔닝	바람직한 포지셔닝에 맞게 행동하는 직원을 이렇게 찾아내어 (금전적/비금전적으로) 보상을 할까?	포지셔닝에 관해서 직원한테 동의를 구하려면 내부 커뮤니케이션을 어떻게 조성해야 하는가?	어떻게 포지셔닝을 뒷받침하도록 디자인을 사용하나?
개성	우리의 개성을 반영하는 식으로 퇴직자 면담을 진행하려면 어떻게 해야 하나?	어떻게 하면 우리의 개성을 표현하는 데 도움이 되는 대화에 커뮤니티를 끌어들일 수 있나?	디자인을 통해 어떻게 개성을 표현하는가?

브랜드 경험 환경과 브랜드 경험의 핵심 요소를 다뤘던 때와 마찬가지로, 브랜드 경험의 핵심 요소와 브랜드 경험 조력자를 연결하는 일은 네모 칸에 체크 표시를 하는 일이 아니다. 어쩌면 행동을 통해서는 브랜드 에센스를 어떻게 전달해야 할지 생각이 나지 않을 수도 있다. 이런 일이 일어날 가능성은 적지만, 그렇다고 해도 걱정하지 말자. 디자인이나 커뮤니케이션을 이용하여 이 점을 보완할 수 있다. 브랜드 경험의 핵심 요소와 조력자로 구성한 표를 옷으로 생각하고 여러분한테 맞게 재단해야지 그 반대로 하면 안 된다.

표 p3.2는 국립공원이 어떻게 브랜드 경험의 핵심 요소와 브랜드 경험 조력자를 연결할 수 있었는지를 사례로 보여준다.

- **브랜드 가치:** 용기, 통찰, 가족 지향, 양심(이번 사례에서는 용기에만 집중하지만 다른 가치에 관해서도 동일한 연

습을 마쳐야 한다).

- **브랜드 약속**: 아이들이 자연에 가까이 가고, 자연을 존중하는 법을 배우고, 자연에 관한 지식을 키우고, 자연을 혼자서 탐험할 수 있는 자신감을 키우고, 주변 사람들한테 자연에 관해 알려주고, 자원을 잘 활용하는 방법, 예컨대 빗물을 재활용하는 방법에 관해 배우도록 돕는다(이 사례에서는 아이가 자연에 가까이 가도록 돕는 일에 집중한다).
- **브랜드 에센스**: 자연을 교육하는 모험.
- **브랜드 포지셔닝**: 모험을 좋아하는/친환경적인 공동체.
- **브랜드 개성**: 용감한 모험가로 자연을 사랑하고 탐구심이 많다.

브랜드 경험 조력자가 전체론적으로 협력하는 동안 가치가 얼마나 고유하고, 구체적이며, 능동적이고, 의도적이고, 균형 잡혔는지에 주목해주기 바란다. 표 P3.2를 읽다 보면, 조력자끼리 다소 겹치는 부분이 보일 수도 있다. 예를 들어 GPS 기반 애플리케이션은 커뮤니케이션과 디자인에 발을 거치며, 방문객이 공원을 탐험하도록 격려하는 직원은 행동 및 커뮤니케이션과 연관이 있다. 이렇게 겹치는 부분은 범위가 적절하다면 좋은 현상이다. 여러분의 생각이 하나로 모인다는 것을 보여주며, 덕분에 더 응집력 있고 일관성 있는 브랜드 경험을 전달할 수 있을 것이다.

표 P3.2 브랜드 경험의 핵심 요소를 조력자와 연결하기: 장소 브랜드 사례

	직원 행동	커뮤니케이션	디자인
가치 용기	방문객이 탐험하고 자연에 관해 직접 배우도록 격려 할 수 있게 직원들 교육하 여 기술과 자신감을 심어 준다.	다른 가족이 어떻게 진 짜 모험을 즐기면서 공 원에서 경이로운 자연 을 발견했는지를 일화 로 보여준다.	• 감각이 활성화될 만큼 강렬한 환경, 예컨대 영감을 주는 광대한 야생 풍경, 특 정 냄새의 감촉, 야생화 향기, 공원에서 자란 야생 음식의 맛 등을 조성한다. 이런 환경에서 모험을 느낄 수 있어야 한다. 발견을 향한 향해를 말이다. • 가족을 염두에 두고 설계한 엄티미디어 키오스크를 군데군데 배치하여 정보를 제공함으로써 공원을 탐험하며 새로운 사실을 발견하도록 장려한다.
에센스 자연을 교육하는 모험	복잡한 자연 요소를 간단 하면서도 흥미롭게, 예컨 대 비유나 복잡하지 않은 언어를 사용하여 설명할 수 있는 해박한 직원을 신 규 채용한다.	유쾌하고 활기찬 언어/ 어조를 사용한다.	• 사람들이(거의 인디에나 존스처럼) 탐험을 떠나도록 격려하는/부추기는 음악 을 방문자 센터에 틀어놓는다. • 이용 사례, 예컨대 젊은 가족이나 학교 전화 등을 기반으로 다양한 그게 어정 지도를 그림으로써 자연을 교육하는 모험을 전달하고자 목표한다.
약속 자연에 가까이 가기	어떻게 하면 동물한테 스 트레스를 주지 않으면서 관찰할 수 있는지를 아이 에게 보여주는 것이 중요 하다는 점을 인수인계 시 간에 강조한다.	방문객이 동식물에 가 까이 다가가서 관찰하 는 유튜브/인스타그램 콘텐츠를 게시한다.	• 어떻게 관찰해야 동물이 상호작용하는 방법에 대해 더 많이 배울 수 있는지를 오디오/비디오로 간단하게 설명한다. • 천연 서식지에서 만나는 여러 종이 전화 모습을 스토리보드로 보여줌으로써 맥락과 추가 통찰을 제공한다.

브랜드 경험 디자인 바이블

포지셔닝		
모험을 좋아하는/친환경적인 공동체	모험과 자연을 정말로 사랑한다는 사실을 보여줄 수 있는 사람을 채용한다.	소셜 미디어에서 방문객과 관계를 맺고 여러 분 공동체에 기입하도록 조대한 다음 모험환경 관련 주제에 대한 누스나 관점을 공유한다.	• 깔끔한 지표면 색초록색, 갈색을 사용한다. • 재활용 가능한/재활용한 좋이로 음식을 포장한다. • 탁 트이고 푸른 공간을 이용해서 서로 안면을 트고 교제하도록 격려한다.

개성		
용감한 모험가로 자연을 사랑하고 탐구심이 많다	브랜드 개성을 지지하는 식으로, 예컨대 아이/부모한테 최근에 공원에서 무엇을 발견했느지 열정적으로 보여줌으로써 모험을 계속할 마음을 심어주는 식으로 행동하는 직원에게 보상을 지급한다.	공원 마스코트가 공원을 돌아다니면서 아이들이 직접 자연을 탐사하도록 격려한다. '엄마 아빠랑 같이 가서 살펴보면 어때? 엄청 멋져! 너도 좋아할 거야!'	• 예컨대 부츠를 신고, 휴대용 물병을 들고, 어깨에 배낭을 메는 등 브랜드 마스코트를 자연과 모험을 사랑하는 용감한 여행자처럼 꾸민다. • GPS 기반 스마트폰 애플리케이션에서 가상 브랜드 마스코트가 등장하여 공원을 안내하는 동시에 상시 퀴즈로 나오는 문제의 답을 발견하도록 격려한다.

14 / 행동

이 장에서는 브랜드 경험을 구축할 때 중요하지만, 종종 간과하곤 하는 직원 역할을 강조한다. 도입부에서는 인사부의 동료가 브랜드 경험을 구축하는 데 수행하는 중요한 역할을 간단하게 설명한다. 그다음에는 채용, 인수인계, 연수, 평가, 보상, 퇴직자 면담에 이르는 인사 처리 과정이 브랜드 경험의 핵심 요소를 가동하는 데 어떻게 도움이 되는지 자세히 설명한다. 이 장을 읽으면 왜 인사부의 동료와 긴밀하게 협력해야 하는지, 현실적으로 이를 어떻게 해야 직원이 행동을 통해 브랜드 경험의 핵심 요소에 생기를 불어넣을 수 있는지 이해하는 데 도움이 될 것이다.

이 장을 읽는 동안 브랜드 경험의 핵심 요소와 행동을 연결하는 것이 중요하다. 표 14.1에 등장하는 질문 사례에 대답

브랜드 경험 디자인 바이블

할 내용을 생각해보면 도움이 될 것이다.

표 P3.1 직원 행동을 브랜드 경험의 핵심 요소와 연결하기: 스스로 물어볼 질문

	행동
가치	우리의 가치를 지지하는 방식으로 행동할 직원은 어떻게 채용하나?
에센스	어떤 행동이 우리의 에센스 경계 내에 맞거나 맞지 않는지 이해하도록 직원을 안내/교육하려면 어떻게 해야 하나?
약속	직원이 브랜드 경험 관련 혜택을 전달하는 데 있어 각자 맡은 역할을 이해하도록 교육하려면 어떻게 해야 하나?
포지셔닝	바람직한 포지셔닝에 맞게 행동하는 직원을 어떻게 찾아내어(금전적으로/비금전적으로) 보상을 할까?
개성	우리의 개성을 반영하는 식으로 퇴직자 면담을 진행하려면 어떻게 해야 하나?

> '여러분은 세계에서 가장 환상적인 장소를 디자인하고 창조하고 건설할 수 있다. 하지만 그 꿈을 현실로 만드는 데는 사람이 필요하다.'
>
> 월트 디즈니Walt Disney

직원 행동과 브랜드 경험

연구에 따르면 직원 참여가 높은 회사는 다른 동종 회사보다 주당 순이익이 147% 높았으며, IBM이 운영하는 사업 가치 연구소Institute for Business Value에서 발견한 바에 따르면, 고객 경험을 통해 재무 성과를 크게 올리는 기업은 직원 경험employee experience을 우선으로 삼았다(그림 14.1).

이 통계는 타당하다. 직원은 브랜드 경험의 핵심 요소에 맞게 브랜드 경험을 재단할 능력이 있다. 또 다른 사람과 의미 있는 관계를 맺고자 하는 우리의 욕구를 충족시켜 줄 수 있으며, 현재로서는 가장 뛰어난 인공지능조차 할 수 없는 방식으로 공감 능력을 보여줄 수 있다. 대형 브랜드는 브랜드 경험에서 행동의 측면을 보강하는 데 더 신경을 쓴다. 예를 들어, 아마존과 마이크로소프트는 옴니채널 전략의 일부로서 물리적인 소매점에 투자하는데, 브랜드 경험 중 디지털적인 측면을 보완하기 위해서다.

브랜드 경험을 구축하는 일과 관련하여 부딪히는 행동상의 어려움은 인간 본능이 작동하면서 발생한다. 우리는 변덕스럽고, 예측 불가능하며, 감정적이다. 좋은 날이 있으면 나쁜 날도 있는데, 덕분에 직원을 통해 일관적으로 경험을 전달하기란 어렵지만, 그렇다고 불가능하지는 않다. 브랜드 마케팅 담당과 인사부는 긴밀하게 협력해야 한다. 점점 더 많은 브랜드에서도 이렇게 하기 시작하고 있다. 음료 및 주류를 생산하는 거대기업 인베브InBev는 인사 직무에 마케팅 전문가를 활발하게 채용하는데 고용주 브랜드를 통한 신규 채용을 돕기 위해서다. 디오네 리고르Dionne Ligoure는 전문가 통찰에서 카리브 항공Caribbean Airlines이 '진정한 카리브식' 경험을 전달하도록 돕기 위해 인사부가 수행하는 역할에 집중한다.

그림 14.1 브랜드 경험 성과에서 직원 경험이 차지하는 역할(n=600)

이기는 팀 구축하기: 성과가 뛰어난 기업은 다른 회사보다 직원 경험을 훨씬 더 우선시한다.

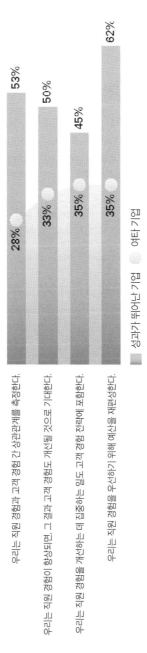

우리는 직원 경험과 고객 경험 간 상관관계를 측정한다. 28% / 53%

우리는 직원 경험이 향상되면, 그 결과 고객 경험도 개선될 것으로 기대한다. 33% / 50%

우리는 직원 경험을 개선하는 데 집중하는 일도 고객 경험 전략에 포함한다. 35% / 45%

우리는 직원 경험을 우선하기 위해 예산을 재편성한다. 35% / 62%

■ 성과가 뛰어난 기업 ● 여타 기업

출처: IBM(2016)

카리브 항공은 어떻게 '진정한 카리브식' 브랜드 경험을 전달하나?

디오네 리고르, 카리브 항공 기업 커뮤니케이션 대표

항공 산업은 경쟁적이고 역동적이다. 극심한 경쟁과 높은 원가, 낮은 이윤이 특징이며, 따라서 브랜드 경험은 경쟁 우위 competitive advantage를 점하는 데 있어 핵심이다.

카리브 항공은 '진정한 카리브식'이라는 포지션을 차지한다. 카리브라는 주제를 식사, 유니폼, 기업 색 조합, 제공 서비스에 반영한다. 카리브 문화는 주로 느긋함, 친절, 다정함, 다양성, 전문성과 연관이 있다. 우리의 브랜드의 포지셔닝은 카리브 문화와 교차하면서, '보살피고, 연결하고, 창조하는, 우리는 카리브인이다'라는 기업 원칙을 뒷받침한다. 고위 경영자부터, 실무자에 이르기까지 모든 직원은 이런 원칙을 인지하고, 일상 행동에 어떻게 반영해야 하는지 이해해야 한다.

카리브 항공 직원이 보여주는 전문성 있는 행동은 '카리브식'이라는 브랜드 연상을 강화하는 데 중요한 역할을 하는데, 직원은 고객과 접촉할 때마다 우리의 브랜드의 목소리를 대변하기 때문이다. 이 포지션을 뒷받침하는 식으로 자연스럽게 행동할 수 있는 직원을 뽑는 일이 꼭 필요하다. 예를 들어 우리의 항공사가 친절하고 다정한 분위기를 내려면 직원이 친절하고 다정해야 한다.

카리브 항공은 신규 채용 기간에 전 직원이 참여하는 오리엔테이션을 진행하면서, 우리의 브랜드를 소개하고 이를 전달하기 위해 직원이 맡아야 할 역할에 대해 간단히 설명한다. 우리의 브랜드 경험을 전달하는 데는 승무원이 특히 중요한 역할을 하므로, 승무원은 유난히 더 철저한 채용 과정, 오리엔테이션, 연례 재직자 훈련을 거친다. 직관적으로 카리브 문화가 떠오르는 우리의 브랜드 경험에 맞춰서 승무원이 행동하고 고객을 대접하는 데는 이런 훈련이 도움이 된다. 이런 인사 업무는 진정한 카리브 느낌이 나는 경험을 일관적으로 전달하는 데 중요한 역할을 하며, 우리가 성공을 거둔 핵심도 여기에 있다.

카리브 항공은 카리브지방과 북남미 지역에 있는 *18개 목적지로 매주 항공편을 600편 넘게 운행한다. 트리니다드토바고* Trinidad and Tobago*에 본사가, 자메이카*Jamaica*에 운영본부가 있는 카리브 항공은 직원을 1천6백 명 이상 고용하고 있다.*

케빈 코헤인Kevin Keohane과 데니스 리 욘Denise Lee Yohn 같은 저자는 직원 경험을 구축하는 데 있어 중요한 역할을 하는 수많은 활동을 인사부가 어떻게 책임지는지 간단하게 설명하는데, 이런 직원 경험은 궁극적으로 외부 브랜드 경험에까지 반영된다. 여기에는 신규 채용, 인수인계, 연수, 평가, 보상, 퇴직자 면담 등이 포함된다.

신규 채용

> '내 생각에 스티브 잡스Steve Jobs와 팀 쿡Tim Cook은 계속해서 애플의 가치를 전달하며, 그 가치는 모두가 참여하는 큰 이유다.'
>
> 안젤라 아렌츠Angela Ahrendts, 애플 스토어의 상무이사

신규 채용은 직원 후보가 적합한지를 기술과 경력, 그리고 브랜드 경험의 핵심 요소에 맞춰 행동할 수 있는 능력에 기초하여 알아보고 평가하는 데 도움이 된다. 신규 채용은 브랜드 경험을 구축하는 과정에서 매우 중요하지만 자주 간과하는 부분이다.

채용 과정을 거치다 보면 브랜드 가치를 더 예리하게 집중하게 된다. 앞서 브랜드 경험의 핵심 요소 중 브랜드 가치에

관해 다루면서 가치가 얼마나 중요한지 보여줬는데, 가치는 믿음에 영향을 주기 때문이었으며, 믿음이 중요한 이유는 행동에 영향을 주기 때문이었다. 만약 직원이 여러분의 브랜드와 가치부터 결이 맞는다면, 전반적인 브랜드 경험을 보조하는 행동에서 드러날 것이다. 직원과 브랜드가 맺는 제휴는 현재와 미래에 영향을 미친다는 점을 기억하길 바란다. 정적이지 않은 것이다. 성장하고 발전하고 진화하면서 브랜드가 염원하는 바를 지원하거나, 브랜드가 바라는 분위기를 조성할 준비가 된 사람을 고용해야 한다.

가치에 기반한 채용이 실전에서 어떻게 작동할 수 있는지 설명해보겠다. 브랜드 성과를 실망스럽게 거두던 호화 리조트가 웨이브렝스를 찾았다. 최고 마케팅 책임자는 편안하고, 세계적이고, 통찰력 있고, 고객 중심적이라는 가치에 따라 브랜드를 구축하기 위해 지역 대행사와 어떻게 협력했는지 간단히 설명했다. 이 가치는 좋아 보였고, 브랜드 커뮤니케이션, 웹사이트, 소셜 미디어까지도 이 가치를 잘 전달했다. 나는 첫 번째 대화만으로는 문제를 파악할 수 없었기에, 추가로 조사를 하고자 전화를 걸었다. 전화를 받은 사람은 성급했고, 영어가 형편없었으며, 계속 말을 끊고 내 질문을 듣지도 않았다. 문제가 명백해졌다. 나와 이야기했던 사람이 커뮤니케이션, 웹사이트, 소셜 미디어와 조화를 이루지 않았다. 이 사례는 극단적으로 들리긴 하지만, 직원 행동이 커뮤니케이션 및 디자인과 연결되지 않는 사례는 놀랄 만큼 흔하다.

이 문제를 해결하기 위해 우리는 최고 마케팅 책임자 및 인사부 대표와 긴밀하게 협력하여 수많은 인사 계획을 세웠다. 업무 흐름 중 하나는 면접 과정에 집중했다. 우리가 클라이언트에게 조언한 내용은 직원 후보한테 아주 구체적인 질문을 몇 가지 물어보라는 것이었다.

예를 들면 이렇다. '당신을 네다섯 단어로 설명한다면 어떻게 하시겠습니까?' 브랜드 가치와 적당히 비슷한 단어를 끌어내는 것이 목적이었다. 면접자가 리조트의 브랜드 가치와 적절하게 어울리는 대답을 했다면, 면접관은 다음 질문을 던졌다. '당신이 X라고 말했죠. 언제 본인이 X인 듯하다고 느꼈는지 몇 가지 사례를 들어 주시겠습니까?' 이렇게 행동과 관련해서 질문하자 면접을 진행하는 동안 적절한 지원자한테서 빛이 나기 시작하는 것이 눈에 띄었다. 이 지원자는 연관성 있는 이야기를 자세하게 회상할 수 있었는데, 그러면서 바람직한 브랜드 경험을 뒷받침하는 행동의 사례를 보여주었다. 이는 온라인으로 '면접에 관한 조사'를 하고 와서 '정답'을 그대로 따라 읊는 지원자를 걸러내는 데도 도움이 되었다.

면접을 진행하는 동안 지원자를 최종 점검하고자 '만약 … 라면 어떻게 하겠습니까?'라는 질문을 던졌는데, 리조트 직원이 자주 다루는 현실적이고 반복되는 문제를 바탕으로 했다. 질문은 너무 일찍 도착해서 체크인하려고 하는 손님이나, 체크아웃하려는 데 결제 가능한 신용카드가 없는 손님, 고위 간부의 경우에는 팀 내에서 발생하는 민감하거나 현실적인 문제를 처리하는 일 등과 관련이 있었다. 그러자 지원자가 특정한 상황에서 바람직하게 행동할 수 있을지, 그러니까 연관성 있는 가치를 지녔음이 보이는지를 관리팀이 판단하는 데 도움이 되었다.

수많은 앞서가는 브랜드가 직원 후보가 지닌 가치를 다양한 방식으로 식별한다. 사우스웨스트 항공Southwest Airlines은 채용 과정에서 세 가지 주요 자질을 구현하는 사람을 찾는다. 무사 같은 정신(남보다 뛰어나려고 하고, 용감하게 행동하고, 인내하고, 혁신하려는 욕구), 하인 같은 마음(남을 먼저 생각하고, 모두를 존중하며, 고객에게 주도적으로 봉사하는 성격), 재미를 추구하는 태도(열정 있고, 기쁨이 넘치며, 지나치게 진지한 상황은 피하는 성향)다. 자격을 똑같이 갖춘 지원자 두 명이 최종 선발절차까지 올라갔다면, 회사가 지향하는 가치와 더 가까운 태도를 보이는 사람이 일자리를 획득할 것이다. 찰스 슈와브 자산운용사Charles Schwab Corporation의 최고경영자인 월트 베팅거Walt Bettinger는 인터뷰 과정의 일부로서 직원 후보를 불러 아침 식사를 함께한다. 직원 후보가 모르는 사실은 자기가 주문한 음식이 의도적으로 잘못 나올 것이라는 점이다. 지원자가 역경에 대처하는 능력을 검증하려는 목적에서다. 베팅거는 직원 후보한테서 이 핵심 특성을 찾는다. 자포스

(Zappos)는 채용 과정에서 행동과 관련한 질문을 대여섯 가지 묻는데, 그 질문들은 직원 후보가 자포스의 핵심 가치에 얼마나 동의하는지를 나타내준다. 이와 마찬가지로, W 호텔(W는 '와!wow'의 약자라는 점에 주목하자)은 면접자가 사람들한테서 '와!' 소리가 나오게 했던 때를 이야기하고 W 호텔을 위해서는 어떻게 이런 일을 할 수 있는지 간단하게 설명하길 기대한다.

가치가 고유하고, 구체적이고, 능동적이고, 의도적이며, 균형 잡혀야 하는 것이 중요하다는 사실은 면접 과정에서 분명하게 드러난다. 여러분의 가치가 이 기준을 충족한다면, 면접자한테 '당신을 네다섯 단어로 설명하라면 어떻게 하시겠습니까?'라고 질문함으로써 알맞은 직원을 선별하고 그렇지 않은 사람을 거르는 데 도움이 될 것이다. 가치가 포괄적이고 그 정의도 조악하다면, 면접자 대다수가 내놓는 대답이 합리적으로 보일 것인데, 가치가 포괄적이면 수용 가능한 대답 범위도 넓기 때문이다. 이제 왜 고유하고, 구체적이고, 능동적이고, 의도적이며 균형 잡힌 가치가 그렇게 중요한지 이해가 가는가?

신규 채용을 하는 목적은 브랜드 가치를 구현해줄 직원을 찾는 데 그치지 않는다. 직원 후보가 브랜드 경험의 핵심 요소와 얼마나 잘 어울리는지 이해하고 조사하는 게 중요하다. 브랜드 에센스가 '아드레날린이 치솟는 쾌감'에 관한 것이라면, 이런 특징을 자연스레 표현하는 직원이 필요하다. 예를 들어 직원이 익스트림 스포츠를 좋아한다든지 말이다. 브랜드

브랜드 경험 디자인 바이블

약속의 핵심이 신뢰라면 여러분은 믿을 수 있는 직원을 찾아야 하며, 브랜드 포지셔닝이 파격적이고 외향적인 성향과 관련이 있다면 타고난 기질이 이를 뒷받침할 수 있는 직원을 모집해야 한다.

한가지 경고하자면, 브랜드 가치 및 다른 브랜드 경험의 핵심 요소와 결을 같이하는 직원을 채용하고 보유하는 것이 중요하다고 해서, 항상 고유한 이미지 안에서만 채용하려고 애써야 한다는 뜻은 아니다. 각자 경험이 다르고 사고방식이 다르며, 배경도 다양한 사람들로 직원을 구성하는 일은 중요하다. 연구에서 밝힌 바에 따르면 '직원이 다양할수록 기업은 재정 성과가 더 나았다.' 다양성과 포섭은 이 책에서 다루는 범위에 들어가지는 않지만, 언급조차 안 하기에는 너무 중요하다.

브랜드 인사이트에서 캐슬린 뮬렌Kathleen Mullen은 제너럴 일렉트릭GE, General Electric이 적절하게 기술을 갖춘 인재를 끌어모음으로써 디지털 산업 기업이라는 포지셔닝을 키우고 개발하는 데에 있어 신규 채용이 어떤 역할을 했기에 도움이 됐는지 간단하게 설명한다.

신규 채용은 어떻게 GE가 연관성을 유지하는 데
도움이 되는가?

캐슬린 뮬렌, GE 에너지 커넥션GE Energy Connections 사업본부 대표

GE는 세계에서 가장 유명한 브랜드 중 하나다. 125년을 존속한 기업으로서, GE는 오랫동안 진화하면서도, 타협 없는 성실함과 진보, 낙관주의라는 원칙에 따라, 예술 같은 경지에 다다른 제품과 서비스를 제공하는 데 진실하게 임했다.

최근 GE는 세계를 선도하는 디지털 산업 기업으로도 이름을 알렸다. GE라는 브랜드 휘하에서 모든 직무가 협력하여 브랜드 약속을 이행한다. 우리는 하나의 GE다. 우리의 브랜드는 진화를 거듭하며 GE가 업계를 바꾸는 모습을 보여주는데, 기계를 데이터나 사람과 연결함으로써, 도시가 더 매끄럽게 굴러가고, 비행기가 안전하게 이착륙하고, 병원에서 의료 서비스 공동체에 통합 돌봄서비스를 제공하는 데 도움을 준다.

우리는 더 현대적인 브랜드(디지털 산업 기업)로 진화하면서도 우리의 유산을 존중하고, 예술 같은 경지에 이른 제품과 세계에서 가장 어려운 몇 가지 문제를 풀 수 있는 해법(예를 들어 제3세계 국가에 저렴한 청정 전력을 제공한다)을 제공하는 문화를 유지하고 있으며, 캘리포니아주 샌 라몬San Ramon에

새 지사를 열고 '실리콘 밸리' 인재를 채용했다. 이 새로운 소프트웨어 부분은 'GE 디지털GE Digital'의 시작이었는데, 실리콘 밸리에 자리를 잡고 애플과 시스코Cisco처럼 거대한 기업에서 소프트웨어 부문 최고의 인재를 유인했다. 그렇게 하여 GE는 '디지털 산업 기업'으로 인정받기 시작했는데, 무언가 정말로 멋진 일을 하고, 전통적인 산업 제조 부문 대기업에서 앞을 내다보는 기술 회사로 변신한다는 인식을 심어주었다.

GE는 여전히 세계적인 산업 제조 부문 대기업으로 남아서, 최신 소프트웨어와 클라우드, 첨단 제안을 통합하고, 거대 산업 자산을 차별화한 제안에 연결하는 일에 도전한다. 이 도전에 손을 보태고자 '실리콘 밸리 최고의 인재'를 끌어들이면서 GE는 채용 전략을 바꿨는데, 새로운 기술 인재를 모으기 위해 광고 시리즈를 내보냈고, 애플과 구글, 시스코 같은 기업에 견줄 수 있는 보상 제도를 제안했다. 내보낸 광고는 자기가 '세상을 바꾸고 있는지'를 알고 싶은 소프트웨어 기술 부문의 신세대 인재를 겨냥했다. 오늘날 GE는 샌 로만 지사에 직원을 1천 7백 명 넘게 두고 있는데, 실리콘 밸리의 직장에 공통으로 들어가는 몇 가지 설계 요소가 여기 있는 사무실에도 들어갔다. 노출형 천장과 각종 기계, 보드게임, 공용 주방 등이 말이다. 그 밖에도 GE는 기술 부문 최고의 인재를 유혹하기 위한 행보로서, '마인드 + 머신' 그리고 변혁'Minds + Machines' and Transform이라는 세계적인 행사를 실리콘 밸리를 비롯하여 전 세계 곳곳에서 개최하기도 했다. 이런 최고급 '산업 인터넷Industrial Internet' 행사는 소프트웨어와 혁신, 그리고 GE의 고객이 가장 강력한 디지털 산업 결과를 실현하도록 돕는 데 집중한다.

GE는 최근에 기업 본사를 코네디컷주의 페어필드Fairfield 에서 매사추세츠주의 보스턴으로 이전한다고 발표했다. 그 핵심 이유 중 하나는 계속해서 기술 인재를 모집하기 위해서 다. 보스턴은 동부 해안 지방의 '실리콘 밸리'로 유명하며, GE 는 디지털 부문 최고의 인재를 모집하여 유지하는 것을 전략 기반으로 삼는다.

제너럴 일렉트릭은 세계적인 사업 다각화 기업diversified company 으로 전 세계 180개국이 넘는 곳에 지사를 두고, 전력, 석유 및 가스, 공업, 운송, 항공, 의료 서비스 업계에서 활약한다.

최고의 인재를 찾아서 끌어들이는 일은 점점 더 복잡한 과 제가 되고 있다. 브랜드는 직원 후보와 점점 더 많은 영역에서 상호작용하는데, 이는 고용주 브랜딩 작업의 일환이다. 더 일 관성 있고 조직화한 채용 경험을 전달하려면, 브랜드 경험의 핵심 요소에 따라 노력을 형성해야 한다. 연관성 있는 접점은 여러분의 웹사이트나 구인 구직 사이트, 글래스도어Glassdoor처 럼 직원 평가를 제공하는 웹사이트, (온라인 및 오프라인) 채

용 광고, 직원 소개 제도, 채용 대행업체, 대학과의 연계, 지원자 감상에 이르기까지 다양하며, 이를 통해 채용 방향이 잘못되면 감지할 수 있다.

소셜 미디어는 신규 채용과 관련해서 점점 더 중요한 역할을 한다. 링크드인LinkedIn 같이 공인된 채용 채널을 이용하거나, 그렇지 않더라도 콘텐츠를 공유함으로써 여러분의 브랜드 경험의 핵심 요소에 직원 후보가 관심을 두고 참여하도록 유도하기 때문이다. 수많은 기업이 인스타그램을 이용해서 자기 조직에서 일하는 것이 어떤지를 내부 관점으로 보여준다.

AT&T는 직원이 하루 동안 #AT&T에서의_삶#LifeAtATT을 공개하도록 허락하며, 자포스는 사무실 안팎에서 직원이 얼마나 즐겁게 지내는지 보여줌으로써 사람들이 사무실 견학을 신청하도록 장려한다. 몬델리즈Mondelez의 브랜드인 사우어 패치 키즈Sour Patch Kids에서는 직원이 스냅챗을 '탈취'해서 일상 스냅 사진을 올리고, 와비 파커는 브랜드를 둘러싼 이야기를 지어서 사람들한테 회사가 재밌고 실용적이라는 느낌을 준다.

머신러닝machine learning과 알고리즘을 이용해서 결정을 내리는 인공지능의 출현도 채용 경험에서 무시할 수 없는 부분이다. 인공지능이 발전하면 유니레버, 골드만 삭스Goldman Sachs, 제너럴 일렉트릭, 페이스북, IBM 같은 브랜드는 알고리즘을 이용하여 온라인 지원자 중 면접 대상을 고를 것이다. 채용 과정 중에서 초기 단계는 분명 인공지능을 주시해야 한다.

전통적으로 배타적이던 신규 채용 방법은 더 통합적이고 정교하고 미묘한 접근법에 밀려나고 있다. 이런 상황에서 승리하려면, 가장 똑똑한 인사 전문가가 그에 상응하는 브랜드 마케팅 전문가와 짝을 이뤄서, 실득력 있는 메시지, 연관성 있는 브랜드 스토리, 고용주 브랜드에 공헌하는 여타 체험 활동을 이용해 신규 채용을 강화해야 한다.

브랜드 경험의 핵심 요소에 맞춰 직원을 채용했다면, 다음 단계는 인수인계다.

인수인계

인수인계는 신입 직원이 고용주가 보유한 정책, 절차, 유산, 문화, 브랜드에 관해 배우도록 돕는다. 고급 브랜드인 에르메스 Hermès는 전체 신입사원을 대상으로 프로그램을 운영한다. 이 프로그램에서는 회사의 기원, 제품 개발 역사, 이야기를 공유한다. 직원은 자신이 뿌리가 깊은 어떤 곳의 일원이라는 사실을 깨달을 때, 조직의 직원을 대상으로 '주황색 상자 속Inside the Orange Box'이라는 3일짜리 인수인계 프로정체성과 자부심을 더 크게 느낀다. 이 효과는 상당히 고무적일 수 있다.

또 인수인계 중에는 브랜드 경험의 핵심 요소를 실현하는 데 직원이 맡을 역할에 관해 교육할 수 있는 이상적인 기회가 생긴다. 직무와 직급 수준에 따라 다르지만, 신입 직원을 브랜드 경험의 핵심 요소에 참여시키기 위해 인수인계 중에 활용할 수 있는 활동은 매우 많다. 신입 직원에게 다음과 같은 사항들을 요청할 수 있다.

- **브랜드 가치 상기하기.** 그러고 나서 논의를 촉진하면 브랜드 가치와 연관성 있는 행동을 알아냄으로써 일상적인 업무의 맥락에서 이들 가치가 무엇을 의미하는지 탐색할 수 있다. 논의는 안전하게 진행하고, 인수인계 참석자가 이 질문을 받을 것이라는 사실을 알고 있어서 준비하고 올 수 있도록 하는 것이 좋다.
- **브랜드 에센스 탐색하기.** 새로운 경험 중 어떤 유형이 브랜드 에센스 범위 안에 알맞거나 안 맞는지 브레인스토밍하고, 그런 경험에 생기를 불어넣는 데 자신이 어떤 역할을 할 수 있다고 생각하는지 간단하게 설명하도록 직원한테 요청한다.
- **브랜드 약속 검토하기.** 이는 공들여 전달해야 할 주요 혜택을 직원이 이해하는 데 도움이 될 것이다.
- **브랜드 포지셔닝 게임 하기.** 여기서 신입 직원한테 요청하는 일은 주요 경쟁자를 찾아내고, 여러분의 브랜드를 이들 경쟁자와 비교하여 포지셔닝 지도에 배치하는 것 등이다. 후속 논의에서는 각 직원이 브랜드 포지셔닝을 뒷받침하기 위해 수행하는 역할을 강조할 수 있다.

- **브랜드 개성 짝 맞추기.** 서먹함을 풀기에 아주 좋은 활동이며, 여러분이 브랜드와 연관 짓고 싶은 성격 유형을 설명하는 데 가벼운 마음으로 이용할 수 있다.

브랜드 경험 조력자를 교육하는 일환으로서 인수인계를 이용하는 것은 고객을 대면하는 직원한테 특히 중요하다. 직원들은 자기가 브랜드 경험에 부적절한 영향을 미쳐도 이를 거의 눈치채지 못한다. 5성급 호텔에서 경험을 만들거나 부수는 사람은 최고 마케팅 책임자가 아니다. 안내원이나 사환, 수영장 관리인 등이다. 언제든 인수인계 동안 이런 역설을 강조하면 좋은데, 직위에 상관없이 전 직원한테 자부심과 책임감을 심어줄 수 있기 때문이다. 나는 클라이언트사가 크게 영감을 불어넣고 권한을 부여하는 방식으로 이 일을 진행한 덕분에 직원이 키가 3m는 된 기분으로 방을 떠나는 모습을 목격했다. 단순한 사실을 진심으로 말하면 큰 의미를 전달할 수 있다.

직원은 인수인계를 받고 난 다음, 브랜드 경험의 핵심 요소를 자신 있고 일관성 있게 전달하는 데 필요한 기술을 개발해야 할 것이다. 여기에는 대개 훈련이 필요하다.

훈련

자기네 고객 경험 계획이 '진보적'이라고 생각하는 회사 중에는 35%만이 직원한테 훌륭한 경험을 제공하는 훈련 프로그램 및 계획을 세운다.

브랜드 경험을 구축하는 맥락에서 볼 때, 직원은 훈련을 통해 기술과 지식, 도구를 갖춤으로써 경쟁력 있고 자신 있게 브랜드 경험의 핵심 요소에 생기를 불어넣어야 한다. 세계적인 운송회사가 '협조성'이라는 가치를 지향한다면, 그 직원은 수송 중에 여권이 제자리로 가지 않아 어려움을 겪는 고객을 도와야 하는데, 사려 깊고 공감하는 어조로 고객을 돕기 위해 할 수 있는 모든 일을 하겠다고 분명하게 설명해야 한다. 선진 생명공학 브랜드가 '실용성'을 중심으로 포지셔닝 했다면, 전체 영업사원은 복잡한 제품 기능을 통해 얻는 혜택을 쉬운 언어로 '실물을 만지면서' 설명할 수 있어야 한다.

직원이 자연스럽고 독자적이며 '브랜드에 기반한' 방식으로 어려운 상황에 대처하는 데도 훈련은 도움이 된다. 어떤 항공사가 '효율성'을 중심으로 포지셔닝 했는데, 시간이 촉박한 상황에서 특정 고객 문제를 해결해야 한다면, 의례적인 인사는 두 번째 순위로 밀릴 수도 있다. 이 항공사 직원은 여기에 관해 이해해야 하는데, 그래야 겁내지 않고 자유롭게 이런 경험을 전달할 수 있기 때문이다. 리츠 칼튼이 보여주는 훌륭한 사례에서는 직원이 '브랜드에 기반하여' 경험을 전달할 수 있게 그 여지를 마련해 줬는데, 어떤 고객 불만에 대처하든 전 직원이 사고당 2만 달러라는 기밀비를 사용할 수 있도록 허용했다. 대다수 브랜드는 전 직원한테 이 정도로 예산을 허용할 수는 없지만, 레저, 항공, 여행 부문에서는 직원한테 어느 정도 금액을 문제 해결에 사용하도록 허용하는 원칙이 잘 작동하는 모습을 보였다. 따라서 브랜드 경험 훈련은 직원이 브랜드 경험의 핵심 요소를 반영하여 재량으로 판단을 내리는 데 도움이 돼야 한다. 이렇게 판단을 내리려면 브랜드 경험의 핵심 요소를 맥락 안에서 직관적으로 이해할 수 있어야만 한다. 그렇지 않다면 한쪽 극단에서는 경험이 비일관적으로 느껴질 수 있으며 다른 쪽에서는 대본을 읽는 듯하고, 꾸민 듯하며, 고루하게 느껴질 위험이 있다. 이 균형을 맞추기란 쉽지 않지만, 브랜드 경험의 핵심 요소를 효과적으로 훈련하면 어느 정도 도움이 될 것이다.

훈련할 때는 상당한 재정적 부담이 발생할 수도 있지만, 점점 많은 브랜드가 정규 훈련 센터를 짓고 맞춤형 훈련 프로그램을 개발했는데, 직원이 브랜드 경험을 전달하는 데 중요한 역할을 한다는 점을 이해하기 때문이다.

메이뱅크와 CIMB처럼 동남아시아에서 앞서가는 금융 기관에는 전용 훈련 아카데미가 있으며, 영국에 본사를 둔 도전자 브랜드challenger brand인 메트로 뱅크Metro Bank는 서비스 중심 경험에서 직원이 차지하는 중요한 역할을 교육하고 안내하기 위한 '대학'이 있다.

프레 타 망제Pret A Manger 소속 '아카데미'는 직원한테 브랜드 가치와 일치하는 식으로 행동하는 법을 교육한다. 고급 부티크 소매업체인 하비 니콜스Harvey Nichol는 자사 소속 '스타일 아카데미Style Academy'에서 2일짜리 훈련 프로그램을 운영한다. 이 훈련을 받고 나면 직원은 손님이 '대담하게 맵시'를 뽐내도록 조언할 수 있다. 이 '대담한 맵시'는 하비 니콜스 브랜드의 핵심을 차지하는 것이다. 첫 번째 날에는 색과 재단, 형태, 그리고 사람을 맵시 있게 꾸미는 법을 배우고, 두 번째 날에는 고객이 매장에서 원하는 것을 발견할 수 있도록 돕는 기술을 익힌다.

글렌피딕Glenfiddich 위스키와 핸드릭스Hendrick's 진 같은 브랜드를 소유한 윌리엄 그랜트 앤 선즈William Grant & Sons는 2년짜리 사내 '마케팅 기초Marketing Fundamentals' 프로그램을 개발했는데, 여기서는 유서 깊은 브랜드를 만드는 절차와 원칙, 그리고 이것이 브랜드 경험을 전달하는 데 수행하는 역할을 직원이 이해하도록 돕는다.

벨기에 고급 초콜릿 브랜드인 노이하우스Neuhaus 역시 소매점 관리자와 고객을 응대하는 직원을 훈련하는 데 크게 투자하는데, 덕분에 직원은 '우아함'이라는 개념과 이 개념을 전달하는 데 자기가 맡은 역할을 배운다. 노이하우스 매장에 들어갔을 때 고급스럽고 배려받는 느낌이 들도록 고객 경험을 만드는 것은 브랜드 경험에서 중요한 부분을 차지한다. 디즈니에는 직원과 공연 출연진을 위한 '대학'이 있는데, 여기서는 어떻게 행복과 마법을 만들어서 경험에 담아 전달하는지를 교육한다.

웨이브렝스는 동남아시아에서 앞서가는 은행 한 곳을 위해 1주일짜리 맞춤형 고급 마케팅 프로그램Advanced Marketing Programme을 진행했다. 동남아시아 전역에서 높은 성과를 기록한 직원 20명을 엄중히 선별한 다음, 브랜드 경험의 핵심 요소와 결을 같이하여 경험을 구축하는 데 집중하는 이 프로그램에 참여하도록 초청했다. 웨이브렝스에서는 전문 법률 사무소가 가치가 낮고 공공 기금을 마련하는 업무에서 벗어나서 고급스럽고 개인적인 업무를 맡도록 자리를 옮기는 일도 도왔다. 이 프로젝트에서 핵심을 차지한 부분은 더 넓은 디자인 및 커뮤니케이션 작업을 통해 생긴 인식을 안내원을 포함하여 사무를 보조하고 클라이언트를 응대하는 직원이 행동을 통해 지원할 수 있도록 교육하는 것이었다.

훈련과 관련한 비법은 상호작용을 유지하는 것이다. 여러분은 사례 연구, 역할극, 모의실험, 집단 활동, 게임을 이용할 수 있다. 이런 도구를 이용하면 새로운 콘텐츠를 소개하면서 참가자가 배운 내용을 실전에서 사용할 수 있게 도와줄 수 있다.

당연하게 들릴 수도 있지만, 많은 훈련 프로그램이 지식만 전달할 뿐 참석자가 직장에서 그 지식을 실제로 유용하게 적용할 수 있도록 돕지는 않는다. 몇 년 전, 우리는 브랜드 경험 관련 문제에 부닥친 항공 부문 기업과 함께 일했다. 한 가지 주요 문제는 가치와 연관이 있었다. 가치가 너무 포괄적이었고 능동적인 틀을 갖추고 있지 않았으며, 그 때문에 바람직한 '브랜드 기반' 행동을 장려하지 못했다. 겹치기도 해서 일부 가치는 불필요했다. 워크숍 초기 단계에서는 간부급 참석자 전체가 거의 맹목적으로 가치를 제창하는 데 거리낌이 없었다. 가치가 문제를 일으킨다고 생각하지 않은 것이다. 클라이언트-대행사 간 역할극을 했는데, 행동과 커뮤니케이션, 디자인을 통해 가치를 어떻게 구현할 수 있는지 알아내는 것이 그 목적이었다. 가치가 실용적으로 사용하기에는 한계가 있다는 점이 분명해 지면서 사람들은 서서히 활동을 멈추고 힘을 잃었다. 그다음 주에는 가치를 새롭게 정의하는 프로그램을 시작했다. 클라이언트-대행사 간 역할극이 없었다면, 대표자들은 이런 중요한 통찰을 이해할 수 없었을 것이다.

평가

엑센츄어Accenture와 딜로이트Deloitte, PwC, 아마존, IBM, 마이크로소프트, 어도비, GE 같은 회사들은 더는 연례 인사고과에 주로 의존하여 직원을 평가하지 않는다. 이들 회사는 일 년 동안 연속해서 점진적으로 평가 과정을 전개하기로 했는데, 면담이나 '업무 보고'를 진행하면서 직원한테 단계별로 의견과 지침을 제공하는 일에 기초한다. 과거를 돌아보는 연례 평가보다는 앞을 내다보는 발전과 조언에 집중한다.

평가에 이런 식으로 접근하면 다양한 혜택이 따른다.

- 직원이 더 협력하고 덜 경쟁하도록 독려한다. 연례 인사고과, 특히 강제로 순위를 나누는 인사고과는 협력보다는 경쟁을 촉진하고 팀워크를 저해할 수 있다.
- '에자일 선언문Agile Manifesto'은 브랜드 마케팅 주류로 점차 이동하고 있으며, '계획에 따르기보다 변화에 대응하길 선호한다.' 연례 인사고과에 의존하여 직원을 평가하면 이런 접근법을 따르지 못한다.
- 밀레니얼 세대는 직장에서 점점 더 중요한 부분을 대표하고 있다. 이 세대는 더 자주, 필요에 따라, 실시간으로 건설적인 의견과 지도를 받길 원하는 경향이 있다.
- 점진적인 접근법이란 반복적이고, 시기적절하며, 집중적인 방식으로 직원이 지원과 조언을 얻는다는 뜻인데, 그러면 조직의 인적 자본이 증가하며 직원한테 평가받는다기보다 도움받는다는 느낌을 주는 데도 도움이 된다.
- 많은 사람이 두려워하는 연례 의식에서 직원 및 일선 관리

자를 해방하며, 인사고과에서는 빛이 나지만 1년 내내 그렇지는 않았던, 말만 번드르르한 직원에 대비하여 경기장을 평평하게 고른다.

- 평가 자료를 실시간으로 수집하여 검토하므로 관리자가 몇 달 전에 일어났던 사건을 회상해서 평가해야 하는 문제를 해결한다.

실시간으로나 '그때그때 봐가며' 성과를 평가하는 흥미로운 사례가 나타나기 시작했다. 유럽 소매업체 잘란도Zalando는 온라인 실시간 애플리케이션을 이용해서 회의, 문제 해결 세션, 프로젝트, 제품 출시 등에 대한 성과 의견을 구한다. 또 이 애플리케이션은 직원이 일선 관리자나 다른 동료한테 더 친근하고 호감 가는 방식으로 의견을 구하는 플랫폼을 제공한다. GE는 'PD@GE(GE 성과 개선)'라는 애플리케이션을 중심으로 실시간 평가에 접근하는 방법을 마련했는데, 이 애플리케이션은 각 직원한테 단기 '우선순위'를 연속해서 지정해 준다. 관리자는 팀원과 진행 상황을 수시로 논의한다. 그런 다음에는 무엇을 논의했고, 어디에 동의했고, 어떻게 해결했는지를 간략하게 작성하여 애플리케이션에 올린다. 핵심은 직원 성과를 평가하는 것이 아니다. 시기적절한 통찰과 지도하는 식의 접근법을 결합하여 지속적인 향상과 진보를 촉진하는 것이다. 직속 상사는 물론 부서조차 국한하지 않는 기능을 이용해서 직원은 어느 때나 의견을 내거나 요청할 수 있다. 이런 식으로 기술을 이용하면 직원은 그 순간에 더 시의적절하고 연속적이고 집중적으로 성과를 개발할 수 있으며, 이 내용은 일선 관리자가 작성한 요약 문서와 연말에 발간하는 보고서에 들어간다.

브랜드 경험을 구축하는 맥락에서 실시간으로, 앞을 내다보고 조언을 제공하는 접근법을 채택하기란 쉽지 않다. 관리자는 브랜드 경험의 핵심 요소를 깊게 이해해야만 바람직한 브랜드 경험에 맞춰서 일상적으로 업무를 지도하고 팀 성과를 평가할 수 있을 것이다. 이는 도전이겠지만, 긍정적인 도전인데, 브랜드를 더 깊이 이해하도록 촉진할 것이기 때문이다. 실시간으로 조언을 제공한다는 것도 관리자가 프로젝트에 더 가까이 다가가야 함을 의미하는데, 이 접근법에서 요구하는 대로 업무를 지도하려면 의견과 조언, 지침을 더 자주 제공해야 하기 때문이다. 팀에 도움이 많이 필요하다면, 이런 접근법은 관리자가 생산적으로 사용하는 시간을 잡아먹기 시작할 수 있다. 나는 이 때문에 상황이 나빠져서 좌절하고 심지어 분노하는 경우까지 봤다. 마지막으로, 동료 평가는 동료를 돕거나 상처입히는 게임처럼 변할 수도 있다. 그러면 불필요한 주관이나 정치가 평가 과정에 덧붙어서 관리자 의견을 흐릴 수도 있다.

이와 비슷한 평가 기법을 사용하거나 사용할 계획이라면 브랜드 경험의 핵심 요소를 염두에 두는 것이 중요하다. 야심 넘치지만 잘난 체하지 않는 식으로 브랜드를 포지셔닝 했다면, 업무 구성과 조언 방식이 이를 뒷받침해야 한다. 예를 들어, 직원한테 만만찮은 목표를 부여하되, 성공했을 때는 낮은 목소리로 절제하여 축하해야 한다.

보상

보너스를 수여하는 조직은 대부분 회사와 부서, 개인 성과를 기준으로 삼는다. 직원의 행동이 바람직한 경험을 얼마나 잘 뒷받침하는가에 따라서 직원 보너스를 단 1%라도 배정하는 조직은 드물지만, 이렇게 하는 것이 중요하다. 직원이 바람직한 브랜드 경험을 강화하는 방식으로 행동하길 장려하고 일관적인 경험을 전달하도록 촉구할 수 있기 때문이다.

어떤 브랜드는 가치가 '담대함'이라고 가정하자. 성과를 평가하는 동안 일선 관리자는 팀원한테 담대하게 행동한 적이 언제인지 그 사례를 이야기하라고 요구할 수도 있다. 직원은 자기가 행동을 통해 이 브랜드 가치에 활력을 불어넣었던 때를 설명할 수 있어야 한다. 그러면 일선 관리자는 그 외 가치와 다른 브랜드 경험의 핵심 요소에 관해서도 물을 것이다. 예를 들어 직원은 진정한 운동 기록에 관한 행동을 언제 보여줬느냐는 질문을 받을 수도 있는데, 그러면 어떻게 브랜드 에센스를 표현하도록 돕거나, 브랜드 개성에 맞게 행동하거나, 바람직한 포지셔닝을 강화했는지 보여야 한다. 그다음에 조직은 '브랜드에 기반한 행동'을 보여준 것에 대해 개인 몫으로 보너스를 할당해야 한다.

사우스웨스트 항공은 성과 평가와 360도 검토를 진행하는 동안 결과만 두고 직원을 평가하지 않으며, 무사 같은 정신, 하인 같은 마음, 재미를 추구하는 태도라는 핵심 기질을 얼마나 잘 따르면서 살았는지를 고려한다. 프레 타 망제는 매주 베일에 싸인 손님이 방문해서 직원 행동을 평가한다. 이 손님이 좋은 경험을 했다면, 해당 지점에서 근무하는 직원 전체가 그 주에 일한 시간에 대해 시급을 1파운드씩 더 받는다. 이 베일에 싸인 손님이 형편없는 경험을 했다면, 아무도 보너스를 받지 못한다. 보상은 금전적이지만, 보상을 받는 원리를 행동과 관련시킨 것만으로도 브랜드 가치를 실현하도록 유도한다.

웨이브렝스는 브랜드 경험을 구축하는데 특히 헌신하는 일부 조직들과도 일했다. 이들 조직은 이 목표를 달성하는 데 직원이 핵심 역할을 한다는 점을 깨닫고, 보상에 더 집중해서 접근한다. 그 일환으로, 브랜드에 기반하여 행동했을 때 수여하는 보너스 비율을 연공서열에 따라 높게 책정한다. '최고'자가 붙는 경영자 대부분이 주식 실적을 비롯해 여타 재무 지표에 집중하는 점을 고려하면, 이런 조치는 직관에 어긋나 보일 수도 있지만, 실은 이치에 맞는다. 최고경영자와 다른 간부는 리더십을 보여줄 책임이 있다. 이들이 바람직한 브랜드 경험

브랜드 경험 디자인 바이블

에 맞춰 행동한다면, 직원도 따를 것이다. 그렇지 않다면 직원은 다른 식으로 행동해도 괜찮다고 생각할 것이다. 이를 직원 수와 직원이 전달하는 접점 수만큼 확대하면, 얼마 안 가 브랜드 경험이 흐트러지기 시작할 것이다.

이런 식으로 보너스를 할당하면 일부 직원한테는 평판이 나쁠 수도 있다. 업무 지도 시간이나 성과 평가 동안 브랜드와 결을 맞춘 행동을 보여달라고 하면, 통제하는 느낌을 줄 수도 있기 때문이다. 그러면 일부 직원은 퇴사를 선택할지도 모른다. 이렇게 단기적으로는 어려울 수 있더라도, 장기적으로는 모든 사람한테 있어 첫걸음을 잘 내딛던 일이 될 것이다. 브랜드 경험을 구축하려면 진실한 직원이 브랜드 경험의 핵심 요소를 실현하는 데 헌신해야 하기 때문이다. 그리고 브랜드 경험의 핵심 요소에 맞춰서 직원을 채용하고 인수인계하고 훈련한다면, 이런 문제는 오래 가지 않을 것이다.

퇴직자 면담

현재 직원은 여러분이 전달하는 브랜드 경험에 관해 솔직하고 열린 의견을 제시하기가 꺼려질 수도 있다. 퇴직자 면담은 직원이 실제로 어떻게 생각하는지를 알아낼 훌륭한 기회다. 어쩌면 브랜드가 초기 가치와 개성, 포지셔닝에서 떠내려왔으며, 핵심 부분에서 브랜드 약속을 지키지 못한다고 생각할 수

도 있다. 또는 첫 면접 때 간단하게 설명했던 브랜드 경험의
핵심 요소에 동조하기에는 인수인계나 훈련이나 보상에 부족
한 부분이 있어서 직원이 불만을 느낄 수도 있다. 이렇게 잔
인하게 정직한 통찰은 매우 귀중한데, 브랜드 경험과 관련하
여 더 깊은 문제를 나타낼 수도 있기 때문이다.

또 퇴직자 면담은 여러분의 브랜드가 잠재적으로 어려운
상황에서도 브랜드 경험의 핵심 요소를 충실하게 따를 기회
를 제공한다. 예를 들어 여러분의 브랜드 개성이 '위엄있고 점
잖다면' 퇴직자 면담은 이를 증명해 보이기에 좋은 때다(나가
는 직원은 그렇지 않을지라도 말이다). 글래스도어 같은 웹사
이트에 불리하거나 부당하게 부정적인 평가가 올라올지도 모
르는 문제를 예방할 수도 있다.

결론

브랜드 경험의 핵심 요소를 실현하는 데 있어 직원은 중요하
지만 자주 간과되는 역할을 한다. 직원이 중요한 이유는 여러
분이 전달하는 경험을 개인에게 맞추고 '인간답게' 만들 수 있
기 때문이다. 하지만 사람은 감정적이고 변덕스럽다. 우리는
비이성적인 결정을 하며, 좋은 날이 있으면 나쁜 날도 있다.
따라서 사람을 통해 일관적인 경험을 전달하기란 어려운데,
불가능하지는 않다. 이 문제를 다루려면, 브랜드 및 인사 부문

간부가 긴밀한 협력 관계를 조성해야 한다. 이 관계 중심에는 채용, 인수인계, 훈련, 평가, 보상과 같은 주요 인사과정이 어떻게 여러분의 브랜드 경험의 핵심 요소에 맞아 들어갈 수 있는지에 관한 공통된 이해가 있다.

15

커뮤니케이션

이전 장에서는 브랜드 경험의 핵심 요소를 구현할 때 직원 행동이 수행하는 역할을 강조했다. 브랜드팀이 인사부의 동료와 긴밀한 협력 관계를 발전시키는 것이 중요하다는 사실을 간단하게 설명했는데, 그래야 인사 과정이 브랜드 경험의 핵심 요소와 결을 같이하고며, 이 핵심 요소를 실현하는 데도 도움이 되기 때문이다.

이 장에서는 브랜드 경험의 핵심 요소를 구현하는 데 있어 어떻게 하면 결을 같이하고, 개인에게 맞추고, 매력적이고, 상호작용하는 방식으로 커뮤니케이션을 사용할 수 있을지에 대해 실용적인 이해를 제공할 것이며 따라서, 다음에 집중할 것이다.

- 내부 커뮤니케이션
- 소셜 미디어
- 콘텐츠/대화
- 커뮤니티
- 브랜드 언어
- 스마트폰
- 스토리텔링
- 게임화 기법

이 장을 읽는 동안, 표 15.1에 보이는 질문 사례에 관해 생각해보면 유익할 것이다. 이들 질문은 브랜드 경험에 관련된 커뮤니케이션과 브랜드 경험의 핵심 요소를 연결하는 데 도움이 될 것이다.

브랜드는 47%가 연관성 있게 커뮤니케이션하는 능력이 뛰어나다고 말하지만, 고객은 35%만이 가장 좋아하는 브랜드와의 커뮤니케이션에 '대체로 연관성이 있다'라고 말한다.

표 15.1 커뮤니케이션을 브랜드 경험의 핵심 요소와 연결하기: 스스로 물어볼 질문

	커뮤니케이션
가치	가치를 매력적으로 전달하려면 소셜 미디어는 어떻게 이용해야 하나?
에센스	스마트폰을 어떻게 이용하면 우리의 에센스 범위 내에서 맞춤형 경험을 전달하는 데 도움이 되는가?

약속	경험을 통해 상호작용하며 제공할만한 혜택을 전하는 데 게임화 기법은 어떻게 이용할 수 있나?
포지셔닝	포지셔닝에 관해서 직원한테 동의를 구하려면 내부 커뮤니케이션을 어떻게 조성해야 하는가?
개성	어떻게 하면 우리의 개성을 표현하는 데 도움이 되는 대화에 커뮤니티를 끌어들일 수 있나?

브랜드 커뮤니케이션과 브랜드 경험

강력한 브랜드에서는 브랜드 경험의 핵심 요소를 명확하게 정의한 다음, 다양한 채널을 가로지르고 통과하며 이들 핵심 요소를 인상적일 만큼 일관성 있게 전달한다. 아우디는 디지털 및 전통 매체를 이용해서 독일 기술과 지능을 전달한다. 포 시즌스 호텔Four Seasons Hotels은 커뮤니케이션을 이용하여 조용하고 독립적인 주거지라는 포지셔닝을 뒷받침한다. 커뮤니케이션 방식이 어떻든 아우디나 포 시즌스 호텔 같은 브랜드는 일관적인 분위기를 풍기면서 많은 브랜드로부터 부러움을 산다. 이렇게 할 수 있는 이유는 브랜드 경험의 핵심 요소에 관해 충분히 생각했기 때문인데, 이 핵심 요소는 이후 브랜드 경험과 관련하여 커뮤니케이션을 조성할 때 지침이 되어준다.

내부 브랜드 커뮤니케이션

브랜드 경험을 구축할 때는 다음과 같이 내부 브랜드 커뮤니케이션을 구성해야 한다.

- 본인이 전략적으로 중요하다는 점을 인식하도록 직원한테 브랜드 경험 관련 교육을 제공한다.
- 브랜드 경험을 구축하는 과정에 직원을 참여시킴으로써, 자기가 전달하는 경험에 주인의식을 더 강하게 느끼도록 한다.
- 브랜드 경험을 구축하여 전달하는 데 있어 직원이 수행하는 역할을 명확히 밝힘으로써 자기가 공헌하는 부분이 중요하다는 점을 깨닫도록 한다.
- 외부 커뮤니케이션에 앞서서 내부 커뮤니케이션을 진행함으로써 직원이 브랜드 경험을 구축하는 과정을 알고 있으며 거기에 소속됐다고 느끼도록 한다. 단기적으로는 진행이 느릴 수도 있지만, 장기적으로 보면 시간을 잘 보낸 셈이 될 것이다. 속도라는 명목 아래, 경영진은 외부 브랜드 커뮤니케이션에 먼저 뛰어든 다음 직원한테 소식을 '갱신' 하는 경향이 있다. 이런 식으로 취급받는다면 느낌이 어떨까? 더 훌륭한 브랜드 경험을 전달해야겠다고 의욕이 생기지는 않을 것이다.

한 편의점 브랜드는 자기네 '기업 이미지 변신'에 관해 직원이 얼마나 잘 인지하고 있는지를 평가해달라고 웨이브렝스에 요청했다. 실상은 시각적으로 신선함을 준 것이지 기업 이미지 변신이 아니었으며, 바로 그 점이 문제였다. 우리가 비밀스럽게 손님을 보내서 사용한 대사는 이랬다. '(브랜드 이름)이 최근에 모습을 다시 꾸민 것 같군요. 여기에 대해 어떻게 생각하세요?' 한 직원이 대답했다. '잘 모르겠고, 사실 관심도 없어요.' 다른 직원이 말했다. '고위 관리자를 바쁘게 하려는 또 다른 핑계일 뿐이죠. 시간, 노력, 돈 낭비에요.'

이는 최고 마케팅 책임자에게는 전달하기 어려운 통찰이었고, 이 책임자는 문제를 해결하기 위해 내부 브랜드 커뮤니케이션을 이용하고 내부 브랜드 참여 프로그램을 '신규 개설'하자고 제안했다. 내 아버지가 자주 하시던 말이 있다. '사업을 하다 보면 때로는 형편없는 만찬 자리에서 도망쳐야 한단다.' 그래서 나는 그 말씀대로 했다. 커뮤니케이션 대행사도 여기에 동의했다. 이 편의점 브랜드 직원은 이런 계획이 무성의한 후속 조처라고 생각했다.

내부 커뮤니케이션을 구성할 때는 브랜드 경험의 핵심 요소에서 눈을 떼선 안 된다. 투명성과 배려라는 가치를 중심으로 형성한 브랜드라면, 내부 소셜 미디어 플랫폼을 만들어서 어떻게 개방적이고 투명한 방식을 세심한 어조로 실천하며 중대한 결정을 내리는지를 보여줄 수 있다.

소셜 미디어에 휘둘리지 마라

소셜 미디어 채널은 그 부피와 등장했다 사라지는 속도가 압도적이다. 따라서 브랜드 경험을 구축할 때 시간과 돈을 투자하기에 알맞은 채널을 찾기 어렵다.

이 문제와 씨름할 때는 메시지 다음으로 매체에 집중해야지만 브랜드와 콘텐츠, 채널이 조화를 이룰 수 있다. 먼저, 메시지는 브랜드 경험의 핵심 요소를 표현하는 데 집중해야 한다. 그런 다음에서야 이 메시지를 전달하기에 가장 연관성 있는 소셜 미디어를 고를 수 있다. 중요한 점은 여러분 이해관계자와 연관성이 있고, 브랜드 경험의 핵심 요소에 적합한 채널을 사용하는 것이다.

브랜드 경험의 핵심 요소를 분명하게 정의하고 이해한 브랜드는 찾아내기가 쉽다. 소셜 미디어 채널 하나를 들어가서 콘텐츠 흐름을 훑기만 하면 된다. 연관성이 있어 보인다면 좋은 신호다. 그다음에는 다른 소셜 미디어 채널을 검토하자. 다양한 채널을 가로지르며 연관성이 남아 있다면, 그것은 브랜드 경험의 핵심 요소를 분명하게 정의했다는 또 다른 신호다.

> '고객 경험에서 출발한 다음, 기술 쪽으로 돌아가서 작업해야 한다 - 반대는 안 된다.'
>
> 스티브 잡스

2015년 11월, 극한 야외 활동 장비 브랜드인 REI는 블랙 프라이데이에 가게 문을 닫고, 전 직원에게 유급 휴가를 제공하고, 모두가 할인행사로 붐비는 곳을 멀리 벗어나 밖으로 나가길 장려하기로 했다. 이 브랜드는 #야외를_선택하다#OptOutside라는 해시태그를 사용해서 커뮤니케이션과 더 넓은 대화를 이끌었다. 이 신선하게 독특하고 영감을 주는 메시지는 브랜드가 어떤 식으로 하여 몇 달러 아끼자고 할인 상품을 구하러 다니기보다는 가족 및 친구와 질 좋은 시간을 보내는 것을 우선순위에 두었는지를 보여줬다. REI가 브랜드 경험의 핵심 요소를 그토록 명확하게 이해하고 믿지 않았다면, 이런 브랜드 커뮤니케이션을 시작하고 약속할 자신감과 신념을 갖지 못했을 것이다. '#야외를_선택하다'는 지금까지도 강력하게 영향력을 발휘한다.

전문가의 조언 코너에서 비크람 크리슈나Vikram Krishna는 에미리트 NBDEmirates NBD가 어떻게 다양한 디지털 기술을 집중적으로 이용해서 고객과 연관성 있는 관계를 맺었는지 간단하게 설명한다.

디지털 경험은 에미리트 NBD가 34억 달러짜리 금융 서비스를 구축하는 데 어떻게 도움이 됐나?

비크람 크리슈나, 에미리트 NBD 그룹 마케팅 및 고객 경험 부문 대표이자 부회장

우리가 에미리트 NBD에서 고객의 삶을 더 편리하게 만들기 위해 매일같이 노력하는 동안, 마케팅은 중요한 것이 되고 있다. 수익은 내기 힘들고, 예산은 파악하기 어렵고, 고객이 기대하는 바는 전에 없이 까다로운 상황에 갇히자, 게임 규칙이 변하기 시작했다. 게다가 고객에게 목소리를 들려주고, 이해받고, 사랑받기 위해 여러 브랜드가 그 어느 때보다 열심히 경쟁하고 있다.

어쩌면 이 말은 금융 서비스 브랜드에 가장 잘 맞을 수도 있는데, 이런 브랜드가 브랜드 친밀감brand affinity을 형성하려면 힘들게 분투해야 하기 때문이다. 그러면 2009년 업계에 풍랑이 이는 가운데 시장에 진입한 에미리트 NBD가 어떤 어려움에 부닥쳤는지 상상해보자. 마케팅 규범에 따르면 브랜드는 출범할 당시 사람들 마음에 호소해야 했지만, 우리는 다른 방침을 시도했고 8년이 지나서도 그 결정을 유지하고 있다.

우리는 고객과 지속 가능한 감정적 연대를 형성하기에 가

장 좋은 접근법은 고객과 거래하면서 얻을 수 있다고 생각한다. 에미리트 NBD는 이런 생각을 바탕으로 브랜드 경험을 구축하는 일에 계속해서 접근했다. 경쟁적인 광고를 이용해서 우리를 어떻게 생각하거나 받아들여 줬으면 좋겠다고 대중한테 이야기하는 대신, 우리가 무엇을 제공하는지 보여주는 데 집중했고 궁극적으로는 사람들이 스스로 마음먹게 두었다. 제휴 브랜드를 연결하는 가장 큰 네트워크를 건설하거나 가장 직관적인 스마트폰 은행 애플리케이션을 개발하는 등의 계획에 노력을 쏟는 것에서부터, 우리는 사업을 통해 가능한 한 가장 혁신적인 경험을 전달하는 데 도전했다.

이런 접근법을 채택하면 고객의 이야기를 듣는 것이 더 중요해지는데, 따라서 우리가 경험을 전달하는 데는 디지털 및 소셜 미디어 채널이 중요한 역할을 한다. 우리는 이런 채널을 이용해서 활발하게 의견을 구하고, 의견을 듣고, 상황을 개선할 새로운 방법을 계속해서 연구하는데, 예를 들면 트위터를 통해 짧은 발표를 하거나, 교육 동영상을 제공해서 사람들이 온라인 서비스를 최대한 활용할 수 있게 돕는다.

많은 브랜드는 광고에 수백만 달러를 쏟아부으면서 사람들이 그 규모나 지위를 인정해주기를 바라지만, 이처럼 연결되고 투명한 디지털 세계에서는 우리가 전달하는 경험이야말로 다른 무엇보다 큰 목소리를 낼 수 있다고 믿는다.

에미리트 NBD는 2009년에 출범했으며, 아랍에미리트에서 제일가는 은행 중 하나다. 브랜드 가치가 9억4천만 달러에서 34억 달러로 상승했으며 현재는 세계 금융 브랜드 중 75위에 올라 있다.

콘텐츠와 대화 이해하기

유용하거나 교육적이거나 재미있기까지 한 콘텐츠를 공유해 줄 브랜드를 찾는 이해관계자가 점점 늘고 있다. 밀레니얼 세대가 특히 그러하며, Z세대가 시장 주류로 이동하면서 이런 경향은 계속될 듯 보인다.

연관성 있는 콘텐츠를 찾으려면, 브랜드 경험 환경으로 되돌아가야 한다. 그러면 이해관계자가 대체로 무엇에 관심을 두는지, 어떤 일을 완성해야 하는지, 여러분은 어떻게 유대감을 형성하고 싶은지 등을 파악하는 데 도움이 될 것이며, 따라서 이해관계자와 브랜드 경험의 핵심 요소를 은밀하고 연관성 있게 엮는 대화를 시작할 수 있다.

스탠다드 차타드Standard Chartered는 콘텐츠를 공유함으로써 기업 시민의식corporate citizenship을 둘러싼 논의를 부추기는데, 이는 '영원히 이곳에Here for Good'라는 브랜드 사조와 연관이 있다. IBM은 인공지능 경쟁력을 보여주고자 인공지능 연구. 백서, 사고 리더십 관련 글을 공유한다. 칼링Carling에서 진행한 '코치가 되다Be the Coach' 행사는 축구 팬을 초대하여 칼링 블랙 라벨 컵Carling Black Label Cup에 출전할 선수를 카이저 치프스FCKaizer Chiefs FC와 올랜도 파이리츠Orlando Pirates 사이에서 선택하고 교체하도록 함으로써 축구 사랑을 주제로 한 대화를 끌어냈다. 전문가의 조언 코너에서 알린 도브리아Alin Dobrea는 막스 앤드 스펜서M&S, Marks and Spencer가 고객 여정 속 주요 접점에 어떻게 흥미로운 콘텐츠를 구성함으로써 가사용품 및 가구 사업 부문용 브랜드 경험을 구축했는지를 간단하게 설명한다.

전문가의 조언 15.2

막스 앤드 스펜서는 어떻게 콘텐츠와 고객 여정을 결합하여 브랜드 경험을 구축했나?

알린 도브리아, 영국 막스 앤드 스펜서 브랜드 마케팅 담당

2015년에 막스 앤드 스펜서M&S는 가사용품 및 가구 사업 부문 매출을 끌어올릴 방법을 찾고 있었다. M&S는 옷 및 식품 사업으로는 유명하지만, 여기서 제공하는 가사용품과 가구는 인지도가 심각하게 낮았다. 연구에서 드러난 바에 따르면 M&S를 주기적으로 찾는 고객 중 50%는 가사용품과 가구의 상품 범위를 잘 몰랐고, 25%는 상품이 너무 비쌀 것이라고 짐작했다.

M&S가 세운 전략의 첫 단계에는 부문에 맞게 명확한 브랜드 포지셔닝을 확립하는 일이 있었다. 그다음에는 고객 여정을 처음부터 끝까지 분석했다. 그러자 적절한 시기에 적절한 고객에게 적절한 콘텐츠를 전달할 기회와 취약점을 찾아낼 수 있었다. 덕분에 고객 여정의 각 단계에 맞춘 콘텐츠를 제작용 지침뿐 아니라 콘텐츠를 언드 미디어, 회사 소유 미디어, 유료 미디어 채널을 통해 배포하기에 적절한 전략을 개발할 수 있었다.

우리는 분석을 통해 고객 여정, 그리고 고객이 우리의 브랜드와 상호작용하는 주요 단계를 철저하게 파악했다. 다음 단계에서는 기존에 보유한 사진과 영상을 어떻게 이용하면, 연관성 있고 간단하게 소비할 수 있는 콘텐츠를 가지고 전체 고객 접점을 가로지르며 통합된 콘텐츠 전략을 시행할 수 있을지를 계획했다. 이렇게 하고자 우리는 매장, 디지털 기기, 소셜 미디어, 인쇄물, 카탈로그, 패키지 등을 포함한 전체 채널을 살피면서 자체 제작하거나 대행사와 함께 제작한 콘텐츠를 전부 재검토했고, 통합된 콘텐츠 전략을 개발했다.

M&S.com 웹사이트는 검색어와 분류 별 동향을 기반으로 교육적이고 영감을 주는 콘텐츠를 선보이는데, 콘텐츠 평가는 이 웹사이트에 홈 허브Home Hub 부분을 신규 개설하도록 촉진했다. 또 M&S는 네이티브 광고native advertising 제휴를 맺었는데, 각종 웹사이트와 소셜 미디어에 영감을 주는 사진

과 영상을 심어서 우리의 브랜드의 전문적인 이미지를 강화할 수 있었다.

이 프로젝트는 대성공을 거뒀다. M&S 가전은(주간 패널 조사를 통해 측정한 결과) 인지도가 25% 증가했고, M&S 웹사이트의 가사용품 및 가구 부분은 접속량이 전년 대비 30% 증가했으며, 2015/16 회계연도의 가사용품 및 가구 매출은 매장과 온라인 시장 모두에서 전년 대비 증가량이 사업계획서를 초과했다.

막스 앤드 스펜서는 영국의 주요한 다국적 소매 기업으로 웨스트민스터가 있는 도시, 런던에 본사를 두고 있다.

브랜드 경험의 핵심 요소를 분명하게 정의하면, 스탠다드 차타드, IBM, 카링 같은 브랜드처럼 연관성 있는 콘텐츠를 계속해서 생산하고, 선보이고, 공유하는 데 도움이 되는 지침을 얻을 수 있다. 또 이들 브랜드가 지속적이고 연관성 있는 대화에 다량으로 참여하는 데도 도움이 되는데, 브랜드와 관련된 대답을 유도하는 틀이 있기 때문이다.

고객은 브랜드와 대화하길 원하지 않는다고 주장하는 사람도 있겠지만, 연구 결과 브랜드가 저자를 투명하게 밝힌다면 고객은 브랜드 콘텐츠에 참여할 의향이 있는 것으로 나타

브랜드 경험 디자인 바이블

났다.

에미리트 NBD는 '안녕 미래의 나…'라는 캠페인을 벌였는데, 아이들을 초대해서 미래의 자신에게 말을 걸면서, 희망과 꿈, 열정에 관해 간단하게 설명하게 했다. 부모는 이 비디오를 보고는 자녀한테 꿈을 이룰 여건을 마련해주기 위해 금융 계획을 세워야겠다는 필요성을 뚜렷하게 느꼈다. 이 캠페인 덕분에 2013년 동안 적금 계획을 신청한 가족이 20% 증가했다.

2014년 월드컵 기간에 캐나다 은행인 CIBC는 실시간으로 지역 특화 콘텐츠를 제작하여 공유하면서, #CIBC_축구_민족#CIBCSoccerNation을 중심으로 대화를 유도했다. 이 캠페인으로 CIBC는 트위터에서 FIFA 월드컵과 가장 관련 있는 브랜드 3위(아디다스와 나이키 다음이었다)에 올랐으며, 1천2백 명이 아벤투라Aventura 신용카드를 발급받는 결과를 낳았다.

네덜란드 은행인 ING는 오랫동안 네덜란드 예술과 문화를 후원했다. 이 목표와 앞을 내다보는 은행이라는 포지셔닝을 연결하면서 20~34세 사람들과 공명하기 위해 은행은 안면 인식과 머신러닝 소프트웨어를 이용해서 '차세대 렘브란트The Next Rembrandt'를 제작하기 시작했다. 이 프로젝트는 고전 예술과 현대 기술이 어떻게 교차하는가에 관해 온라인 대화에 불을 붙였고, 1,250만 유로에 상당하는 언드 미디어가 발생했다. 구글에서 발표한 바에 따르면 출시 다음 주에는 ING 검색량이 61.29% 증가했다.

중동에서 아이들이 앉아서 생활하는 습관이 점점 늘고 있다는 인식을 높이기 위해, 세제 브랜드인 OMO는 23시간 페이스북 라이브 캠페인을 벌여서, 대부분 아이가 하루 중 23시간을 얼마나 하릴없고 비활동적으로 보내는지 조명했다. 캠페인은 아이들이 얼마나 실내에서 시간을 보내는지 보여줬다. 그러면 아이들이 옷을 더럽힐 기회는 물론 OMO 제품에 대한 잠재 수요도 줄어드는 셈이었다. 온라인에서 대화가 진행되자 아동 심리학자들도 참여하여 부모가 걱정하는 내용에 대답하고, 아이를 위해 할 수 있는 활동을 제안했다. 캠페인이 아이의 활동적인 생활습관을 둘러싼 대화를 자극하면서, #요즘_아이#KidsToday라는 해시태그가 340만 번 언급됐는데, 트위터에서 330만 번, 페이스북에서 1백94만 번 언급됐고, 유튜브에도 댓글이 4만 개 달렸다.

아동용 공포 소설책 구스범스Goosebumps를 출간하면서, 소니 픽쳐스 엔터테인먼트Sony Pictures Entertainment는 페이스북의 인공지능 플랫폼인 메신저 포 비즈니스Messenger for Business를 이용하여, 사악한 인형인 슬래피Slappy와 페이스북 메신저를 사용하는 구스범스 팬이 대규모로 실시간 맞춤형 대화를 나눌 수 있게 했다. 대화 중 35%는 10분 이상 이어졌고, 고객 중 35%는 슬래피와 대화하기 위해 페이스북 페이지를 다시 찾았다.

B2B 영역에서는 HCL 테크놀로지HCL Technologies가 스트레이트 토크Straight Talk를 만들었다. 이 P2P 방식 콘텐츠 플랫

폼은 IT 전문가가 내놓은 사고 리더십 통찰을 보여줬고, 커뮤니티를 구성하여 전문 대화를 끌어냄으로써 현재 및 잠재 고객과 기업의 관계를 깊게 만들었다. 스트레이트 토크에는 IT 부문 의사 결정자가 3천 명 이상 참여했으며, 7억 달러에 상당하는 판매 기회가 발생했고, 매출에 직접 미친 영향은 1억 2천2백만 달러였다.

커뮤니티의 힘

에델만 신뢰도 지표조사Edelman's Trust Barometer에 따르면 고위 간부와 기업, NGO, 정부, 언론에 대한 신뢰도는 유감스러운 상태다. 그 원인을 뽑자면 부패와 세계화, 부식하는 사회 가치가 있다. 같은 보고서에서는 어떻게 해서 가장 신뢰할 수 있는 사람이 기술자나 학자, 그리고 우리가 관계를 맺을 수 있는 '보통 사람'이 됐는지를 강조한다. 이는 인플루언서 마케팅과 커뮤니티가 브랜드 경험을 구축하는 데 점점 더 중요한 도구가 되는 이유다.

공통 관심사를 중심으로 마음이 맞는 사람끼리 어울리길 좋아하는 밀레니얼 세대가 점점 더 중요해지면서, 커뮤니티를 만드는 일에 대한 브랜드의 관심도 더 빠르게 증가하고 있다. 밀레니얼 세대는 실수하지 않도록 결정을 내리기에 앞서 도움과 조언, 안내를 구하는 경향도 있다. 커뮤니티가 주도하

는 경험은 밀레니얼 세대가 원하는 바 대로 동료한테 도움을
받아 객관직으로 결정을 내리기에 완벽한 플랫폼을 제공한다.
Z세대도 커뮤니티를 매력적으로 여기는데, 연결된 세상에서
태어난 이 세대는 다른 사람과 관계를 맺고, 자기 경험과 성취
를 공유하길 바란다.

> '우리는 커뮤니티 사람들과 인플루언서를 창조 작업에 참여
> 시킨다. 이는 우리가 우위를 점하는 데 도움이 된다.'
>
> 게리 밀너Gary Milner,
> 레노보Lenovo의 글로벌 디지털 마케팅 이사

소속 욕구는 인간 행동에 깊숙이 뿌리 내리고 있으며, 수
많은 브랜드가 공동체를 통해 이 사실을 이용한다. 반스Vans
는 런던에 있는 올드 빅 터널Old Vic Tunnels을 런던 반스 하우스
House of Vans London로 완전히 개조하면서, 실내 스케이트장, 음
악 거리, 영화관, 미술관, 술집 두 곳과 카페 하나가 들어갈 장
소를 제공했다. 여기는 반스 커뮤니티가 모이고 '모습을 드러
내는' 공용 공간이 됐고, 도시다움을 추구하는 브랜드 포지셔
닝을 완벽하게 뒷받침했다. 이런 식으로 공통된 경험을 구축
할 때는 공동체가 자기를 언급하면서 구성원을 늘리는 특징
을 이용한다. 이런 경험을 통해 마음이 맞는 사람끼리 만나서
상호작용을 하면, 커뮤니티의 유대감과 브랜드에 동조하는

마음이 강해진다. 이런 잠재의식 적인 메시지를 보내는 것이다. '사람들이 반스 신발을 신고 있어. 멋진 사람들이라는 뜻이야.' 이와 마찬가지로, 제품을 구매함으로써 고객은 자신이 이 커뮤니티에 속했음을 상징적인 언어로 확인한다. 반스 커뮤니티가 그다음으로 반복했던 것은 '별나게 살아'Living off the Wall'였다. 이 라이프 스타일 포털 사이트는 삶에서 자기만의 길을 가는 사람들의 이야기를 공유하고 독창성에 전념한다. 염원을 담고 연관성 높은 메시지를 통해 반스의 핵심 고객 및 더 넓은 커뮤니티와 공명하는 것이다.

2017년에는 수많은 브랜드가 커뮤니티를 이용해서 극적인 효과를 내고 있다. 고프로GoPro는 고객이 자사 제품으로 찍은 사진을 공유할 때 #고프로#GoPro라는 해시태그를 사용하길 장려한다. 그 결과 브랜드를 지지하는 사람들이 모여 커뮤니티를 이뤘는데, 이 사람들은 동영상과 사진에 관한 관심뿐 아니라 더 깊은 수준으로 들어가면 창의성, 모험, 전념, 표현이라는 가치를 공유한다. 530만 명이 넘는 유튜브 구독자와 함께 이들은 무언가 옳은 하고 있을 것이다. 달러 셰이브 클럽 Dollar Shave Club은 사진을 소셜 미디어에 공유하고 가장 좋아하는 콘텐츠를 재게시하라고 회원들을 독려한다. 그 대가로 회원은 티셔츠를 받는데, 커뮤니티에 공헌한 보상이다. 아디다스에서 내놓은 글리치Glitch는 애플리케이션은 초청을 받아야만 들어갈 수 있는 공동체를 중심으로 만든 것이다. 접속 코드를 획득했다면 다른 글리치 소유자한테 말을 걸 수 있으며 나만의 맞춤형 글리치 부츠를 제작히고 구매할 수 있다. 웨이브렌스가 최근에 협력했던 이탈리아 헤어 제품 브랜드는 힙스터이거나 더 구체적으로는 힙스터 '지망생'이며, (클라이언트가 말하는 바에 따르면!) 패셔니스타가 되려는 미용사를 정면으로 겨냥했다. 가치는 평범한 미용사를 최고의 스타일리스트로 바꿔줄 제품에 있는 것이 아니라, 제품을 중심으로 형성한 커뮤니티에 참여하고 관여하는 일에 있다는 점을 우리의 클라이언트사는 재빨리 깨달았다.

어떤 면에서 보면, 이 커뮤니티가 전달하는 가치는 브랜드나 제품에 관련한 조언과 의견이 객관적이라는 인식에서 발생한다. 또 다른 더 깊은 면에서 보면, 이렇게 경험을 공유함으로써 마음 맞는 사람끼리는 자기와 잠재 의식적으로 연관성 있는 브랜드 경험의 핵심 요소를 통해 관계를 맺을 수 있다. 강력한 브랜드는 이 점을 이해하고 커뮤니케이션을 이용하여 브랜드 경험의 핵심 요소를 구현하는데, 커뮤니티는 자연스럽게 이 핵심 요소를 향해 끌려갈 것이다.

커뮤니티를 구축하는 데 따르는 가치는 '상업' 조직에만 국한되지 않는다. 전문가의 조언 코너에서 카론 톰슨Caron Thompson은 더 웨이팅 룸The Waiting Room에 관해 자세히 설명한다. 이 사용자 제작형 온라인 지침서는 학대, 자살 예방, 정신 건강 같은 분야에서 지역 공동체와 지역 지원 서비스를 연결한다.

야심만만한 자선단체는 어떻게 기술을 이용하여 공동체를 연결하는가?

카론 톰슨, 커먼 유니티Common Unity 사회적 기업 설립자 겸 이사

URBRUM은 보건 및 복지와 관련하여 지역 공동체를 참여시키고 교육하는 웹사이트다. 더 웨이팅 룸은 URBRUM 플랫폼에서 중요한 부분을 차지한다. 이 사용자 제작형 지침서는 학대, 자살 예방, 정신 건강 같은 분야에서 지역 공동체를 지역 지원 서비스와 연결한다.

  더 웨이팅 룸과 그 자료에 접근하려면 웹(데스크톱/스마트폰)이나, 전자 열쇠에 있는 QR 코드를 이용해서 더 웨이팅 룸 홈페이지를 불러올 수 있는 더 웨이팅 룸 리소스 키The Waiting Room Resource Key를 사용하면 된다(그림 15.1).

그림 15.1 영국에 본사를 둔 자선단체인 커먼 유니티는 QR 코드를 이용하여 커뮤니티를 구축한다

QR 코드가 좋은 점은 다양한 형태로 공동체 전체에 선보일 수 있다는 점이다. 술집에 있는 맥주잔 받침이나 옷, 버스 정류장, 광고판, 응급실, 직원 식당, 일반 진료소, 법정, 교도소, 경찰서, 영화관, 택시, 버스, 이메일 서명, 약국 봉투 등 QR 코드를 표시할 데를 나열하자면 끝이 없다. 물리적 공간이 있다면 공동체가 더 웨이팅 룸을 통해 스스로 돕도록 도울 기회가 있다.

커먼 유니티는 보건 및 사회 돌봄 기관으로 '보이지 않는' 커뮤니티와 함께 정신 건강 및 복지 관련 일을 전문으로 한다.

커뮤니티가 그토록 강력하며, 브랜드가 이해관계자와 관계를 맺기에 그토록 좋은 방법을 제시한다면, 커뮤니티는 어떻게 구축할 수 있나? 소셜 미디어 마케팅 전문가 루크 브린리-존스Luke Brynley-Jones는 전문가의 조언 코너에서 더 자세한 설명을 제공한다.

어떻게 소셜 미디어 커뮤니티를 구축하는가?

루크 브린리-존스, OST 마케팅 설립자 겸 상무이사

소셜 미디어 커뮤니티를 만들고 유지하면 고객의 충성도를 끌어내고 소비 수준을 높일 수 있다. 소셜 미디어 커뮤니티를 만들고자 하는 브랜드라면 네 가지 주요 단계를 거쳐야 성공을 거머쥘 수 있다.

1. **기존 커뮤니티에 집중하기.** 많은 브랜드가 자기 본위대로 커뮤니티를 만들려다가 실패한다. 기존 커뮤니티를 찾아서 브랜드를 커뮤니티에 맞추는 전략을 고안하자. 영국에서 제일가는 땅콩버터 브랜드인 선-팻Sun-Pat은 2016년에 스포츠계 유명인사 및 네트워크와 제휴를 맺었는데, 그 결과 소셜 미디어 참여도social media engagement가 대폭 증가했다.

2. **대화 기회 만들기.** 연관성 있거나, 화제가 될만하거나, 재밌는 게시물을 올리자. 통찰력 있는 아이디어를 제시하거나 도움을 요청하는 일도 참여를 끌어낼 수 있다. 인기 있는 맥아 음료인 슈퍼몰트Supermalt는 재밌는 게시물을 페이스북 페이지에 올리는 재주가 있는데, 그러면 팬들은 이 게

시물을 친구와 공유하면서, 풍부하고 긍정적인 감성을 끊임없이 전달한다.

3. **지지자한테 활발하게 구애하기.** '고급 사용자'가 활발하게 관여하면, 브랜드가 커뮤니티를 관리하는 부담을 나누고 참여를 유도하는 데 도움이 된다. 유럽 소니는 열렬한 팬 가운데 자원봉사로 게시판을 관리해 줄 사람들을 뽑아 커뮤니티를 만들고, 소셜 미디어를 돌아다니며 질문에 답할 권한을 부여했다.

4. **상시 콘텐츠와 캠페인 혼합하기.** 지속 가능한 커뮤니티를 구축하기 위해, 대다수 브랜드는 상시 콘텐츠를 이용하여 브랜드를 계속 생각나게 하는 동시에 일회성 캠페인을 벌여서 접근성을 높이고, 새로운 팬을 모으고, 기존 팬이 행동에 나서도록 유도한다. 캣츠 프로텍션Cats Protection이 벌였던 #검은_고양이_날#blackcatday이라는 캠페인을 예로 들면, 2016년을 통틀어 대회 참가자를 5천 명 넘게 끌어들였다.

OST는 수상 경력이 있는 소셜 미디어 대행사로 비자, 톰슨 로이터Thomson Reuters, 갈라 빙고Gala Bingo, 메리어트 호텔Marriott Hotels 같은 브랜드에 소셜 미디어 및 디지털 마케팅 서비스를 제공한다.

브랜드 언어에 신경 쓰기

'언어 정체성verbal identity' 중에서도 브랜드에 맞게 말하는 일은 브랜드 경험의 핵심 요소를 구현하는 데 중요한 역할을 한다. 영국 항공과 버진 애틀랜틱이 트위터에 올리는 글을 비교해보면, 각자가 경험을 통해 전하는 브랜드 경험의 핵심 요소가 어떤 유형인지 실마리를 잡을 수 있다. 영국 항공은 트위터 소개가 이렇다. '영국 항공 공식 트위터 계정. 저희는 여러분이 보내주시는 트윗을 환영하며, 여러분을 돕기 위해 주 7시간, 하루 24시간 동안 여기에 있습니다.' 버진 애틀랜틱은 트위터 소개가 이렇다. '멋쟁이들 안녕하십니까! 저희를 팔로우하시면 새 소식과 재밌는 농담, 도움을 받으실 수 있습니다. 저희 블로그는 virg.in/rubyblog이며, 더 공식적인 일이 있다면 visit virg.in/CR을 방문해주세요.'(그림 15.2 참고)

버진 애틀랜틱이 사용하는 어조는 재밌고, 장난기 있고, 사교적이며, 약간 짓궂다. 영국 항공이 사용하는 '목소리'는 더 보수적이고, 격식을 차리며, 조직적인 느낌이 난다. 두 항공사를 이용해보면, 이런 단어가 어떻게 경험 유형을 알리는지 알게 될 것이다. 버진은 이 어조를 다른 경험으로까지 확대하여 적용한다. 버진 기차표를 예약하면, 여행 이유에 대한 질문을 받을 것이다. 응답 목록에는 '사업'과 같이 더 전통적인 대답과 더불어 '친구랑 어울리기', '놀러 가기', '쇼핑으로 기분전환 하기' 등도 있다. 이런 일관성은 인상적인데, 브랜드 경험의 핵심 요소를 잘 표현하고 이해함으로써 뚜렷하게 갖출 수 있다.

안경과 선글라스를 취급하는 소매업체인 와비 파커는 브랜드 개성을 이용하여 개발한 어조를 제품 설명과 최고경영자 연설 등에 사용한다. 또 소매점 문구로까지 확대하여 적용한다. 예를 들어, 매장에 사진 부스를 두고, 사진이 나오는 구멍 위에 이런 문구를 붙인다. '여러분 사진이 여기에 마법처럼 나타날 거예요.' 재밌고 별난 브랜드 개성에 완벽히 들어맞는다.

그림 15.2 버진 애틀란틱이 트위터에서 이야기하는 어조

우리는 시애틀의 파이크 플레이스Pike Place에 있습니다. 여러분이 여기 주민이라면 와서 인사해 주세요! 3월 26일부터는 런던에서 출발하는 직항이 운행됩니다.

브랜드 목소리를 올바르게 설정하는 일은 모바일 환경에

서 훨씬 더 중요한데, 커뮤니케이션 공간이 빠듯한 데다가 사람들은 관련 없는 콘텐츠를 훑어볼 시간이 없기 때문이다. 즉 모바일 기반 브랜드 커뮤니케이션은 특히 짧고, 명백하고, 신중하게 고려한 것이어야 한다. 브랜드 경험의 핵심 요소를 분명하게 정의하면 여기에 도움이 될 것이다.

모바일을 최대한 활용하기

최근 커뮤니케이션을 하고 브랜드 경험을 구축하는 수단으로써 스마트폰이 더욱 중요해졌다. 나는 20년 넘게 모바일을 위한 브랜드 경험과 관련하여 일했다. 이런 경험을 대할 때면, 내가 끔찍하게 나이를 먹었다고 느끼기도 하지만 배우는 점도 많았다. 그러니 여러분도 모바일 브랜드 경험을 구축할 때 다음과 같은 점을 고려하길 바란다.

> Z세대는 응답자 중 74%가 하루에 한 시간 이상 모바일 장치에 시간을 쓴다고 주장하는데, 이와 비교하여 X세대는 55%에 그친다.

조력자

스마트폰은 목적을 위한 수단이지 목적 그 자체가 아니다. 스마트폰을 이용하면 브랜드 경험을 구축하기가 쉬워진다. 엄밀하게 말하면, 고객이나 여타 이해관계자의 대부분은 스마트폰의 기능에는 관심이 없으며, 일을 완수하는 데 스마트폰이 어떻게 도움이 되는지에 관심이 있다.

위치

스마트폰 마케팅의 개척자들은 '셀 IDcell ID'이라는 장치에 의지해서 스마트폰의 위치를 찾았다. 이 장치는 위치 정확도가 도시에서는 수십 미터, 지방에서는 수십 마일에 이르기까지 다양했다. 2002년 무렵에 나는 오렌지의 최고 마케팅 책임자한테 우리가 만든 첫 번째 지도를 노키아 6210Nokia 6210로 보여줬는데, 당시 그 마케팅 책임자가 내게 말했다. '대런, 내가 이 죽은 거미같이 생긴 것에 1천2백만 유로를 투자한 건 아니라고 말해줘요.' 정확성과 스마트폰의 사양이 제한적이었기 때문에 매력적이고 상업적으로 이용 가능한 위치 기반 경험을 전달하는 데 문제가 있었다. 오늘날에는 GPS와 진보한 지도 제작 기술이 새로운 스마트폰에서 핵심을 차지하면서, 위치에 기반하여 브랜드 경험을 전달할 기회가 많이 생겨났다.

나이키는 하이퍼 웜Hyper Warm과 하이퍼 실드Hyper Shield 제품을 중국에서 출시하면서, 시나 웨이보Sina Weibo를 통해 위치 기반 경험을 전달했다. 네 가지 날씨(비, 어둠, 눈, 추위)를 웨이보에서 친구로 추가하고 팔로우하도록 사용자를 격려했는데, 그러고 나면 이 웨이보 친구가 매일 비아냥거리는 메시지를 보내면서 사용자가 달리러 가도록 독려했다. 사람들은 #사연과_겨뤄_이기다#WinAgainstTheElements라는 해시태그를 이용해서 달리기 일지를 기록할 수 있었고, 달리는 경로에서 네 가지 날씨 중 하나를 만나면 점수를 얻었다. 그리고 이 점수가 순위표에 올라감으로써, 경험에 경쟁적인 측면이 생겼다. 나이키가 추구하는 브랜드 에센스인 '진정한 운동 기록'에 완벽하게 맞았다.

사생활

모바일 장치는 다른 기술보다 고유한데 거의 공유하지 않기 때문이다. 따라서 매우 개인적이므로, 스마트폰을 마케팅 채널로 이용하기 전에 '사전 동의'를 얻음으로써 사생활을 존중하는 편이 현명할 것인데, 수신 동의 활성화를 이용하면 된다. 2000년에 나는 지금은 모바일 마케팅 협회Mobile Marketing Association 산하에 있는 무선 마케팅 협회Wireless Marketing Association에서 일했다. 수신 동의 기능은 핵심 요구사항이었다.

포드는 신형 이스케이프Escape 및 토러스Taurus 모델을 출시했을 때 이 점을 정확하게 이해했다. 추가 정보를 원하는 사람한테는 63611번으로 '포드'라는 단어를 써서 문자를 보내도록 권했다. 그러면 포드 팀원이 잠재 고객에게 연락해서 이름과 우편번호, 그리고 어느 차에 관심이 있는지 물었다. 이 정보를 지역 포드 대리점으로 보내면 거기서 후속 전화를 걸었다. 이런 접근법을 통해 잠재 고객의 사생활을 존중했으며 개인 사정을 맞춤형으로 고려했다.

맞춤형 경험

사람들이 점점 더 맞춤형 경험을 선호하고 기대하는 가운데, 스마트폰은 이런 경향을 충족시켜준다. 스냅챗 필터를 이용하면 개인별로 자기 사진에 필터를 씌울 수 있고, 지오필터 Geofilters를 이용하면 특정 위치에 필터를 씌울 수 있다. 이케아에서 제공하는 카탈로그 애플리케이션을 이용하면 고객은 특정 제품을 자기 방에 가상으로 놓을 수 있는데, 모바일 장치에서 카메라를 켠 화면 위로 제품을 덧씌우면 가구가 여러분 취향에 부합하는지 알아볼 수 있다.

시기

스마트폰은 아주 적절한 시기에 경험을 제공하는 강력한 수단을 제공하는데, 이는 대다수의 사람들이 늘 스마트폰을 소지하고 있기 때문이다. 막스 앤드 스펜서는 '집밥 2인분에 10파운드' 행사를 진행하면서, 늦은 오후에 고객에게 멀티미디어 메시지를 보냈다. 사람들이 막 퇴근하려던 참이거나 집으로 가고 있을 시간이었다. 어느 쪽이든, 사람들은 배가 요동치는 가운데 무엇을 요리할까 생각하고 있었을 것이다. M&S는 시기적절하게 그 문제를 해결해줬다.

직접 소통

스마트폰은 최종 소비자와 직접 소통할 수 있는 강력한 방법을 제공한다. 즉 다른 직접 응답 도구로는, 예컨대 스팸 필터에 걸릴지도 모르는 이메일로는 못 하는 방식으로 브랜드가 혼란을 가로질러 길을 낼 수 있다는 뜻이다. 메시지 애플리케이션은 SMS가 수행하던 역할을 인수했고 덕분에 브랜드는 스마트폰의 사용자와 직접 소통할 수 있다. 삭스 피프스 에비뉴Saks Fifth Avenue를 방문한 고객은 아이메시지iMessage를 이용해서 제품을 문의하고 구매할 수 있다. ABN암로ABN AMRO는 왓츠앱을 이용해서 고객 문의에 답하기 시작했으며, 남아프리카에서는 헬만이 왓츠앱을 이용해서 소비자와 요리사를 연결해 주는데, 그러면 이 요리사가 소비자 집에 있는 음식을 바탕으로 맞춤형 요리법을 추천해 준다.

상시 접속성(보편적인 경우)

TV나 다른 디지털 미디어와 달리 모바일 장치는 꺼두는 때가 흔치 않다. 덕분에 시기적절하게 경험을 전달할 기회가 생긴다. 문제는 언제 어떻게 타깃 고객과 관계를 맺을지 파악하는 것이다. 여기서는 브랜드 경험 환경을 이해하고 브랜드 경험의 핵심 요소를 따라가면 도움이 될 것이다.

거래

결제 가능한 모바일 장치가 늘고 있다. 스타벅스 카드 스마트폰 애플리케이션을 이용하면 매일 섭취하는 카페인 값을 치를 수 있고, 애플 페이와 안드로이드 페이, 알리페이를 모바일 장치 및 소매 경험에 통합함으로써 결제가 더 쉬워지고 있다.

시각 요소

스마트폰에 고품질 카메라가 탑재되고 이모티콘이 출현하면서 우리가 소통하는 방식도 바뀌었다. 그러면서 새로운 소통 유형이 탄생했고, 브랜드 경험을 구축할 기회도 새롭게 불러왔다. 스마트폰에 장착된 카메라는 인스타그램이 폭발적으로 성장할 수 있도록 연료를 제공했다. 고용주 브랜드 경험의 일부로서, 로레알은 이모지를 사용해서 작성한 지원서를 받는다. 목표는 밀레니얼 세대와의 연관성을 높이고, 디지털 방식에 공헌하고 있음을 분명하게 발표하고, 대상 직원과 조화를 이루는 방식으로 브랜드를 포지셔닝하는 것이다.

소셜 미디어에 그런 것처럼, 스마트폰에도 휘둘리기 쉽다. 스마트폰은 새롭고, 부상하는 중이며, 브랜드 경험을 구축할 기회를 수없이 많이 제공한다. 스마트폰에 휘둘리지 않으려면, 브랜드 경험 환경이라는 맥락에서 작성한 브랜드 경험의 핵심 요소를 다시 살펴보자. 그러면 브랜드 경험의 핵심 요소를 연관성 있는 방식으로 구현할 때 스마트폰을 사용할 수 있다면, 어떻게 사용할지 결정하기에 좋은 자리를 차지할 것이다. 키피 브랜드를 개방적이고 윤리적이라고 포지셔닝할 때는, 제품에 붙은 QR 코드를 스캔하면 원산지가 보이도록 하는 것이 좋을 것이다. 핵심은 스마트폰을 목적이 아니라 브랜드 경험을 구축하기 위한 수단으로 여기는 것이다.

브랜드 스토리텔링

> '이제 마케팅은 여러분이 만드는 것이 아니라 여러분이 들려주는 이야기와 관련이 있다.'
>
> 세스 고딘Seth Godin

이야기는 강력하다. 수천 년에 걸쳐 다양한 이야기가 우리의 일상이라는 직물에 짜여 들어왔다. 마야와 잉카, 이집트 같은 고대 문명에서는 생생하고 종종 눈에 보일듯한 이야기를 통해 자기네 역사를 구전했다. 우리는 역사적인 대사건-전쟁이나 축하 의식, 재난 등-을 자세히 설명할 때 이야기를 이용하는데, 그러면 더 현실감 있는 맥락에서 사건을 이해할 수 있다. 부모와 돌보미는 자기 전에 아이한테 이야기를 읽어 준다. 잠을 잘 때 우리는 꿈이라는 형태로 이야기를 창작한다. 어떤 사람은 이야기를 통해 험담하고 상황을 미화한다. 우리의 뇌는 본래 이야기를 지향하며, 따라서 여러분이 구축하는 브랜드 경험에 깊이와 의미와 맥락을 더하는 데 이야기를 활용할 수 있다. 연구에서는 이야기를 이용하여 어떻게 브랜드 성과를 끌어올릴 수 있는지 보여준다.

이야기는 공통된 이해와 의미가 발생하는 원천처럼 작용하면서 우리가 공통된 생각으로 수렴하도록 돕는다. 프린스턴 대학교에서 우리 하슨 등Uri Hasson et al.이 진행했던 연구에는 이야기가 어떻게 '신경 결합neural coupling'을 통해서 사람을 하나로 모으는지 간단하게 설명하는데, 이 신경 결합은 이야기를 듣는 사람 뇌가 이야기하는 사람 뇌와 동기화되는 현상을 수반한다. 그러면 이야기를 듣는 사람은 여러분이 느끼는 대로 느끼고, 여러분과 여러분 이야기에 더 깊게 공감하는데, 그 사건을 직접 경험하는 효과가 나기 때문이다.

핵심은 연관성이 있어서 이해관계자와 공명하는 이야기를 만드는 것이다. 여기서 브랜드 경험 환경 중 이해관계자 프로필 분석으로 되돌아가면, 싱가포르 은행이 진행했던 '여러분의 가치를 따라라' 캠페인이 적절한 사례를 제공한다.

'사실 사람들은 이제 제품을 구매하는 대신, 의미 있는 경험을 구매하고, 진정히고, 제품을 초월하고, 제품을 넘어서는 해법을 구매하고, 주로 진실한 이야기를 구매한다.'

마우로 포르치니Mauro Porcini,
펩시콜라 최고 디자인 책임자

미니는 이야기를 중심으로 브랜드를 구축했는데, 이 이야기는 재미를 추구하고 모험을 좋아하는 브랜드를 암시했다. J W 메리어트는 자사 호텔 중 하나에서 일하는 '두 벨맨Two Bellmen' 중심으로 단편 영상을 제작했다. 목표는 재밌고 유익한 콘텐츠를 제작해서 밀레니얼 세대한테 매력을 보여주는 동시에, 메리어트가 호화로운 환대를 제공하는 브랜드라는 점을 알리는 것이었다. '두 벨맨'은 유튜브 조회 수가 520만 회를 기록했고, 후속작은 790만, 세 번째 작품은 9백만 회를 기록했다(2018년 1월 기준). 더 최근에 메리어트는 스냅챗 시리즈인 '여섯 날, 일곱 밤Six Days, Seven Nights'을 제작했는데, 여기서는 소셜 미디어 인플루언서가 메리어트 호텔에서 경험한 내용을 스냅챗 스토리를 통해 공유하며, 콘텐츠에 더 진실하고 실감나는 느낌을 주기 위해 스냅챗 선글라스 카메라Snap's Spectacles를 사용했다. 기네스는 '휠체어 농구Wheelchair Basketball'와 '우아한 사람들의 모임Sapeurs' 같은 영상을 제작해서 의지가 강한 사람들 이야기를 공유했다. 이 영상은 강렬하고 고무적인 감정

브랜드 경험 디자인 바이블

을 유발하며, 브랜드가 내건 투지 넘치는 슬로건, '더 나은 것으로 만든다Made of More'에 꼭 들어맞는다. 미쓰비시 UFJ 금융 그룹Mitsubishi UFJ Financial Group은 더 향수를 불러일으키는 방식으로 브랜드 스토리에 접근하는데, 17세기 사무라이까지 그 시조를 찾아서 뿌리를 거슬러 올라간다. 미쓰비시에 상응하는 사무라이는 성격이 검약하고, 신중하고 윤리 규범을 준수했는데, 미쓰비시는 이런 요소를 초석으로 삼아서 오늘날 같은 사업 관행을 형성했다.

세계적인 우량 브랜드만 이야기를 이용하는 것은 아니다. 전문가의 조언 코너에서 데이비드 콜만David Coleman과 마크 콜만Mark Coleman은 이 점을 보여주기 위해 중견 기업이 어떻게 50주년을 축하하는 일환으로 콜만의 이야기를 사용해서 큰 효과를 거뒀는지를 간단하게 설명한다.

전문가의 조언 15.5

가족이 경영하는 중소기업은 브랜드를 구축하는 데 이야기를 어떻게 이용하는가?

데이비드 콜만(콜만 그룹 회장)과 마크 콜만(콜만 그룹 상무이사)

콜만 그룹(전신은 콜만 앤드 컴퍼니 유한회사다)은 존과 노라 콜만 부부가 2차대전 직후에 설립했다. 존과 노라는 사업이 모양새를 갖추는 동안에는 자기네 집 뒷방에서 영업하다가, 1962년 10월 16일에 정식으로 법인화를 했다. 50년이 흐르고 나자, 이 사업은 여전히 가족이 경영하지만, 직원을 수백 명 고용하고, 수익을 수백만 파운드 거두며, 전 세계에 있는 우량 고객을 위해 기술적으로 복잡한 프로젝트를 수행하게 됐다.

우리는 우리의 이야기와 유산을 자랑스럽게 여기므로 콜만 그룹이 50주년을 맞이했을 때 이런 사실을 축하하고 싶었다. 우리는 수많은 방식으로 이야기를 공유했다. 귀중한 사진과 회사가 주고받은 서신, 프로젝트 관련 사례 연구를 잔뜩 이용하여, 탁자에 놓고 보는 호화판 책에 콜만의 이야기를 기록했다. 이런 자료는 진보적이고, 탄력성 있고, 사회적 책임을 다하던, 그리고 가족의 가치관에 따라 여전히 그런 모습을 한 회사를 묘사했다.

주요 의사결정자들은 옛날 트럭, 자라는 동안 함께 했던 기계 장비, 친숙한 프로젝트를 담은 사진에 관해 이야기할 수 있었다. 종합하면, 이런 요인들은 차가운 산업에 정서적인 끌림을 부여했다. 또 콜만 그룹 회장은 블로그에 '데이비드의 폭파 일지'를 쓰면서, 콜만의 이야기를 주간 게시물로 공유했다. 그러자 영국과 해외에서 가족 이야기에 공감하는 사람들의 관심이 크게 쏟아졌다. 블로그는 직원한테 스스로가 유서 깊은 곳에 몸담고 있음을 보여주는 강력한 도구 역할도 했는데, 이는 정서적이고 영감을 불러일으키는 효과를 냈다.

콜만을 이야기하는 일은 더 넓은 50주년 캠페인에 꼭 들어 맞기도 했지만, 우리의 이야기는 우리의 노력을 받쳐주는 주춧돌이었고, 우리가 오늘도 사용하는 귀중한 브랜드 자산인 것으로 판명 났다.

콜만 그룹은 수상 경력이 있고 다양한 분야에서 영업하는 전문 도급회사로, 폭파, 복원, 전문 벌채, 공학 분야에서 세계적으로 인정받는 서비스를 다양하게 제공한다.

이야기를 만들거나 들려줄 때는 어디서 시작해야 하나? 여러분의 브랜드에서 처리하기 시작했으며 여전히 그렇게 하려고 노력하는 어떤 긴장이나 불균형을 생각해내는 것이 좋다. 그러면 독자와 조화를 이루면서 도움을 주는 도우미나 영웅의 자리에 여러분의 브랜드를 둘 수 있다. 버진은 이 전략을 이용해서 큰 효과를 봤는데, 강력하게 자리 잡은 브랜드에 영리하게 대항하는 약자로 자신을 포지셔닝했다. 그림 15.3에서는 브랜드 스토리를 더 구조적으로 생각하기 시작하는 데 도움이 될 실용적인 틀을 공유한다.

그림 15.3 브랜드 스토리 작성 양식

우리가 사업을 시작했을 때, <사람 넣기>는 …고 믿었다.

우리는 여기에 크게 <감정 넣기>. …로 결심했다.

우선 우리는 ….

그러자 <사람 넣기>는 …을 불현듯 깨달았다.

따라서 우리는 ….

오늘날, 우리의 고객은 ….

그리고 우리는 계속해서 ….

이 양식은 예를 들면 다음과 같이 적용할 수 있다.

우리가 사업을 시작했을 때, <여러 최고 마케팅 책임자>는 <과학적인 방법으로 브랜드 경험을 구축할 수 없다>고 믿었다.

우리는 여기에 크게 <놀랐고>. <웨이브렝스를 창업하여 최고 마케팅 책임자가 더 과학적인 방법으로 브랜드 경험을 구축하도록 돕기>로 결심했다.

우선 우리는 <브랜드 통찰과 교육 프로그램을 통해 우리의 지식을 공유했다>.

그러자 <최고 마케팅 책임자>는 <브랜드 경험에 더 과학적으로 접근하는 방법을 채택하면, 이사회에서 더 신임을 얻을 수 있다는 사실>을 불현듯 깨달았다.

따라서 우리는 <브랜드 경험을 구축하는 데 더 과학적인 접근법을 채택함으로써 우리가 어떻게 도움을 줄 수 있는지를 기존 및 잠재 클라이언트에게 끊임없이 설명한다>.

오늘날, 우리의 고객은 <더 자신 있게 확신하며 브랜드 경험을 구축하는데, 일화가 아니라 과학적 통찰과 조언, 교육을 토대로 경험을 구축하기 때문이다>.

그리고 우리는 계속해서 <전 세계에 있는 클라이언트에게 브랜드 경험과 관련한 서비스 묶음을 제공함으로써 다른 최고 마케팅 책임자도 이렇게 하도록 돕는다>.

브랜드 스토리에 더 세련되게 접근하고 싶다면, 이해관계자가 활발하게 참여하여 만들어가는 '공동' 이야기를 시작하고 감독하고 싶을 수도 있다. 메르세데스 벤츠는 영국에서 에이 클래스를 출시했을 때, #당신이_운전한다#YouDrive라는 해시태그를 중심으로 캠페인에 착수하면서, 황금시간대에 TV 광고 3편을 방영하는 동안 이야기를 어떻게 진행할지 대중이 투표하도록 했다. 목표는 25~45세 운전자가 참여하도록 유도하는 것이었는데, 캠페인은 인상적인 결과를 도출했다. 토요일 저녁에 출시 행사를 진행하는 동안 4만 명이 넘게 '#당신이_운전한다' 캠페인에 참여했고, 이 해시태그는 캠페인 첫 주에 트위터 사용자들의 타임라인에 1천6백만 번 등장했다. 구글이 밝힌 바에 따르면 캠페인 첫 3주 동안에 에이 클래스 관련 기본 검색량은 360% 증가했고, 380만 명이 '당신이_운전한다' 유튜브 채널에 방문했다.

신중하게 창작한 이야기는 제품이나 가격에 기반한 전략보다 브랜드 경험의 핵심 요소를 더 의미 있고 감정적으로 연관성 있게 표현하는 데 도움이 된다. 또 이해관계자가 이야기에 순응하고 공감할 기회를 제공하는데, 이 점이 중요한 이유는 우리의 뇌가 본능적으로 이야기를 지향하기 때문이다. 핵심은 중심을 벗어나지 않으면서, 이야기를 이용하여 브랜드 경험의 핵심 요소를 일관적으로 전달하는 것이다.

게임화 기법 탐색하기

게임화를 하려면 게임 원리를 이용해야 하고 이해관계자를 핵심 아이디어로 끌어들이기 위해 생각해야 한다. 기본 원리는 사회 심리학자와 사회 과학자가 구성한다. 브랜드 경험과 관련해서, 게임화는 브랜드 인지도를 높이거나, 이해관계자의 참여를 늘리거나, 내부 브랜드 교육을 촉진하거나, 행동 변화를 장려하거나, 직원이 새 기술을 습득하도록 돕는 데 이용할 수 있다.

> '게임화는 우리가 명품 브랜드 본연의 모습과 분위기를 간직하면서 참여를 유도하기에 놀랄 만큼 좋은 방법이다. 중국에서 우리는 금고를 열어 명품 핸드백을 획득하는 위챗 게임을 만들었다. 우리는 며칠 안에 30만 명이 넘는 사람이 참여하는 것을 목격했다.'
>
> 앤-마리 고티에르Anne-Marie Gaultier,
> 발리Bally의 글로벌 마케팅 및 커뮤니케이션 부대표

매력적인 브랜드 경험을 구축하는 데 게임화가 강력한 도구가 될 수 있다는 사실을 점점 더 많은 브랜드가 깨닫고 있다. 2014년에 젊은이를 겨냥한 풍선껌 브랜드인 5껌5 Gum은 포장지에 진실 게임Truth or Dare을 넣고 나서 전년 대비 매출이 17% 증가했다. 필리핀에서 아이들이 활동하지 않고 비만이

되는 현상에 대처하고자, 유음료 브랜드인 마일로는 마일로 챔피언 밴드Milo Champions Band와 애플리케이션을 이용하여 영양소와 활동을 추적하는 게임을 만들었다. 이 몸에 걸칠 수 있는 기술은 아이들이 활동량 대비 열량을 얼마나 섭취하는지를 부모가 감독하도록 도와주고, 영양소를 제안하고, 게임을 통해 활동할 유인을 제공했다. 캠페인 결과,(애플리케이션을 사용한 지 4주 안에) 아이들은 걸음 수가 41% 늘었고, 마일로 제품에 대한 고려도 9% 증가했다.

B2B 시장에서도 게임화 기법을 이용한다. 휴렛 팩커드 Hewlett Packard는 2011년에 '에베레스트 프로젝트Project Everest'를 도입했는데, 재판매업체가 HP 산업 표준 서버HP's Industry Standard Servers와 기업용 소프트웨어 솔루션 제품을 판매할 때 접근하는 방식을 게임화함으로써 수익을 10억 달러 넘게 올렸다. '에베레스트 프로젝트'는 이러닝과 팩맨Pac-Man 형식의 게임을 통합했으며, 판매를 기록하면 그 보상으로 매출이라는 산을 '등반'하는 아바타를 이용해 이를 시각화했다. 아스트라제네카AstraZeneca는 웹 기반 게임인 '목성에 가다Go to Jupiter'를 이용해서 대리점의 제품 관련 지식을 개선하는데, 신약 소개에 도움을 주기 위해서다. 대리점은 퀴즈를 풀고, 신제품의 특징에 집중한 여러 미니 게임을 하면서 점수를 얻는다.

소셜 미디어나 스마트폰과 마찬가지로, 게임화라는 참신함에 휘둘리지 않는 것도 중요하다. 게임은 목적이 아니라 목적을 달성하기 위한 수단이 돼야 한다. 이는 브랜드 경험의 핵심 요소를 명확히 정의하는 것이 그토록 중요한 또 다른 이유다. 브랜드 경험의 핵심 요소는 여러분이 게임화 접근법을 사용할 때 집중할 곳과 방향을 제시한다. 게임화가 여러분의 브랜드와 관련성이 있다는 가정 아래 말이다. 재미를 추구하는 성격이 브랜드의 특징이라면, 색다른 농담이나 장난을 게임에 포함한다고 해서 일이 잘못되지는 않을 것이다.

결론

이해관계자는 여러분이 결을 같이하고, 개인에게 맞추고, 매력적이고, 상호작용하는 식으로 커뮤니케이션하기를 점점 더 기대한다. 내부 커뮤니케이션, 소셜 미디어, 스마트폰, 콘텐츠/대화, 커뮤니티, 브랜드 언어 정체성, 이야기, 게임화 기법에 집중하면서, 이 장에서는 여러분이 이런 목표를 달성할 수 있는 여러 방법을 간단하게 설명했다.

하나 경고하자면, 여러분은 소셜 미디어, 스마트폰, 게임화에서 나타나는 혁신적인 성질에 휘둘릴 수도 있다. 따라서 이런 커뮤니케이션 수단을 이용한다면, 브랜드 경험의 핵심 요소를 구현하는 식으로 사용하는지 계속 재점검하자. 이렇게 하지 않으면 이런 도구는 브랜드 경험의 명확성을 흐리면서, 좋은 일보다는 나쁜 일을 더 많이 초래할 수 있다.

16

디자인

이전 장에서는 커뮤니케이션을 어떻게 이용하면 결을 같이 하고, 개인한테 맞추고, 매력적이고, 상호작용하는 식으로 브랜드 경험의 핵심 요소를 구현할 수 있는지를 강조했다. TV나 라디오, 인쇄물처럼 고전적인 커뮤니케이션 도구를 보완하기 위해, 스마트폰, 소셜 미디어, 게임화 등을 몇 가지 예로 들어 사용했다.

이 장에서는 브랜드 경험의 핵심 요소를 구현할 때, '디자인'을 어떻게 다중 감각 디자인과 서비스 디자인의 형태로 사용할 수 있는지 자세히 설명한다. 다중 감각 디자인이란 시각과 후각, 청각, 미각, 촉각을 사용함을 말한다. 서비스 디자인은 고객 여정 지도, 프로토타입, 스토리보드처럼 실용적인 도구를 이용해서 브랜드 경험에 속하는 서비스를 더 쉽게 디자인한다.

이 징을 읽으면 디자인을 통해 브랜드 경험의 핵심 요소를 구현할 때 어떻게 전체론적 접근법을 수용할지 이해하는 데 도움이 될 것이다.

행동이나 커뮤니케이션과 마찬가지로, 디자인도 여러분이 브랜드 경험의 핵심 요소를 구현하는 데 도움이 될 것이다. 이 장을 읽는 동안, 표 16.1에 있는 질문 사례에 관해 생각해보면 도움이 될 것이다.

표 16.1 디자인을 브랜드 경험의 핵심 요소와 연결하기: 스스로 물어볼 질문

	디자인
가치	어떻게 디자인을 활용하여 가치에 생기를 불어넣는가?
에센스	어떻게 디자인을 동원하면 에센스의 범위에 맞게 경험을 디자인할 수 있나?
약속	디자인을 어떻게 사용하면 브랜드 경험 관련 혜택을 연관성 있게 전달하는 데 도움이 되는가?
포지셔닝	어떻게 포지셔닝을 뒷받침하도록 디자인을 사용하나?
개성	디자인을 통해 어떻게 개성을 표현하는가?

디자인과 브랜드 경험

브랜딩 관점에서 볼 때, 디자인은 역사적으로 브랜드 네임이나 로고, 폰트, 웹사이트, 애플리케이션, 팸플릿처럼 시각적인

브랜드 자산과 관련된 경향이 있다. 하지만 디자인은 이보다 훨씬 넓은 범위를 아우른다.

특정 디자인 분야에 종사하는 순수 주의자는 내 관점에 이의를 제기할 수도 있지만, 내 생각에 다중 감각 및 서비스 디자인이라는 관점에서 디자인을 고려하면 유용한데, 기본적으로 이렇게 하면 주제를 소화할만한 덩어리로 자름으로써 더 깊고 완전하게 이해하기가 수월하기 때문이다. 또 클라이언트가 생각하는 범위를 시각 정체성 너머로까지 넓힘으로써 브랜드 경험의 핵심 요소를 더 온전하고 흥미롭고 궁극적으로는 연관성 있는 방식으로 표현할 잠재력을 심어준다. 마지막으로 이런 식으로 디자인을 고려하면, 클라이언트는 '인간 중심 디자인'이라는 사고방식을 수용하게 되고, 이해관계자의 관점에서 경험을 생각하는 데 도전한다.

과학 연구에서는 어떻게 감각이 함께 작동함으로써 우리가 주변 환경을 더 잘 이해할 수 있게 되고 세상에 관해 더 '정확한' 인상을 받는지 보여준다. 그 결과, 가장 영리한 브랜드는 브랜드 경험의 핵심 요소를 구현할 때 전체론적이고 다중감각적인 접근법을 선택함으로써 더 다양한 감각에 호소할 것이다. 감각을 한 가지 이상 염두에 두고 디자인을 하면 감각 기관에 장애가 있는 사람이 여러분의 브랜드 경험에 접근하기도 더 수월해질 것이다.

디자인을 위한 사업안이 등장하고 있으며(그림 16.1 참고),

세계적인 브랜드에서는 디자인을 이용하여 브랜드 경험을 구축할 때, 점점 디 시각 디자인을 넘어서서 생각하고 있다. GE와 3M, IBM, 펩시콜라, SAP 같은 조직은 디자인 센터를 설립하고 앞서 나간다. 이런 브랜드는 서비스 디자인까지 아우르는 더 넓은 감각으로 디자인을 수용하고 이해한다.

이 장의 남은 부분에서는 브랜드 경험의 핵심 요소를 실현할 때 다중 감각 및 서비스 디자인이 맡은 역할을 살펴본다.

그림 16.1 디자인 중심 조직 대 S&P 500: 2005~2015년 비교

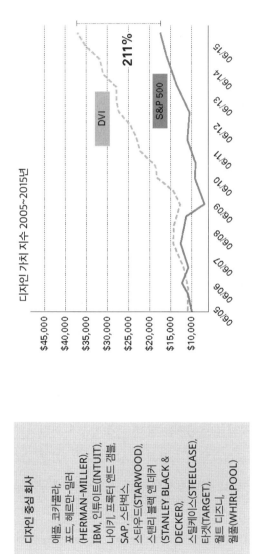

디자인 가치 지수 2005~2015년

디자인 중심 회사

애플, 코카콜라,
포드, 헤르만-밀러
(HERMAN-MILLER),
IBM, 인튜이트(INTUIT),
나이키, 프록터 앤드 갬블,
SAP, 스타벅스,
스타우드(STARWOOD),
스탠리 블랙 앤 데커
(STANLEY BLACK &
DECKER),
스틸케이스(STEELCASE),
타깃(TARGET),
월트 디즈니,
월풀(WHIRLPOOL)

출처: 디자인 매니지먼트 인스티튜트(Design Management Institute)와 모티브 스트래티지스(Motiv Strategies)의 허락을 받아 기재.

추가 내용은 dmi.org/value에서 확인 가능.

다중 감각 디자인

18~34세 사람 중 47%(55세 이상 중에는 25%인 것과 대비된다)는 혁신적이고 창의적인 방식으로 관계를 맺고 다중감각적인 경험을 전달받으면, 그 브랜드나 회사를 향한 전반적인 충성도가 변한다고 말한다(엑센츄어).

시각

다양한 시각 신호를 이용해서 브랜드 경험의 핵심 요소를 구현할 수 있다.

로고

버진에서 사용하는 비스듬히 기운 로고는 관행을 따르지 않는 기업을 나타낸다. 반대로 IBM에서 사용하는 로고는 더 구조적이고 조직적인 느낌을 준다.

색

부파Bupa 같은 의료 브랜드는 흰 바탕에 점잖은 파란색과 초록색 색조를 사용함으로써 돌봄과 진심이라는 가치를 구체적으로 표현한다. 반대로 베르사체는 밝고 선명한 색을 사용해서 자신감 넘치고 외향적인 브랜드 개성을 표현한다.

색은 문화적 의미를 내포한다. 붉은색은 동양에서는 행

운과 행복을, 서양에서는 위험을 암시한다. 흰색은 서양에서는 결혼식을 올릴 때, 동양에서는 장례식 때 사용한다. 브랜드가 세계에 진출하려면 이렇게 특이한 점에 주의를 기울여야 한다. 전문가의 조언 코너에서 키르시 만투아-콤모넨Kirsi Mantua-Kommonen은 세계에서 가장 큰 기회의 땅 중 하나인 중국에 브랜드가 진출할 계획이라면 다섯 가지를 고려하라고 이야기한다.

전문가의 조언 16.1

여러분의 브랜드로 중국 진출하기:
가장 중요한 다섯 가지 조언

키르시 만투아-콤모넨 박사,
오로라 익스플로러 극한 여행자AuroraXplorer 极行客 설립자이자 최고경영자 겸 최고 마케팅 책임자

1. **이름의 의미.** 중국에서는 서양 브랜드가 원래 사용하는 알파벳 이름을 대개 중국어로 번역한다. 앵그리 버드Angry Birds는 '화가 난 작은 새愤怒的小鸟'로 번역했다.

2. **이름의 발음.** 중국 문자는 의미가 여러 개다. 코카콜라可口可乐는 원래 이름과 비슷하게 들리며 알맞은 의미를 함축한 문자로 구성했다. 문자 그대로 하면 '입에 넣을 수 있고

즐길 수 있다'는 뜻인데, 叮口는 '맛있다'라는 뜻도 있어서 합치면 '맛있는 즐거움'이 된다.

3. **로고의 색.** 붉은색은 중국에서 가장 중요한 색이다. 행복을 상징하며 나쁜 귀신을 쫓는 힘이 있다. 초록색은 어떤 상황에서는 아주 큰 위험을 지닌다. 초록색 모자는 외도를 암시한다. 그 결과, 상하이 스타벅스에서 일하는 직원은 테두리가 검은색인 모자를 착용한다.

4. **로고의 모양.** 중국 문화에서는 원이 하늘의 모양이고 땅은 사각형이라고 믿는데, 따라서 사각형은 세속적인 법과 규칙을 대표한다. 고대 중국에서 사용하던 동전은 원형 가운데에 네모난 구멍이 있었다. 중국 은행Bank of China은 번영과 부를 나타내는 상징으로써 이 동전 모양을 사용한다.

5. **숫자의 상징.** 숫자 8은 중국 문화에서 가장 운이 따르는 숫자다. 8에 해당하는 문자 '八'은 '바'라고 발음하는데, 번영을 뜻하는 '파'发 자와 운율이 맞는다. 숫자 4는 불운을 암시하며 전화번호에조차 4를 넣길 피한다.

오로라 익스플로러 극한 여행자는 유럽을 여행하는 중국인에게 일생에 한 번뿐인 경험을 판매한다.

이미지

해러즈Harrods가 사용하는 이미지는 코스트코Costco와는 상당히 다르며 품격 있는 브랜드 약속, 개성, 포지셔닝이라는 맥락에서 브랜드 경험의 핵심 요소를 담은 메시지를 분명하게 전한다.

타이포그래피

코카콜라는 그 상징적인 병 모양을 이용하여 '열린 행복'으로 가는 초대장을 창의적으로 만들었다. 너무나도 성공을 확신했기 때문에, 코카콜라 이름이나 로고를 병 외관 디자인에 사용하지 않았다.

서체

해즈브로Hasbro와 레고 같은 장난감 브랜드는 둥근 폰트를 사용해서 장난기 있고, 재밌고, 친숙하고, 젊은 느낌을 브랜드에 주지만, 랄프 로렌Ralph Lauren은 그 옷만큼이나 세련되고 복잡하고 잘 세공한 폰트를 퍼플 라벨Purple Label에 사용한다.

동영상

에어비앤비Airbnb는 페리스코프Periscope 같은 360도 촬영 애플리케이션으로 여행 영상을 실감 나게 제작하는 실험을 하고 있는데, '지역 주민처럼 살기'라는 브랜드 포지셔닝과도 완벽하게 묶을 수 있다. 존 루이스John Lewis는 크리스마스용 광고를 한적한 전원주택에서 촬영했는데, 이 주택은 숲이 우거진 교외에 위치하고 멋진 정원이 딸려있었다. 이 광고가 중산층을 대상으로 하는 시장에 연관성 있는 메시지를 보내는 동안, 이와는 상당히 다르게 알디Aldi는 '브랜드 제품이 좋아Like Brands'라는 캠페인을 벌이면서 장난기 있고 풍자가 가볍게 들어간 접근법을 채택했다.

패키지

달러 셰이브 클럽에서 처음 배송을 받으면, 보기 좋게 브랜드를 새긴 상자에 장난기 있고 익살스러운 포지셔닝을 뒷받침하듯 재밌는 환영 문구가 쓰여있다. 철저하게 영국다운 포지셔닝을 지탱하기 위해, 포트넘 앤드 메이슨Fortnum and Mason은 차 패키지를 다시 디자인했고, 지난해 같은 기간보다 판매량이 103% 증가했다.

브랜드 환경

베이커 맥킨지Baker McKenzie처럼 세계적인 법률 사무소는 뉴욕시 5번가 같은 곳에 사무실을 내서 고급 포지셔닝을 강화한다. 디젤Diesel 매장에서 사용하는 산업 디자인은 프라다Prada 매장을 꾸미면서 군더더기 없고 유행을 안 타는 에센스를 전달하는 깔끔한 윤곽과는 정반대다.

많은 브랜드와 은행이 특히 디지털 변혁에 집중하고 있지만, 고전적인 오프라인 매장도 브랜드 경험을 전달하는 데 여전히 그 역할을 하고 있다. 전문가의 조언 코너에서 샬럿 베리Charlotte Barry와 찰리 그린Charlie Green은 어떻게 로이드 은행 그룹Lloyds Banking Group의 브랜드가 특정 부분이 요구하는 사항과 교차하고, 이것이 소매 경험의 디자인을 통해 나타나는지 간단하게 설명한다.

전문가의 조언 16.2

로이드 은행 그룹은 어떻게 소매 경험을 이용해서 포지셔닝을 뒷받침하나?

샬럿 베리(전략 관리자), 찰리 그린(포트폴리오 브랜드 선임 관리자)

로이드 은행 그룹에서는 뚜렷한 고객 부분별로 제품과 서비스를 제공하고자 다양한 브랜드를 담은 포트폴리오를 갖고 있는데, 각 고객 부분에 관련한 브랜드 가치와 시각 정체성, 브랜드 경험이 다양하게 모여 포트폴리오에 활기를 불어넣는다. 이런 가치와 경험은 포지셔닝과 마케팅, 그리고 지점에서 근무하는 동료가 고객과 상호작용하는 일을 엮는다.

로이드 은행이 현재 채택한 브랜드 포지셔닝은 '다음 단계가 무엇이든, 로이드 은행이 곁에 머물겠습니다Whatever your next step, Lloyds Bank will be by your side'이다. 이 점은 다양한 방식으로 보여줄 수 있는데, 고객이 자신 있게 다음 단계를 마주하도록 돕고 안내하는 위치에 브랜드를 배치하면 된다. 고객을 이해하고 고객에게 무엇이 필요한지 들을 시간을 이 동료에게 준다면, 우리의 브랜드 가치에서 핵심 교리라 할 수 있는 재정적 신뢰를 고객에게 전할 수 있을 것이다.

우리는 이를 런던의 클래팜 정션Clapham Junction에 있는 신개념 지점을 통해 실천하고 있는데, 이 지점은 고객이 시내에서 은행과 거래하는 방식이 변하는 상황에 대처하고, 그 지역 고객에게 필요한 것에 집중하기 위해 특별히 디자인했다. 이 새로운 지점을 열면서 조사한 바에 따르면, 처음 부동산을 구매하고, 휴가를 가기 위해 돈을 모으고, 새 회사를 설립하는 것이 크래팜 지역 고객과 특히 연관성 있는 주제였다. 그 결과, 이 지점에서 근무하는 동료는 이들 분야에서 높은 전문성을 유지하기 위해 기술을 높였고, 이 점을 반영하기 위해 매장 내 자료에도 무게를 더했다.

그림 16.2 로이드 은행, 클래팜 정션 지점

　지점에 새로운 콘셉트를 도입하면서, 그런 서비스 요구를 지원하고, 상호호환적인 디지털 지도를 대형 화면에 띄워서 이사를 생각하는 고객이 '이동 경로를 지도에 표시하는 것'을 도울 수 있게 했다. 무료 와이파이와 스마트폰 충전 서비스도 사용할 수 있으며, 아이패드를 사용하는 지점 동료는 이제 은행 영업실에서 고객과 더 깊은 대화도 나눌 줄 안다.

　지점은 일주일에 7일 동안 영업하며, 어떤 요일에는 연장 영업을 하므로 상당수가 런던 중심부로 매일 출퇴근하는 지역 주민이 편할 때 방문할 수 있다.

참고: 이 사례와 관련 사진은 로이드 은행이 2017년 8월에 제공한 것이며, 당시의 최신 근황이다.

로이드 은행 그룹은 영국에서 가장 큰 소매 및 상업 은행을 운영하며, 영국 내 거의 모든 공동체와 가정에 닿아 있을 정도로 발이 넓다.

이동수단

여러분이 하이브리드 밴 부대를 보유하거나 자전거 보조 정책을 시행한다면 브랜드가 사회적 책임에 따라 가치를 정했다고 추측할 수 있다. 두바이에 있는 5성급 호텔은 롤스 로이스 부대를 갖춤으로써 고급스러운 포지셔닝을 강화하고, 배송용 밴 부대를 새롭게 구성함으로써 핵심 혜택인 마음의 평화를 전달하도록 돕는다.

옷차림

군더더기 없고 유행을 안 타는 옷을 직원이 입고 회의에 나타난다면 브랜드 개성이 고상함을 보여주며, 파격적인 셔츠를 입고 턱수염을 깔끔하게 빗고 유행하는 신발과 신중하게 고른 구제 액세서리를 걸쳤다면 힙스터가 브랜드를 만들었음을 강조한다.

후각

후각은 뇌의 둘레계통과 직접 연결되는 유일한 감각이다. 후각이 중요한 이유는 둘레계통이 장기 기억을 처리하며 여러분이 결정을 내리는 데는 감정이 매우 중요한 역할을 하기 때문이다(5장). 샐러드를 사러 가게에 들어갔는데 튀김이 익는 냄새를 맡은 적이 있는가? 저도 모르게 튀김에 코를 들이댈 것이다. 이런 일이 일어나는 이유는 논리나 이성이 입을 열기 전에 냄새가 두뇌 속 감정 수용기에 직접 닿기 때문이다.

우리는 '후각' 기억을 잘 잊어버리지도 않는다. 이미지는 보고 난 후 며칠이나 심지어 몇 시간이면 희미해지지만, 냄새는 훨씬 오랫동안 기억해 낼 수 있다. 어린 시절에 학교에서 향기가 나는 크레욜라Crayola 크레용을 사용하거나, 집에서 가장 좋아하는 음식 냄새를 음미했던 기억을 떠올려보자. 관련된 감정까지 밀려들 가능성이 크다.

많은 브랜드가 냄새를 이용해서 브랜드 경험의 핵심 요소를 전달한다. 싱가포르 항공은 '스테판 플로리안 워터스Stefan Floridian Waters'라는 향수를 기내에, 승무원 향수로, 뜨거운 물수건에 사용한다. 이 특허받은 향수는 장미와 라벤더, 시트러스 혼합물을 기본으로 하며, 브랜드가 품고 있는 고급스러운 동양풍 분위기를 전달한다. 리츠 칼튼 도하점은 엄청나게 비싼 우드oud 향수를 사용함으로써 그 명망을 중동식으로 바꿔서 강화하며, 교토점은 지역에서 키운 마차를 레몬, 카르다몸, 시더우드, 재스민과 섞어서 일본식으로 고급 포지셔닝을 강화한다.

청각

브랜드에 알맞은 음악을 이용하면, 사람들은 다음과 같았다.

- 음악이 어울리지 않거나 없을 때보다 브랜드를 기억할 가
  능성이 96% 더 높다.

- 음악이 기억을 되살리거나 마음에 들 때 제품을 구매할 가
  능성이 24% 더 높다.

- 음악을 좋아하는 사람 중 73%는 브랜드가 음악을 사용하
  여 이미지를 개선한다고 믿는다.

- 62%는 음악을 잘 배열하면 브랜드 제품이나 서비스를 시
  도해보고 싶어진다고 느낀다.

- 70%는 음악이 브랜드를 경쟁사 보다 돋보이게 만든다고
  생각한다.

연구에 따르면 음악은 우리의 기억과 감정, 행동에 영향을 준다. 한 연구에서는 음악이 활성화하는 뇌 부위가 '자서전적 기억(autobiographical memory)'이라고 하는 매우 개인적이고 감정적인 기억과도 연관됨을 밝혔다. 또 다른 연구에서는 감정과 관련된 둘레계통을 포함하여 넓은 뇌 연결망을 '리듬과 음조'가 어떻게 활성화하는지 발견했다. 그러니, 이제 여러분은 베이스 소리를 들으면 왜 기분이 좋은지 알게 된 셈이다.

'어떤 일이 일어나는 듯하냐면, 익숙한 음악은 머릿속에서 재생하기 시작하는 정신적인 영화의 영화음악처럼 작동한다. 특정 사람이나 장소에 관한 기억이 돌아오고, 갑자기 그 사람 얼굴이 심상으로 떠오를 수 있다. … 이제 우리는 음악과 기억이라는 두 요소 사이의 관계를 볼 수 있다.'

P 잔타나(P Janata), 캘리포니아 대학 데이비스 캠퍼스

'포르쉐의 소리Sound of Porsche'는 뉴욕과 런던, 상하이에서 911 GTS를 출시하면서 제작했는데, 소리와 빛을 시각화함으로써 포르쉐가 추구하는 가치와 911 GTS를 사람들에게 더 잘 알리기 위해서였다. 버버리 어쿠스틱은 온라인이나 버버리 매장에서 진취적인 영국 밴드가 자기 음악을 공유할 기회를 제공한다. 이는 부유한 밀레니얼 세대를 점점 더 겨냥하는 버버리의 포지셔닝을 지원한다. 랭글러Wrangler 청바지는 유니버설 뮤직 그룹 내슈빌Universal Music Group Nashville과 제휴를 맺고 특별한 뮤직비디오를 팬한테 제공한다. 목표는 핵심 타깃 고객 사이에서 컨트리 음악이 자아내는 긍정적인 감정과 브랜드를 연상시키는 것이다. 챔피언스 리그Champions League에서 사용하는 축가는 토니 브리튼Tony Britten이 작곡했는데, 헨델Handel의 사제 제독Zadok The priest에서 악구를 인용한 덕분에 대회에 고급스러운 느낌을 부여한다.

소리를 통해서 브랜드 경험을 구현하려면 성장하는 중인

음성 영역을 고려해야 한다. 아마존이 내놓은 음성 인식 서비스인 에코Echo을 이용하면 가게에서 주문하고, 음악을 듣고, 웹페이지를 검색할 수 있다. 아마존의 가상 비서인 알렉사Alexa가 포드 퓨전Ford Fusion 계기판에 들어가면서 운전자는 다양한 음성 명령을 내릴 수 있게 되었다. 스타벅스는 '내 스타벅스 바리스타'를 출시해서 여러분이 음성 애플리케이션으로 커피를 주문할 수 있게 한다.

이런 '대화형 상거래conversational commerce'의 종류는 고객에게 큰 편의를 제공한다. 시각 장애인이나 여타 장애인처럼 눈에 띄지만, 서비스를 충분히 제공하지 못했던 고객의 요구도 만족시킨다.

음성을 통해 브랜드가 고객과 어떻게 상호작용하는지 고려하면, 브랜드 경험의 핵심 요소를 연관성 있게 구현할 또 다른 기회가 생긴다. 브랜드 개성이 협력적이라면 배려하는 어조를 채택해야 한다. 더 장난을 좋아하거나 짓궂은 브랜드라면 고객에게 정신을 바짝 차리게 하려고 가끔 더 신랄한 어조를 채택할 수도 있다.

스포티파이Spotify와 판도라Pandora 같은 온라인 음악 플랫폼은 소리를 통해 브랜드 경험을 구축할만한 대안적인 접근법을 개척하는 중이다. 스포티파이는 여섯 가지 '순간'을 중심으로 하루를 나눴다. 휴식 시간, 운동 시간, 파티 시간, 저녁식사 시간, 집중 시간, 수면 시간이 그것이다. 예를 들어 웬디스 Wendy's 같은 브랜드는 '저녁 식사 시간'을 후원한다. 판도라는 생활 방식을 중심으로 분류를 나눴다. 판도라를 이용하는 '운동 매니아'는 게토레이Gatorade에서 내놓은 전해질 보충제 브랜드인 프로펠 워터Propel Water를 뽑는 제비 역할을 한다. 여기서 음악은 브랜드 경험의 핵심 요소를 시기적절한 순간에 해당 고객의 생활 방식과 연관성 있게 전달하는 수단이다.

미각

스위스 항공Swiss Airlines을 이용하는 승객은 무료 스위스 초콜릿을 한 조각 기대할 수 있다. 이 초콜릿은 항공사 브랜드가 지닌 스위스다운 요소를 강화한다. 더블트리DoubleTree 호텔은 맛있고, 따끈한 초콜릿 칩 쿠키로 유명한데, 매일 아침 새로 구워서 손님이 체크인할 때 제공한다. 쿠키는 손님이 보살핌을 받는다고 느끼고, 그 냄새를 통해 집에 온 듯한 느낌을 받도록 도우면서, 브랜드 포지셔닝을 완벽하게 보조한다. 우리 회사의 클라이언트 중 일부는 크리스마스에 지역에서 생산한 유기농 식품 바구니를 보냄으로써 지속 가능성에 헌신하고 있음을 강조하며, 다른 클라이언트는 프런트에 재밌는 복고풍 과자를 둠으로써 외향적이고, 재밌고, 젊은 브랜드라는 점을 보여준다.

촉각

장 폴 고티에Jean Paul Gaultier는 수많은 향수를 인체 모양이 떠오르는 병에 담아 선보였다. 감각적이고 관능적인 브랜드에 딱 알맞았다. 제지업체인 페드리고니Fedrigoni는 카메라 브랜드인 라이카Leica와 협력해서 25가지 카메라에 사용하던 가죽 덮개를 훌륭하고 튼튼한 페드리고니 콘스텔레이션 제이드Fedrigoni Constellation Jade 종이로 교체했다. '종이 스킨Paper Skin' 캠페인 덕분에 전체 사업 및 콘스텔레이션 제이드 제품 라인은 전년 대비 수익이 각각 36%와 57.2% 증가했고, 477,549유로에 상당하는 광고 효과를 봤다.

점점 더 많은 브랜드가 브랜드 경험에 촉각을 포함하고 있다. 스톨리치나야 보드카Stolichnaya Vodka에서 모바일용으로 특별하게 설계한 광고인 '회전'은 손으로 칵테일을 만드는 듯한 느낌을 자극한다. 캐딜락Cadillac은 안전 경보 시트Safety Alert Seat를 감각과 연결하는데, 충돌 위험이 발생하면 운전자 시트를 통해 진동을 보낸다. 폭스텔Foxtel은 오스트리아식 럭비용으로 경보 셔츠Alert Shirt를 만들었다. 관객은 경보 셔츠를 입으면 선수가 걸리는 태클뿐 아니라 공을 차는 중요한 순간을 앞두고 긴장하여 요동치는 심장박동까지도 전부 느낄 수 있다. 고객에게 경기를 더 가까이 전달하는 일을 하는 브랜드에 훌륭하게 어울린다.

서비스 디자인

서비스 디자인은 제품 디자인, 인터랙션 디자인interaction design, 운영 관리, 민족지학(에스노그라피) 등을 비롯해 다양한 분야를 아우른다. 전문가의 조언 코너에서 크세니야 쿠즈미나 Kuzmina Kuzmina는 서비스 디자인이 무엇이고 어떻게 더 넓은 디자인 씽킹design thinking에 부합하는가를 밝힌다.

전문가의 조언 16.3

디자인 씽킹과 서비스 디자인 이해하기

크세니야 쿠즈미나 박사, 런던 러프버러 대학Loughborough University 산하 디자인 혁신 연구소Institute for Design Innovation의 디자인 혁신 프로그램 총감독

디자인 씽킹은 디자이너가 사용하는 문제 해결 접근법으로 행동을 통해 깨닫는 과정에 기반한다. 디자인 씽킹에는 4단계가 있다.

1. 발견(사용자 요구 이해하기)
2. 정의(통찰 정의하기)
3. 개발(프로토타입 개발하기)
4. 전달(결과 전달하기)

서비스 디자인은 민간 및 공공 서비스를 새로 개발하거나 개선하여 더 편리하고 유용하고 효과적이고 효율적으로 만드는 디자인 분야다. 디자인 씽킹 과정으로 이해관계자를 데려오기 위해 서비스 디자인에서는 실용적인 디자인 씽킹 도구를 네 단계에 걸쳐 차례로 채택하고 적용한다.

- 발견 단계에서는 공감 도구와 기법(예: 문화 탐사)을 사용해서 이해관계자가 이해하는 그대로 문제 영역을 조사한다.
- 정의 단계에서는 생성 도구(예: 스토리텔링)를 이용하는데, 그러면 발견 내용을 이해관계자가 마음에 그려보고, 거기에 관해 반응하고 논의함으로써 새 서비스에 대한 기대와 의견을 공유하는 데 도움이 된다.
- 마지막으로 개발 및 전달 단계에서는 프로토타이핑 도구(리빙랩, living lab)를 이용해서 미래상을 개발하고 탐색한다. 이런 도구를 이용하면 일부 이해관계자가 변화 내용을 모형으로 만들어 평가한 다음, 디자이너와 나머지 이해관계자가 이를 시행하는 데 도움이 된다.

따라서 서비스 디자인을 할 때는 디자이너가 가장 효과적인 서비스 해법을 개발하기 위해 모두와 관계를 맺음으로써 디자인 씽킹 과정을 촉진한다.

브랜드 경험 디자인 바이블

런던 러프버러 대학은 영감을 불어넣는 대학원 중심 캠퍼스로 퀸 엘리자베스 올림픽 공원Queen Elizabeth Olympic Park에 있다.

서비스 디자이너는 실용적이고 시각에 집중하는 도구를 다양하게 사용함으로써 브랜드 경험의 핵심 요소를 구현하는데, 여기에 대해 지금 소개하려 한다.

고객 페르소나

고객 페르소나는 가상(때로는 실제) 인물로 해당 고객 부분을 대표하며, 6장에서 소개했다. 페르소나가 있으면 조직은 고객을 최우선으로 생각하고 서비스 디자인과 관련하여 강력한 통찰을 떠올린다. '고객' 페르소나라고 부르긴 하지만, 다른 이해관계자 집단을 이해하는 데도 유용하게 사용할 수 있다.

정량적 데이터 분석을 바탕으로, 웨이브렝스에서는 중동의 의료 브랜드를 위해 고객 페르소나를 개발하고, 압둘, 암르, 파티마 같은 이름을 붙였다. 그다음에 각 고객 부문을 대표하는 실물 크기 마네킹을 제작해서 클라이언트사 사무실 주변에 놓자, 직원은 고객 지향적인 브랜드 약속을 계속 떠올렸다. 또 고객 서비스 담당자들은 마네킹한테서 시기적절하게 시각 신호를 받음으로써 대화하는 고객 부문에 기초하여 사용하는 언어와 어조를 재단했다. 그리고 고객에게 신중하게 작성한 몇 가지 질문을 던짐으로써 그 사람이 어느 부분에 속하는지 파악한 다음 매장 내 관련 코너로 인내하도록 소매점 보조직원을 교육했다.

고객 공감 지도

고객 페르소나가 만족스럽지 않을 때, 고객 공감 지도를 이용하면 고객을 더 깊이 통찰하기에 유용하다. 고객 공감 지도가 있으면 고객이 어떻게 느끼고, 보고, 말하고, 행동하고, 들을 것 같은지를 조사할 뿐 아니라 무엇을 원하고 살면서 어디에 불편을 느끼는지를 이해하는 데 더 적극적으로 임한다. 그러면 고객의 심리와 상황, 세계관을 더 깊이 인지하며, 브랜드 경험을 구축할 때도 이를 고려할 수 있다. 월트 디즈니는 경험을 더 잘 이해하고자 고객과 함께 줄을 서곤 했고, 누텔라 Nutella, 킨더 서프라이즈Kinder Surprise, 페레로 로쉐Ferrero Rocher, 틱 탁Tic Tac을 보유한 미켈레 페레로Michele Ferrero는 직접 소매 상점 주변을 염탐하면서 전시한 초콜릿에 아이들이 손을 댈 수 있는지 알아봤다.

고객 여정 지도

고객 여정 지도를 이용하면 이해관계자가 여러분의 브랜드와 관계를 맺으면서 경험할 주요 접점을 식별할 수 있다. 이해관계자는 이들 접점을 통해 기술이나 사람, 공간, 제품과 접촉한다. 버진 홀리데이Virgin Holidays에서는 구매 후 7일 이내에 버진 홀리데이 전문가를 고객에게 소개해서 휴가를 맞춤형으로 계획하도록 돕는다. 출발 15일 전에는 목적지에서 근무하는 직원이 전화를 걸어서 자기를 소개하고 도움이 필요하거나 궁금한 것이 있는지 묻는다. 여행을 며칠 앞두고는 공항 어디에서 버진 홀리데이 직원을 만나야 하는지를 자세히 써서 고객에게 문자로 보낼 것이다. 휴가를 마치고 돌아온 고객은 '귀환을 환영'한다는 전화를 받을 것이다.

포르쉐 차량 배달 애플리케이션은 배달 전에 만나는 사려 깊은 접점으로 고객은 배송을 받기 전에 차량에 관해 배울 수 있다. 포르쉐를 받고 나면 운전을 하고 싶지, 속도 유지 장치나 전기 시트의 사용법을 알아내느라 시간을 낭비하길 원하지 않기 때문이다.

구매 후 경험이 하는 역할도 간과하면 안 된다. 고객을 확보했다면 교차 판매cross selling하거나 상향 판매up selling하거나 그저 거래에 감사를 표함으로써 상업적 관계를 돈독히 할 기회가 생긴다. B2B 이사를 대상으로 진행했던 연구도 이 점을 지지한다. '고객 경험 선두주자' 중에는 61%가 판매 후 서비스를 '매우 중요'하게 여기고 지원했지만, '고객 경험 느림보' 중에는 20%에 그쳤다.

아우디는 독일에서 서비스와 정품 아우디 부품 매출을 높이고자 했는데, 저렴한 선택이 늘 옳은 선택은 아니라는 점을 고객에게 보여줄 목적으로 '당신의 아우디를 엉뚱한 사람 손에 넘기지 마십시오Don't let your Audi fall into the wrong hands'라 는 캠페인을 벌였다. 그러자 2014년 3~5월과 비교해서 2015 년 3~5월에는 서비스 시간이 7.4% 늘었고, 정식 예비 부품 판 매가 10.1% 늘었으며, '최고 수준 서비스 파트너'라는 인식이 30.51% 올랐고, '서비스 문제와 관련하여 독보적인 파트너'라 는 인식은 16.53% 올랐다.

전문가의 조언 코너에서 매튜 웡Matthew Wong은 싱가포르 아우디가 어떻게 고객 감동Customer Delight 프로그램을 판매 후 고객 경험의 일부로서 사용하는지 간단하게 설명한다.

전문가의 조언 16.4

서비스 디자인은 싱가포르 아우디가
고객 감동을 전하는 데 어떻게 도움이 되나?

매튜 웡, 싱가포르 아우디 판매 후 운영 관리자

아우디의 고객 감동 프로그램은 싱가포르 아우디에서 제공 하는 판매 후 서비스에서 중요한 부분을 차지한다. 이 프로그 램은 대리점에서 준비하는데, 일 년 중 특별한 때에 무작위로 고객에게 감동을 전달할 권한을 직원한테 부여한다. 중추 명 절에 고객에게 월병을 선물하거나, 방학 동안에 부모와 서비

브랜드 경험 디자인 바이블

스 센터를 방문한 아이한테 아우디 장난감을 주거나, 아우디 A8 탑 서비스 셔틀Audi A8 Top Service Shuttle을 이용해서 서비스를 받기 위해 차량을 두고 가는 고객을 편리한 곳까지 데려다주는 일을 한다.

고객에게 감동을 준다는 것이 꼭 돈이 들어가는 선물만을 가리키지는 않는다는 점을 기억해야 한다. 아우디를 대표하는 사람으로서 직원이 서비스와 당면 과제를 어떻게 이행하는가를 가리키기도 한다. 아우디 고객 감동 프로그램은 서비스 센터에서 긍정적이고 기억에 남는 고객 경험을 만드는 것이 목적이다. 이렇게 함으로써 고객에게 감사를 표현하고, 고객이 아우디 브랜드를 지지하도록 장려하기 위해서다.

서비스 디자인이 최신 상황을 반영하고 연관성을 유지하도록 계속 보장하고자, 고객이 서비스 센터를 떠나고 나면 전화 인터뷰를 하고 아우디 탑 서비스 애플리케이션으로 반응 살피면서 센터에서 고객에게 제공한 경험을 평가하고 기록한다. 매일 일정한 수만큼 고객에게 연락한다. 이 인터뷰와 일선에서 일하는 직원이 내놓은 의견을 통해 빈틈과 부족한 부분을 계속해서 찾아내고 수정할 것이다. 이런 조건에서 전 직원은 아우디 판매 후 서비스 디자인에 기초하여 항상 긍정적인 브랜드 경험을 전달할 수 있다.

아우디 그룹은 아우디와 두카티Ducati, 람보르기니Lamborghini 같은 브랜드를 보유했으며, 럭셔리 부문에서 세계적으로 가장 성공한 자동차 및 오토바이 제조업체 중 하나다. 제품은 전 세계 100개가 넘는 시장에 선보이며 12개 나라에 있는 16개 지역에서 생산한다.

고객 여정 지도를 그릴 방법은 많다. 몇몇은 훌륭하고 몇몇은 괜찮지만, 그저 혼란스럽기만 한 방법도 많다. 지도는 단순하게 유지하면서 작성하는 편이 더 낫다. 그림 16.3은 웨이브렝스가 중동에 있는 장소 기반 브랜드 클라이언트사를 위해 사용했던 사례다.

그림 16.3 단순화한 고객 여정 지도(종동 관람자)

제미 섬Fun Island에서 감정이 충만한 브랜드 경험 전달하기

웨이브렌스 마케팅

	구매 전 접점	구매 접점	구매 후 접점
감정? 1. 정통함 2. 뿌듯함 3. 걱정			
해야 할 일?	• 가족한테 사랑을 표현하기. • 자신에게 보상하기, 자아 만족시키기. • 연관성 있는 선택지를 전부 찾아서 파악하기.	• 시간 절약하기. • 정통한 느낌 받기. • 자신 있게 여행 예약하기.	• 안심하기. • 가족을 만족시킬 수 있었다고 느끼기. • 가족과 친구에게 여행 이야기하기.
제안? 제미 섬에서 보내는 가족 휴가 예약하기.	제미 섬 관련 콘텐츠(인포그래피) 접하기.	사용자 경험을 최적화한 모바일 포털/소형 사이트.	개인 맞춤형 후속 이메일.

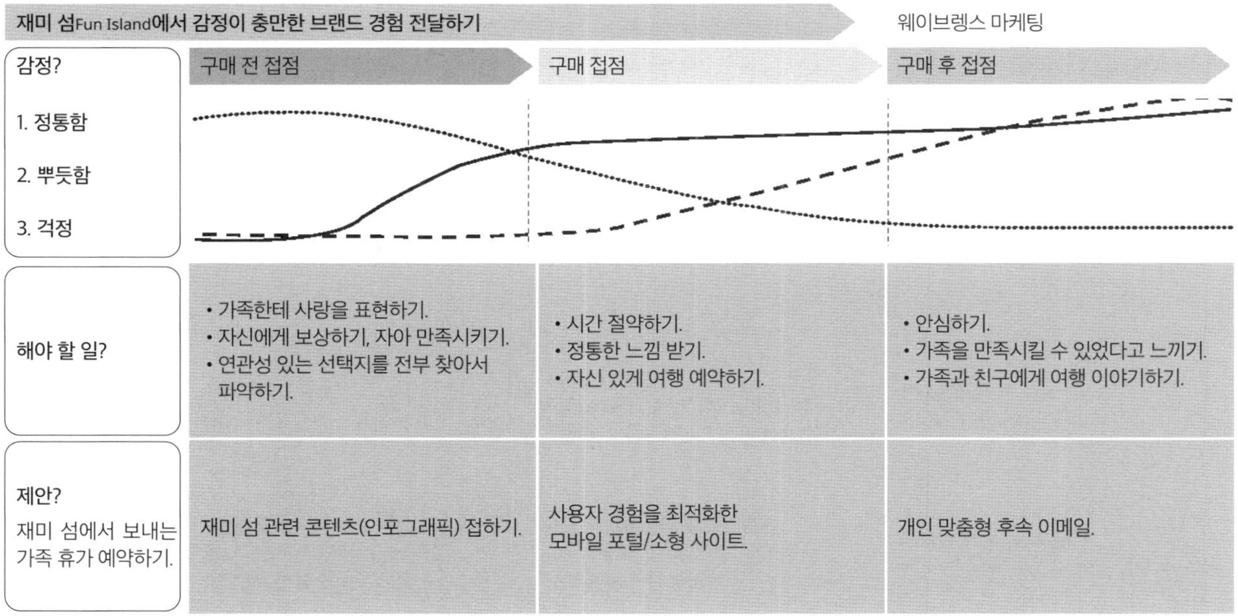

전달?			
행동	강요하지 않음. 연관성 있는 (온/오프라인) 경로에서 도움을 제공할 준비.	필요할 때 도움 제공하기. (예: 클릭하면 전화로 담신하기', 도움을 제공하는 팝업 채팅.)	새 소식, 신상품 등을 계속 접할 수 있는 재미 섬 커뮤니티의 링크
커뮤니케이션	경쾌한 어조를 이용한 유익하고 매력 있는 콘텐츠	간결하고 실용적이고 목표 지향적인 콘텐츠. 의견과 조언을 구하기 위한 커뮤니티 링크	진실하고 품위 있는 언어로 감사 표현하기.
디자인	브랜드를 표시한 멀티미디어 인포그래픽에 동영상을 포함하고, 주요 헤택과 홈페이지 링크 선전하기.	대상 시장의 관심사에 잘 맞는 단순한 사용자 경험, 가족 모습 자료, 영상(예: 무지컬.)	가장 좋아하는 가족사진에 재있는 필터를 씌워주는 특별 구폰을 회수하는 능력.
지표?	조회 수, 공유 횟수, 홈페이지 접속 횟수	매출 체류 시간, 영상 조회 수, 공유 횟수	메일 열람 횟수, 클릭 수, 쿠폰 회수.

알림: '재미 섬'은 꾸며낸 이름이다. 또, 이 도표로는 축약한 것으로, 각 단계에 있는 감정이나 일의 행동, 커뮤니케이션, 디자인과 전부 연결되지는 않는다. 클라이언트의 비밀을 유지하려면 필요한 조치였었다.

그림 16.3과 비슷한 고객 여정 지도를 클라이언트와 함께 작성할 때면, 나는 다음 여섯 단계를 따르는 것이 유용하다고 느낀다.

1. **제안할 내용 찾기.** 재미 섬에서 보내는 가족 휴가 예약하기.

2. **구매 전, 구매 중, 구매 후 단계에서 가장 중요한 접점 포착하기.** 이들 접점은 인포그래픽(구매 전), 최적화된 모바일/소형 사이트를 방문하는 일(구매 중), 맞춤형 후속 이메일(구매 후)과 상호작용할 수 있다.

3. **이해관계자가 각 접점에서 완수해야 하는 '일' 이해하기.** 가족 휴가를 예약할 때, 아버지가 해야 할 '일'은 아마 다음과 같을 것이다. 가족에게 사랑을 표현하기(구매 전), 시간 절약하기(구매 중), 안심하기(구매 후). 이 사례에서는 가족 내 주요 의사결정자를 아버지로 봤지만, 여타 시장과 상황에서는 다른 사람이 될 수도 있다는 점에 주의하기 바란다.

4. **각 접점에서 고객이 느끼길 바라는 감정 정의하기.** 아버지는 아마 고객 여정을 이어가는 동안 점점 더 정통하고 뿌듯한 느낌을 받고 걱정은 덜 하고 싶을 것이다. 그러면 여러분은 고객 여정 동안 이런 감정을 그래프로 그릴 수 있다.

5. **행동, 커뮤니케이션, 디자인을 이용하여 각 접점에서 고객이 일을 완성하고 바람직한 감정을 느끼도록 돕기.** 구매전 접점에서 아버지는 가족에게 사랑을 표현(일)하고 싶을 것이며, 가족한테 여행에 관해 이야기하기 전에는 걱정을 덜고 더 정통한 느낌(바람직한 감정)을 받고 싶을 것이다. 이 목표를 성취하기 위해서 브랜드는 다음을 이용할 수 있다.

   a. 행동: 강압적이지 않게 영업함으로써 필요할 때는 언제든 도움을 구할 수 있다는 점을 아버지한테 알려준다.

   b. 커뮤니케이션: 광고에 유익하고 매력 있는 어조를 사용함으로써 아버지가 정통해간다고 느끼도록 돕는다.

   c. 디자인: 브랜드를 표시한 인포그래픽에 연관성 있고 아버지가 가족과 공유할 수 있는 동영상을 포함한다. 콘텐츠가 훌륭하다면 아버지는 더 뿌듯함을 느끼면서(자아도 충족시키면서), 가족을 환상적인 장소로 데려감으로써 사랑을 표현할 것이다.

6. **각 여정 단계를 측정할 주요 지표 찾기.** 구매 전 단계에서는 인포그래픽 조회 수나 공유 횟수, 소형 사이트 접속 횟수 등이 지표가 될 수 있다.

그림 16.4 고객 여정 지도(에지버스턴 프라이어리 클럽)

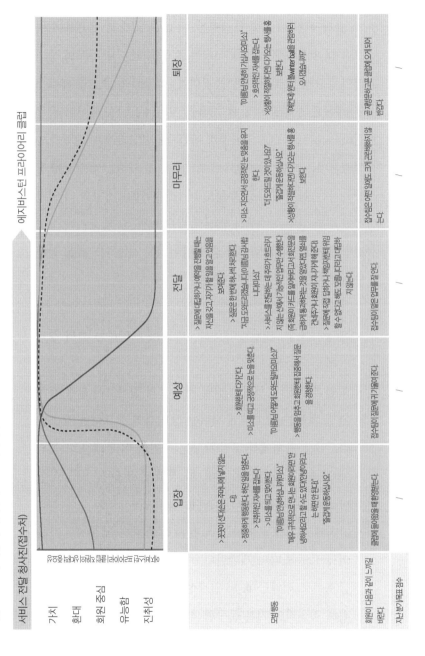

서비스 전달 청사진(접수자)

에지버스턴 프라이어리 클럽

고객 여정 지도를 작성하는 데 다른 식으로 접근하려면, 그림 16.3에 나오는 '감정'이라는 요소를 '브랜드 가치의 상대적인 중요성'으로 바꾸면 될 것이다. 영국에 있는 고급 테니스 및 라이프 스타일 회원제 클럽인 에지바스턴 프라이어리 클럽Edgbaston Priory Club이 어떻게 이런 접근법으로 웨이브렝스와 일했는지는 그림 16.4에서 볼 수 있다. 이 사례는 접수처에 집중하지만, 클럽의 다른 부분도 비슷한 과정을 거치면 더 일관적인 회원 경험을 수월하게 전달할 수 있다. 우선 우리는 고위 경영진, 클럽 직원, 회원과 함께 아이디어 개발 워크숍을 진행하면서 다음과 같은 일을 했다.

- '입장', '예상', '전달', '마무리', '퇴장'에 해당하는 회원 경험 단계를 파악한다.
- 회원 경험이나 '서비스 전달 청사진'의 일부로서 특정 가치가 구체적인 단계에서 지니는 상대적인 중요성을 강조한다. '입장' 단계에서 모범 행동은 직원이 더 환대하고, 회원에 집중하도록 장려하는데, 이 경험 단계에서는 유능함이나 진취성은 강조하지 않는다.
- 가치에 생기를 불어넣는 '모범 행동'을 해당 단계에서 가치의 중요도에 따라 개발한다. 이는 직원의 자세, 언어, 어조를 통해 드러나는데, 더 일관성 있는 경험을 쉽게 전달하기 위해 직설적인 기본 문구를 직원한테 제공한다.

- 신규 채용, 인수인계, 교육을 비롯하여 다양한 인사과정에 꼭 맞는 평가 지표를 선정한다.

클럽에서 연례 브랜드 경험을 평가하자 접수팀에 대한 회원 만족도가 전년 대비 10% 증가했다. 이 시기에 접수에 집중하여 다른 계획은 시행하지 않았다는 점을 고려할 때, 서비스 전달 청사진 덕분이라고 보는 것이 타당하다.

이렇게 전체 경험을 처음부터 끝까지 관통하는 관점을 채택하면, 집단 책임을 마주했을 때 조직이 갈라지고 내향적인 생각이 뿌리를 내릴 확률이 감소한다. 연구는 전체론적 접근법을 채택하길 지지하는데, 개별 접점이 아니라 전반적인 경험이 고객 만족도, 추천 의사, 수익 같은 지표를 좌우하기 때문이다. 나는 전체가 부분보다 중요하다는 데는 동의하지만, 전체상과 접점을 평가하는 지표를 둘 다 확보하는 것이 지혜롭다고 생각한다. 그러면 전체상을 평가하는 지표가 하락할 때, 핵심 문제를 파악하기 위해 더 깊이 파고들 수 있을 것이다. 이 부분은 18장에서 다룬다.

고객 여정 지도에 관해 생각할 때는 '절정-대미 이론peak-end theory'을 고려할 가치가 있다. 이 이론은 브랜드 경험을 구축할 때 어떻게 두 가지 요소가 정말로 중요한지를 간단하게 설명한다. 마루나 골(가장 좋거나 나쁜 순간)은 물론이고 무엇보다도 경험을 마무리하며 무엇을 느꼈는지가 중요하다. 지난번 외식했던 때를 떠올려보자. 여러 번 훌륭한 순간을 경험했다고 하더라도 식당을 나설 때 웨이터가 무례했다면 전부 허사로 돌아갈 것이다.

사용 사례 시나리오

사용 사례 시나리오란 고객이나 이해관계자가 여러분의 브랜드와 상호작용하는 상황을 사례로 만든 것이다. 공항 체크인 카운터나 온라인 채팅 지원, 까다로운 고객에 대처하는 일 등이 그 예다. 목적은 이해관계자의 관점에서 사용 사례 시나리오를 이해함으로써 사용자 경험을 더 강력하게 전달하는 것이다.

시나리오가 전달하는 혜택을 극대화하려면, 사용 사례를 전체 경험의 맥락에 두어야 한다. 그러면 다양한 흐름을 밝히고, 관련된 사람이 누구이며 감정 상태는 어떤지 간단히 설명하고, 주위 환경을 더 잘 인지할 수 있을 것이다. 이런 맥락에서 사용 사례를 고안하면 고객이 그 시나리오에 처했을 때 어떤 느낌을 받을지를 이해하는 데도 도움이 될 것이다. 그러면 브랜드 경험의 핵심 요소를 기반으로 하여 서비스를 디자인할 때 이런 통찰을 반영할 수 있다.

한 은행은 동남아시아 전역에서 영업점을 뒀고, 간편함과 문제 해결, 속도라는 세 가지 신조를 둘러싼 브랜드 약속에 브랜드 경험을 맞추고자 했다. 핵심 고객 페르소나는 기성 기업 간부로 기술은 좋아하지 않지만 대면 서비스와 정중한 태도를 가치 있게 여기는 사람이었다. 은행은 이런 고객 유형을 기반으로 평판을 구축했기 때문에, 이들이 매우 중요했다. 이 고객은 은행원한테서 돈을 찾길 원하지만, 줄이 길면 실망했으며 ATM은 복잡하다는 생각 때문에 초조했다. 은행은 이런 고객이 '셀프서비스'를 더 이용하도록 장려하고 싶었다. 은행과 긴밀하게 협력하면서, 우리는 이 고객에 맞춰 ATM 사용 사례 시나리오를 이해하고자 노력했다. 그러려면 다음의 사항들을 이해해야 했다.

- 전체 경험: 돈을 찾길 원하지만, 비싼 차를 불법으로 주차해서 서두르곤 한다.
- 다양한 흐름: 은행원, ATM, 기다림, 볼일을 보지 않고 나감.
- 관련 인원: 직원, 다른 고객, 안전 요원.
- 이해관계자의 감정 상태: 화나고 짜증이 남.
- 환경: 신호, ATM 인터페이스, 심미성과 기능성, 조명, 음악, 가구.

서비스/경험 프로토타이핑

서비스/경험을 프로토타입으로 만들면, 전체 경험의 일환으로 제공하는 서비스와 고객이 어떻게 상호작용하는지 이해하는 데 도움이 되고, 서비스 개발 과정을 오가는 데 있어 유용한 토대를 얻는다. 앞서 이야기한 소매은행의 고객 사례를 전개하는 동안, 우리는 은행이 내건 브랜드 약속을 생각하면서 ATM을 프로토타입으로 만들었다. 브랜드 약속이 간편함, 문제 해결, 속도에 비중을 두므로, 우리는 사용자 경험이 이 세 가지 사이에서 조화를 이룰 때까지 ATM의 프로토타입을 개발하고 정밀하게 조율했다. 고급 프로토타이핑 도구는 필요하지 않았다. 펜과 종이, 판지, 테이프를 사용했고, 최종 몇 회를 반복 제작할 때만 더 튼튼하고 비싼 재료를 이용했다.

에미리트는 A380 항공기의 위층에 바를 설계할 때, 나무로 실물 크기 모형을 만들어서 매력을 평가했다. 이 임시 바는 며칠 내로 철거하고 비즈니스 클래스 좌석 8개로 대체할 수도 있었다. 바는 대단히 인기가 많은 것으로 판명 났고, 현재는 에미리트가 비즈니스석과 일등석 이용객에게 제공하는 경험 중 영구적이고 중요한 부분이 되었다.

무드보드

무드보드는 그림이나 말, 다른 물질까지 결합해서 브랜드와 연관된 감정을 포착한다. 특정 이해관계자가 여러분의 브랜드를 어떻게 느끼는지 파악하고 싶은데, 표적 집단이 생각을 표현하길 어려워한다면 무드보드가 유용하다. 무드보드는 경험의 맥락에서 브랜드를 통해 '분위기'를 전달하려 할 때도 모호성을 줄이는 데 도움이 되는데, 특히 대행사에 업무 지시를 내릴 때 유용하다.

한 제약 브랜드는 근면함, 박식함, 상업성, 탐구심이라는 가치를 중심으로 브랜드 경험을 형성하고자 했다. 표적 집단에서 나온 첫 번째 무드보드를 통찰한 바에 따르면, 사람들은 브랜드를 이런 가치대로 인식하지 않았다. 사람들은 이 브랜드를 차갑고, 접근하기 어려우며, 때로는 거들먹거리기까지 한다고 인식했다. 이렇게 브랜드를 조사하여 얻은 통찰은 이해관계자의 인식을 바꿀 목적에서 직원 행동과 커뮤니케이션, 디자인을 중심으로 구체적인 계획을 세울 때 반영했다. 그 이후에 무드보드에 집중한 표적 집단은 다양한 계획이 어떻게 바람직한 효과를 전달했는지 아주 분명하고 선명하게 강조했다.

스토리보드

스토리보드는 일부나 전체 브랜드 경험을 대표하는 사용 사례 시나리오를 시각화한다. 이렇게 이미지를 순서대로 나열하면 특별한 통찰이 떠오를 것인데, 그 '캐릭터' 관점에서 여정에 몰입할 것이기 때문이다. 실제나 가상 이야기와 거기에 관련한 시나리오를 탐색하면, 기존 서비스를 바꾸거나 서비스를 새로 설계해야 하는 부분을 정제거나 찾아낼 수 있다.

에어비앤비의 최고경영자인 브라이언 체스키Brian Chesky는 디즈니에서 제작한 백설 공주로부터 영감을 받아서 사람들이 집을 빌려주고 빌리는 과정을 스토리보드로 만들었다. 이 스토리보드에서 얻은 미묘한 통찰은 에어비앤비가 '지역 주민처럼 살기'라는 포지셔닝을 뒷받침하는 여행 경험을 만들 때 도움이 되었다.

스토리보드는 예술작품일 필요가 없다. 중요한 것은 아이디어와 참여다. 그림 16.5에서는 웨이브렝스가 삽화가인 클라우디오 나카리와 협력해서 가상 캐릭터인 웨이비가 등장하는 스토리보드를 어떻게 만들었는지 그 사례를 제공한다. 최종 삽화도 몇 개 넣었으므로 완성한 모습이 어떤지도 볼 수 있을 것이다. 웨이비는 다양한 방식으로 사용하는데, 고객에게 보내는 달력에 넣거나, 브랜드 메시지를 전달하는 스토리보드에 사용하거나, 연설에서 강조하는 부분에 넣음으로써 심각한 내용을 더 가볍고 시각적으로 전달한다.

그림 16.5 웨이브랭스 마케팅에서는 웨이브(Wavey)를 이용해 브랜드 스토리를 들려준다

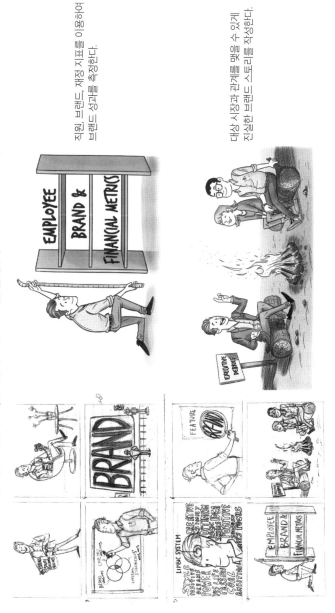

직원, 브랜드, 재정 지표를 이용하여 브랜드 성과를 측정한다.

대상 시장과 관계를 맺을 수 있게 진실한 브랜드 스토리를 작성한다.

409

앞서 이야기에 관해 살펴봤지만(15장), 여기서도 사용 사례를 만들 때 기본으로 사용할만한 '가벼운' 도구 몇 가지를 공유하려 한다. 그림 16.6에 나오는 이야기 양식 중 하나를 채워달라고 요청하면, 고객이나 여타 이해관계자한테서 이야기를 발굴할 수 있다.

그림 16.6 이야기 창작 양식

- _____에 크게 실망했던 적이 있는데, 그 때문에 _____하고 싶었지만, _____할 수가 없었고, 따라서 _____.

사례: '체크인 속도에 크게 실망했던 적이 있는데, 그 때문에 호텔을 나와서 다른 곳에서 숙박하고 싶었지만, 이렇게 당장은 환불받을 수가 없었고, 따라서 이 호텔에 다시는 머물지 않기로 마음먹었다.'

- _____할 수 있으리라 생각했지만, _____할 수 없었는데, 이는 _____한다는 뜻이었다.

사례: '해외에 갔을 때 ATM에서 500달러를 인출할 수 있으리라 생각했지만, 여행 계획을 은행에 알리지 않았던 관계로 출금을 할 수 없었는데, 이는 은행에 전화를 걸어서 내 계좌를 갱신해줄 때까지 기다려야지만 돈을 뽑을 수 있다는 뜻이었다.'

이야기를 마련했다면, 다른 도구를 사용해서 서비스를 디자인함으로써 고객이 겪는 문제를 해결하거나 고객이 해야 하는 일을 도울 수 있다. 위 시나리오 같을 때는 관리 직원이 상시 대기하다가 고객이 키오스크를 사용해서 체크인 절차를 신속하게 진행하도록 돕고, 고객이 해외에 도착하면 로밍 문자를 보내서 해외에서 돈을 찾기 전에 전용 무료 전화번호

를 이용해서 은행에 알려야 한다는 사실을 공지하는 일을 수반할 것이다.

항공사를 위한 아이디어 개발 워크숍을 시작할 때, 웨이브렝스는 부분 페르소나를 대표하는 고객 4명을 방으로 데려왔다. 각 고객은 위 양식을 이용해서 이야기의 틀을 잡고, 항공사 때문에 마주했던 실망스러운 경험을 공유했다. 체크인과 음식 서비스가 특히 문제였다. 이 이야기에서 얻은 풍부한 통찰은 브랜드 경험의 핵심 요소에 따라 이런 주요 접점의 서비스 디자인을 개선하는 데 영감을 주었다.

결론

이 장에서는 다중 감각과 서비스 디자인을 이용해서 브랜드 경험의 핵심 요소를 구현할 수 있는 방법을 간단히 설명했다.

다중 감각 디자인은 모든 감각을 혼합하는 것이다. 서비스 디자인은 여러분이 이해관계자의 시각으로 세상을 바라볼 수 있는, 이해관계자 중심적이고, 실용적이며, 시각에 집중한 툴킷을 포함한다. 이런 툴을 이용하면 공감하기 쉽고, 따라서 더 연관성 있는 브랜드 경험을 전달하기에 용이하다.

다중 감각 및 서비스 디자인을 사용하려면 브랜드 경험의 핵심 요소를 구현할 때 전체론적 접근법을 채택해야 한다. 시각, 청각, 후각, 미각, 촉각을 사용할 때는 용처에 맞게 조직화함으로써 브랜드 경험에 응집되고 일관된 느낌을 줘야 한다. 시비스 디자인 툴들은 상호 보완적 방식으로 사용해야 한다. 예를 들어 고객 공감 지도를 작성했다면, 이를 고객 여정 지도에 반영해야 하며, 사용 사례 시나리오, 프로토타입, 무드보드도 여기에 혜택을 제공해야 한다. 다중 감각 디자인과 서비스 디자인은 서로 배타적이지 않다. 예를 들어 고객 여정 지도는 가능한 한 많은 감각에 호소함으로써 뇌가 최대한 다양하게 작동하도록 만들어야 한다.

다중 감각 디자인과 서비스 디자인을 통해서 브랜드 경험의 핵심 요소를 구현할 때는 집중하는 것이 중요하다. 다중 감각 디자인을 이용할 때는 브랜드 경험의 핵심 요소를 표현하는 데서 벗어나면 안 된다. 서비스 디자인도 마찬가지다. 그렇지 않으면 사용하지 않는 편이 나은데, 여러분의 생각과 여러분이 구축하는 경험을 흐릴 것이기 때문이다.

17

요약: 브랜드 경험 환경과 핵심 요소, 조력자

1부에서는 브랜드 경험 환경을 소개했다. 이 환경은 브랜드 경험의 핵심 요소를 개발하고 정의할 때 염두에 둬야 하는 맥락을 나타낸다. 브랜드 경험 환경은 네 가지 요소로 구성된다.

- **이해관계자 이해하기:** 이해관계자 프로필 분석하기, 이해관계자가 '일을 완성하도록' 돕기, 이해관계자의 참여 장려하기, 이해관계자의 기대 관리하기.
- **관점 미세 조정하기:** 투명성 수용하기, 전체론적 사고방식 채택하기, 가격이 아닌 가치를 통해 주로 경쟁하기, 인내심 가지기, 통제력을 상실했음을 인정하기.
- **전달 기법 고려하기:** 유대감 조성하기, 공동 창조 활동 촉진하기, 옴니채널로 경험 전달하기.

- **데이터 중심 접근법 채택하기:** 강력한 통찰 획득하기, 전체론적으로 측정하기.

2부에서는 브랜드 경험의 핵심 요소를 소개했다.

- **브랜드 가치:** 브랜드를 어떻게 네다섯 단어로 설명하겠는가?
- **브랜드 에센스:** 브랜드를 두세 단어로 요약하라고 한다면, 무엇에 관한 것이라고 말하겠는가?
- **브랜드 약속:** 객관적 특징이 아니라 어떤 혜택을 브랜드가 전달하는가?
- **브랜드 포지셔닝:** 여러분은 경쟁자와 어떻게 다른가?
- **브랜드 개성:** 브랜드를 사람에 빗대어 설명한다면 누구라고 하겠는가?

브랜드 경험의 핵심 요소는 아주 중요하다. 브랜드 경험을 구축할 토대이고, 브랜드 경험을 구축할 때 허울뿐이 아니라 실체에 집중하는 데 도움이 되며, 브랜드 경험 조력자를 통해서 브랜드에 생기를 불어넣을 때 의지할 수 있고 확장 가능한 기본 논리를 제공한다.

3부에서는 브랜드 경험 조력자를 소개했는데, 다음과 같이 구성된다.

- 직원 행동.
- 커뮤니케이션.
- 디자인.

  잘 정의한 브랜드 경험의 핵심 요소가 중요하다는 사실은 브랜드 경험을 구축하는 과정 중 이 단계에서 명백하게 드러난다. 브랜드 경험의 핵심 요소를 잘 정의하고 이해했다면, 브랜드 경험 조력자를 사용할 때 참고할 지침을 얻을 것이다.

  브랜드 경험 청사진은 여러분이 브랜드 경험을 구축할 때 이용할 수 있는 단순하고, 포괄적이고, 강력한 틀을 제공한다. 그 중심에는 '환경-핵심 요소-조력자'라는 세 단계짜리 접근법이 있으며, 이 접근법은 브랜드 경험을 어떻게 구축할지를 현실적으로 안내한다.

4부

브랜드 경험 측정하기

그림 P4.1 브랜드 경험 청사진: 브랜드 경험 측정의 측면에서 표현

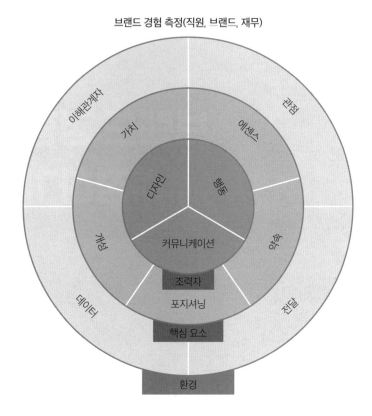

브랜드 경험 측정(직원, 브랜드, 재무)

이 책 4부에서는 브랜드 경험을 어떻게 측정할 수 있는지에 대해 실용적인 조언을 제공한다.

측정은 직접 브랜드 경험을 구축하는 활동은 아니지만, 여러분이 브랜드 경험을 구축함으로써 사업에 어떤 가치를 전달해주는지 설명할 수 있는 중요한 기술이다.

4부를 읽으면 다음과 같은 일에 도움이 될 것이다.

- 브랜드 경험 측정 시작하기.
- 브랜드 경험을 측정하는 데 전체론적 방법을 채택하면 얻는 혜택 인지하기.
- 브랜드 경험 성과를 탄탄하고, 객관적이고, 과학적인 방법으로 측정하기.

18

브랜드
경험 측정
시작하기

이 장에서는 전체상 및 접점 지표를 구함으로써 어떻게 브랜드 경험을 측정하기 시작할 수 있는지에 대해 그 개관을 제공한다. 이들 지표를 이해하면 브랜드 경험 성과를 더 자세하게 측정하고 분석하는 데 참고할만한 실용적인 틀을 얻을 것이다.

전체상 및 접점 지표 구하기

브랜드 경험 성과는 두 단계로 측정해야 한다.

1단계: 전체상 지표

이 지표는 고위 지도자, 경영자, 간부가 높은 곳에서 브랜드 경험 성과를 측정하는 데 도움이 된다. 이 지표는 다음을 포함해야 한다.

금융 지표(예: 매출, 이윤, 공헌이익contribution margin, 세금·이자·감가상각비·상환금 차감 전 영업이익)

직원 지표(예: 직원 참여, 홍보, 상대 만족도, 브랜드 지식, 물질적이고 정신적인 복지, 정서 지능emotional intelligence)

브랜드 지표(예: 연관성, 지지도, 인지도, 연상, 할증 가격, 평판, 상대 만족도, 구매 의사, 금액에 맞는 가치)

순 노력 지수Net Effort Score는 경험과 밀접하게 연관이 있으며, 유용한 '브랜드' 지표이기도 한데, 브랜드 경험에서 마찰이 얼마나 발생하는지 그 실마리를 제공하기 때문이다. 소셜 미디어 감성 지표를 구하는 일은 바람직한데, 브랜드 관련 연상과 감정을 측정하는 데 도움이 될 것이기 때문이다. 공유나 코멘트, 멘션, 리트윗, 팔로워 당 평균 참여도 등처럼 소셜 미디어 '유효' 지표를 구하길 권한다. 이런 지표는 브랜드 연관성을 나타내는데, 누군가가 콘텐츠를 접하고 아마 지지까지 하느라 시간을 썼다는 사실을 근거로 한다. 반대로 흔히들 수집하는 팔로워나 팬, 좋아요 수 등은 아무래도 노력이 그리 들지 않는 '헛된' 지표다. 우리 회사의 클라이언트사 중 소수는 사회적 선행을 하고 사회적 삶의 질에 긍정적인 영향을 미친 브랜드를 둘러싼 지표도 포함하기 시작했다. 이런 결정을 내린

이유는 신념체계가 사업 성과에 어떻게 영향을 미치는지 측정할 뿐 아니라, 대의명분에 특히 좌우되는 밀레니얼 세대 및 Z세대를 겨냥하여 고용주 브랜딩 활동을 강화하기 위해서다.

그림 18.1에서는 교육부문에 속한 클라이언트가 전체상 지표를 자세히 기록한 내용 중 일부를 익명 처리하여 예로 제시한다.

브랜드 경험 분석이라는 맥락에서 전체상 지표는 종속변수로서 유용한 경향이 있다. 즉, 다른 변수가 변화한 결과가 그 값인 변수인 셈이다.

그림 18.1 전체상 대시보드(영국 교육부문)

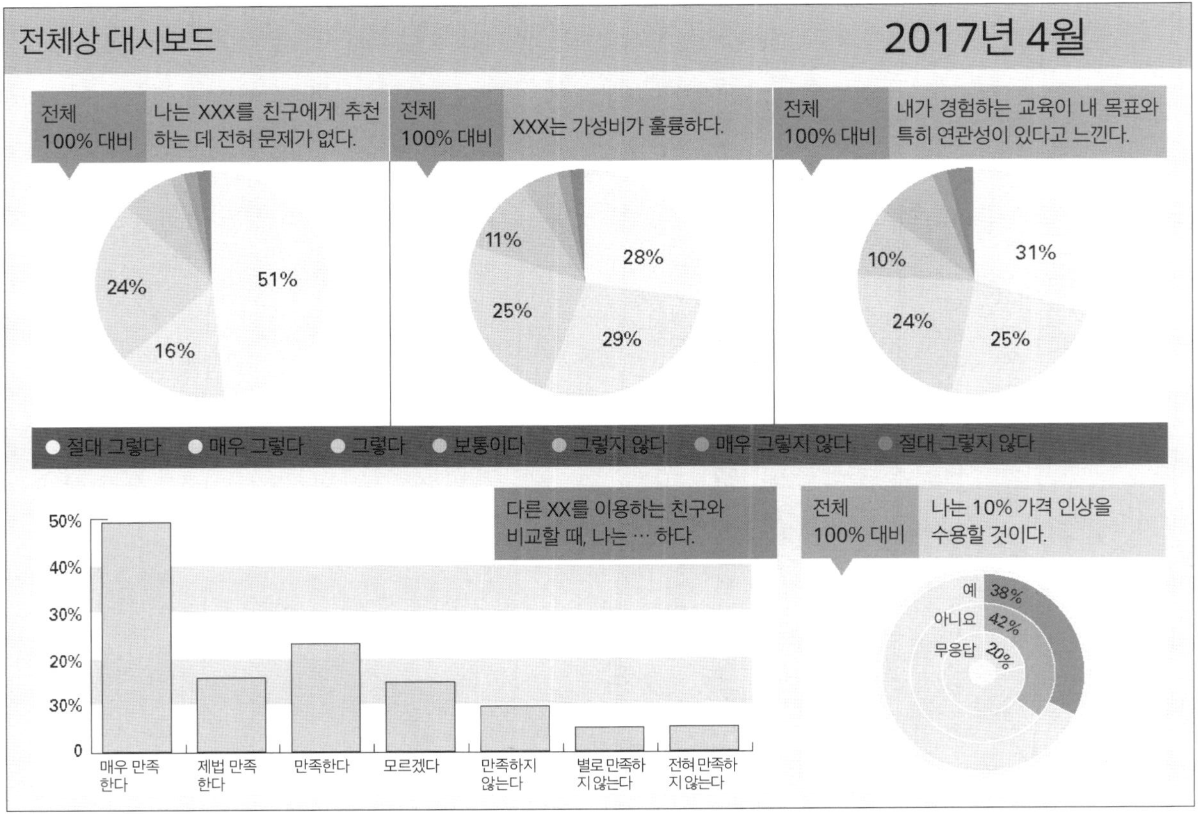

전체상 대시보드

2017년 4월

전체 100% 대비: 나는 XXX를 친구에게 추천하는 데 전혀 문제가 없다.

24%
16%
51%

전체 100% 대비: XXX는 가성비가 훌륭하다.

11%
25%
28%
29%

전체 100% 대비: 내가 경험하는 교육이 내 목표와 특히 연관성이 있다고 느낀다.

10%
24%
31%
25%

● 절대 그렇다 ● 매우 그렇다 ● 그렇다 ● 보통이다 ● 그렇지 않다 ● 매우 그렇지 않다 ● 절대 그렇지 않다

다른 XXX를 이용하는 친구와 비교할 때, 나는 … 하다.

전체 100% 대비: 나는 10% 가격 인상을 수용할 것이다.

예 38%
아니오 42%
무응답 20%

50%
40%
30%
20%
30%
0

매우 만족한다 | 제법 만족한다 | 만족한다 | 모르겠다 | 만족하지 않는다 | 별로 만족하지 않는다 | 전혀 만족하지 않는다

423

2단계: 접점 지표

접점 지표는 브랜드 경험 속의 특정 순간과 관계가 있다. 여기에는 여러분의 소셜 미디어 채널이 주는 첫인상이나 고객 후기 조사, 구매 후 서비스 통화 등을 포함할 수 있다. 접점 지표에 관해 생각할 때는 판매 '이전', '동안', '이후'처럼 브랜드 경험을 소화할만한 덩어리로 자르는 것이 바람직한 데, 그래야 데이터를 모으고 분석하는 일이 버겁지 않다. 표 18.2에서는 중소 호텔 체인을 위해 웨이브렝스가 조합한 월간 대시보드를 일부 공유한다. 이 표는 경험 단계에서 '체류 기간'에 집중한다.

그림 18.2 접점 지표 대시보드(중소 호텔 체인)

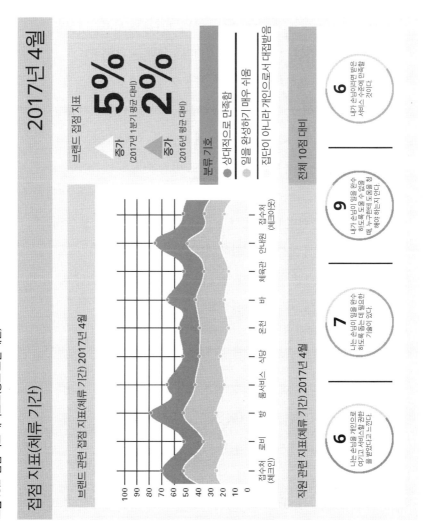

접점 지표(체류 기간)   2017년 4월

브랜드 관련 접점 지표(체류 기간) 2017년 4월

브랜드 접점 지표

▲ 5%
증가
(2017년 1분기 평균 대비)

▲ 2%
증가
(2016년 평균 대비)

분류 기호
● 상대적으로 만족함
○ 일을 완성하기 매우 쉬움
집단이 아니라 개인으로서 대접받음

직원 관련 접점 지표(체류 기간) 2017년 4월

전체 10점 대비

6
나는 손님을 개인으로 여기고 서비스를 권한을 갖고 대접받았다고 느낀다.

7
나는 손님이 일을 완수하도록 도울 수 있을 때 누구한테 도움을 청해야 하는지 안다.

9
내가 손님이 일을 완수하도록 도울 수 있을 때 누구한테 도움을 청해야 하는지 안다.

6
내가 손님이라면 받은 서비스 수준에 만족할 것이다.

425

우리는 클라이언트와 긴밀하게 협력하면서, 핵심이나 '상징'이 되는 접점을 각 단계에서 찾아냈다. 예를 들어 체류 동안에는 이렇다. 접수처(체크인), 로비, 방(시설/서비스), 식당, 온천, 바, 체육관, 안내원, 접수처(체크아웃). 클라이언트는 이런 접점을 통틀어서, 다른 비슷한 호텔과 비교하여 상대적인 만족도를 높이고, 손님이 일을 아주 쉽게 끝내도록 조처하고, 개인처럼 느끼도록 돕기를 강하게 바랐다. 이런 목표는 똑같이 무게를 준 다음과 같은 논점으로 번역했다.

- 내가 머물렀던 다른 호텔과 비교할 때, 나는 <예: 접수처/로비>에서 아주 크게 만족했다.
- <접수처/로비>에서는 일을 완성하기가 매우 쉬웠다.
- <접수처/로비>에서 나는 집단이 아니라 개인으로 대접받는 듯한 느낌을 받았다.

이 브랜드가 제공하는 서비스의 성격을 고려하여, 우리는 고객 지표와 관련 있는 직원 지표도 구했다. '동안' 단계에서 구한 일부 지표는 다음과 같다.

- 나는 손님을 개인으로 여기고 서비스할 권한을 받았다고 느낀다.
- 나는 손님이 일을 완수하도록 돕는 데 필요한 기술이 있다.

- 내가 손님이 일을 완수하도록 도울 수 없을 때, 누구한테 도움을 청해야 하는지 안다.
- 내가 손님이라면 받은 서비스 수준에 만족할 것이다.

이런 지표는 고객이 체크아웃할 때 온라인 고객 설문 조사를 보내서 얻은 데이터와 함께 월간, 계간, 연간 대시보드에 들어간다. 조직은 이 데이터를 이런 일들에 사용한다. (월간, 계간, 연간) 주요 성과 지표 작성하기, 성공 축하하기, 노력을 더 쏟아야 하는 분야에 대해 직원을 교육하고 주의를 집중하기, 가치 기반 행동을 증명하는 일과 결부된 연례 인사고과의 일부로서 관리자가 직원 성과를 측정하도록 돕기.

접점 지표 데이터를 전체상 지표와 함께 통계 모형으로 분석하면, 어떤 접점이 전반적인 경험 성과를 좌우하는지 경영진이 파악하는 데 도움이 된다. 예컨대, 온천이나 체육관, 식당에 대한 만족도가 전반적인 고객 만족을 좌우하는가? 여기에 답하려면 회귀 분석과 구조 방정식 모형을 사용해야 한다 (6장 참고).

이러한 통찰을 갖춘 경영진은 브랜드 경험을 구축하는 맥락에서 인과 관계를 더 과학적이고 강력한 방식으로 측정할 수 있다. 그러면 노력과 예산을 중요한 브랜드 경험 지표에 집중하는 데도 도움이 된다.

결론

이 장에서는 브랜드 경험 성과를 이떻게 측정하기 시작할 수 있는지를 간단하게 설명했다. 여기에는 전체상 데이터와 접점 데이터라는 두 가지 데이터를 병행해서 구하는 일이 수반된다. 전체적으로 데이터를 이용하면 높은 곳에서 브랜드 경험 성과를 한눈에 볼 수 있으며, 접점 데이터를 이용하면 브랜드 경험에서 특정 부분을 깊게 조사해야 할 때 더 자세한 사항을 살펴볼 수 있다. 두 가지 데이터는 연계해서 분석하는 것이 바람직한데, 그래야 어떤 접점이 브랜드 경험 성과를 돕거나 방해하는지 이해할 수 있기 때문이다.

19

전체론적 접근방식을 채택해서 브랜드 경험 측정하기

이전 장에서는 여러분이 전체상 및 접점 데이터를 구함으로써 브랜드 경험을 측정하기 시작하도록 돕는 것이 목적이었다.

이번 장에서는 브랜드 경험을 측정할 때 전체론적인 접근법을 채택하는 것이 왜 바람직한지 간단하게 설명한다. 여기서는 직원과 브랜드, 재무 지표를 아우르는 기준 측정치 묶음을 구하고, 경험을 구축한 다음, 미리 정한 주기에 맞춰 측정을 이어가는 일을 수반한다. 이렇게 하면 더 균형 잡힌 측정을 할 수 있는데, 단기/장기 주기로, 내/외부에서, 정성/정량 측정치를 수집할 것이기 때문이다. 브랜드 경험을 측정할 때 전체론적인 접근법을 채택하면 브랜드 경험에서 조직이 얻는 가치를 분명한 말로 설명하는 데 도움이 될 것이며, 직원과 브랜드를 측정하면 재무 성과가 떨어지기 전에 필요한 예방 조치를 마련하기에 좋을 것이다.

재무 지표에만 집중했을 때 생기는 위험

최고 마케팅 책임자는 매출, 이윤, 세금·이자·감가상각비·상
환금 차감 전 영업이익 같은 단기 재무 목표를 달성해야 한다
는 압박에 시달린다. 이해는 가는 것이 최고경영자는 회사의
재무 상태에 관심 있는 여타 이해관계자와 투자자가 만족할
수익을 내야 하기 때문이다. 하지만 재무 지표는 브랜드 경험
측정이라는 퍼즐에서 한 조각에 해당할 뿐이다.

'매우 성공한 회사라면 앞을 내다보는 지표에 극도로 집중해
야 한다. 내가 종종 농담 삼아서 하는 말이 있는데, 우리는 사
업을 하면서 앞 유리 전체가 백미러인 차를 운전한다는 것이
다. 그 거울 표면 어딘가에는 작은 구멍이 딱 하나 있어서 우
리는 거기로만 앞을 볼 수 있다. 이는 우리가 앞을 내다보는
능력이 거의 없는 과거 숫자에 대체로 집중하는 이유다. 정신
이 똑바로 박혔다면 우리의 이웃 중 누구도 그런 차는 운전하
길 원하지 않을 것인데도, 우리는 바로 이런 접근 법으로 대규
모 사업을 운영한다. 정말 어처구니없는 일이다!'

리스토 실라즈마Risto Siilasmaa, 노키아 회장

브랜드 경험 디자인 바이블

재무 지표는 과거를 불러온다

우리는 과거를 통해 교훈을 얻지만, 브랜드 경험을 책임지는 사람은 과거에만 의지해서는 안 된다. 지난 분기에 매출이 떨어진 것을 지금에 와서 어떻게 할 수는 없다. 이와는 반대로 직원 및 브랜드 지표는 앞을 내다보는 '선행' 지표다. 지난 분기에 5% 할증한 가격을 낼 의사가 있는 고객 수가 감소했다면, 다른 것은 전부 그대로라고 할 때 그다음 영업 주기에 이윤이 감소할 것이리라 번역할 수 있다. 마찬가지로 직원 참여가 감소한다면, 다른 것은 전부 그대로라고 할 때 이후 일을 진행하는 동안 재무 지표에 불리하게 영향을 미칠 가능성이 있다. 이런 '시차 효과' 덕분에 브랜드와 직원 지표는 브랜드 경험을 점치는 수정 구슬처럼 작동하면서, 재무 성과가 악화하기 전에 예방 조치를 하도록 촉구할 수 있다. 예를 들어, 고객에게서 5% 할증한 가격을 낼 의사가 감소한다면 고객이 재구매하러 오기까지 그 생각을 돌릴 시간이 있을 수도 있다. 또는 직원이 점점 덜 참여하고 있다면, 고객 문의에 무관심하게 구는 등 재무 상태에 악영향을 미칠 수 있는 행동으로 발전하기 전에 조처할 기회가 열려 있다.

'개선했거나 개선상태를 유지했다는 사실을 브랜드 자산 지수를 통해 실제로 확인하려면 대개는 12~18개월이 걸린다. … 우리는 브랜드 포트폴리오를 거의 다 개선한 모습을 보기 시작했다. 내 생각에 몇 분기가 더 지나면, 혜택이 더 많이 드러나면서 그에 따라 매출 점유율도 증가할 것이다. … 우리는 이 선순환을 매우 주의 깊게 관찰해가면서 조정한다.'

인드라 누이Indra Nooyi, 펩시콜라 최고경영자

재무 지표는 단기적이다

고급 계량 경제 모형을 이용하더라도 최대 몇 분기 너머로는 성과를 예측하기가 어렵다. 이런 관점은 브랜드 경험을 구축할 때 기반이 되는 전략적인 사고방식과는 정반대다

재무 측정은 투자수익률이 집중하는 경향이 있다

브랜드 경험을 구축하는 일처럼 계획이 장기적이면 판촉이나 이메일 마케팅 캠페인처럼 계획이 단기일 때와 같은 방식으로는 투자수익률에 직접 공헌할 수 없다. 브랜드 경험을 구축하는 일은 더 먼 앞날을 내다보기 때문에 눈앞은 또렷하게 보이지 않는다.

직원과 브랜드, 재무 지표 구하기

브랜드 경험을 측정할 때 정보를 더 잘 활용하는 접근법은 재무 지표에만 온전히 집중하는 대신 전체적인 기준 측정치를 구하고, 브랜드 경험을 구축한 다음, 핵심 팀원한테 동의를 구

하여 미리 정해놓은 주기에 따라서 측정을 계속 반복하는 것이다. 이렇게 하면 브랜드 경험을 통해 전달하려고 노력하는 혜택을 분명한 말로 입증하는 데 도움이 될 것이다. 측정은 직원과 브랜드, 재무 지표를 아울러야 한다.

직원 지표에는 직원 참여나 홍보, 상대 만족도, 복지 등을 포함할 수 있다. 브랜드 지표는 브랜드 현저성이나 연관성, 가격을 할증하는 능력 등에 관한 데이터를 아우를 수 있다. 재무 지표는 매출이나 이윤 등의 데이터를 포함한다.

전체론적 접근법은 균형이 잡혔다고 볼 수 있는데, 다음을 포함하기 때문이다.

- 정성(재무) 및 정량(브랜드/직원) 지표
- 내부(직원) 및 외부(브랜드/재무) 지표
- 단기(재무) 및 장기(브랜드/직원) 지표

여러 뛰어난 석학들도 더 전체론적이고 균형 잡힌 접근법을 이용해서 브랜드 성과를 측정하기를 주장하는데, 나는 다음과 같은 이유에서 여러분이 이런 접근법을 따르길 권한다.

- 직원 지표는 브랜드 자산과 고용주 브랜드를 통해 브랜드 지표를 좌우하고 반대도 마찬가지다.

'고객이 먼저가 아니다. 직원이 먼저다. 당신이 직원한테 신경을 쓴다면, 직원은 고객에게 신경을 쓸 것이다.'

리처드 브랜슨 경, 버진 그룹 설립자

'직원은 먼저 챙겨주면 기뻐한다. … 의욕 있는 직원은 고객을 잘 대우한다. 고객이 행복해하며 계속해서 다시 돌아오면, 주주도 기뻐한다.'

허브 켈러허Herb Kelleher, 사우스웨스트 항공 설립자

• 직원 지표는 재무 지표를 좌우한다.

그림 19.1 직원 참여와 재무 성과. 타워스 페린스(Towers Perrins, 현재 윌리스 타워스 왓슨, Willis Towers Watson)(2009)

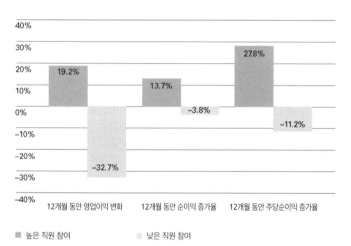

브랜드 경험 디자인 바이블

- 브랜드 지표는 재무 지표를 좌우한다.

직원과 브랜드, 재무 지표 사이의 관계는 미묘하고 복잡하다. 비재무 지표는 한 가지 규격을 전체에 적용 수 없는 데다가, 재무 성과는 산업 특성과 조직 규모를 비롯한 여타 요인이 좌우하기 때문이다. 연구도 이 점을 뒷받침한다. 따라서 조직과 연관성 있는 주요 지표 몇 가지를 찾은 다음, 주요 재무 지표와 어떤 관계가 있는지 조사하고, 관찰하고, 학습하고, 필요하다면 반복해야 한다.

하지만 근본 원칙은 명백하다. 어떻게 재무 성과를 올릴지를 이해하고 싶다면, 직원과 브랜드 지표를 먼저 신중하게 선별해서 거기에 노력을 집중해야 한다. 이들 지표를 개선하면 재무 지표도 좋아질 것이다. 반대로 직원이나 브랜드 지표가 하락한다고 해도, 이들 지표에는 '시차 효과'가 적용되므로 재무 성과가 악영향을 받기 전에 상황을 수정할 시간이 있다. 문제는 시장에 맞춰서 직원 및 브랜드를 움직일 핵심 지렛대를 찾는 것인데, 여기에는 고위 간부가 구축한 견문과 외부 조언이 개입할 수 있다.

결론
이 장에서는 전체론적 접근법을 채택하여 브랜드 경험을 측정하길 추천한다. 여기에는 직원, 브랜드, 재무 성과 지표를 구하는 일이 수반된다. 직원 및 브랜드 지표는 재무 성과를 좌우하며 필요하다면 재무 성과가 나빠지기 전에 행동을 바로잡을 기회를 열어준다. 또 브랜드 경험을 구축하기 전과 미리 정한 주기별로 균형 잡힌 기준 측정치를 구하는 일 역시 브랜드 경험을 측정하는 전체론적 접근법의 일환이라고 주장했다. 이렇게 하면 브랜드 경험이 전달하는 가치를 분명한 말로 보여주는 데 도움이 될 것이다.

20

브랜드 경험은
어떻게 과학적으로
측정하는가?

19장에서는 직원과 브랜드, 재무 지표를 이용해서 브랜드 경험 성과를 측정할 때 어떻게 전체론적인 접근법을 사용하는지를 간단하게 설명했다. 기준 측정치를 구한 뒤, 미리 정한 주기에 따라 다시 측정하는 것이 중요하다고도 조언했는데, 그렇게 해야 브랜드 경험이 전달하는 가치를 입증할 수 있기 때문이다.

이 장에서는 어떻게 하면 더 과학적인 접근법을 채택함으로써 다음과 같은 요인들을 통해 브랜드 경험 성과를 측정할 수 있는지에 대해 실용적인 조언을 제공한다.

- 구성개념construct
- 차원

- 측정 도구
- 지수

　브랜드 경험을 측정하기 위해 과학적으로 접근하는 일은 이 사회도 잘 수용하는 경향이 있다. 이렇게 하면 접근법을 채택하고 차후에 브랜드 경험을 구축하는 결정을 내릴 때 신용과 신뢰를 얻는다.

구성개념과 차원, 측정 도구, 지수 이해하기

구성개념이란 정신적인 관념으로 여러분은 이 관념을 더 구체적이고 접근하기 쉽게 만들길 바랄 것이다. 브랜드 자산은 구성개념의 한 예다. 각 구성개념은 차원들로 이루어진다. 예를 들어 브랜드 자산을 이루는 차원 중 하나로는 상대 만족도가 있을 수 있다. 측정 도구는 각 차원과 관련한 질문이다. 상대 만족도와 관련해서는 이런 측정 도구가 있을 것이다. '여러분이 이용해 본 다른 호텔과 비교해서 저희 서비스에 얼마나 만족하십니까?' 대답을 수량화하려면 예컨대 1=매우 만족, 7=매우 불만족 같은 평가 척도로 답해달라고 부탁하면 된다. 지수는 측정 도구 점수(차원 지수)나 차원 점수(구성개념 지수)를 합산하거나 평균을 내서 만든 점수다. 예를 들어 다양한 브랜드 경험 양상에 상대적으로 얼마나 만족하는지 알아보고자 이해 관계자한테 세 가지 질문을 했다면, 차원 지수는 평가 척도에 표시한 전체 점수를 합산하거나 평균을 낸 값일 것이다.(보통 평균을 내지만, 표준 편차를 봤을 때 응답이 크게 발산한다면 중앙값이 더 나은 지표다.)

그림 20.1은 구성개념, 차원, 측정 도구 사이의 관계를 시각화한 것이다.

그림 20.1 구성개념, 차원, 측정 도구 시각화: 실용적 사례

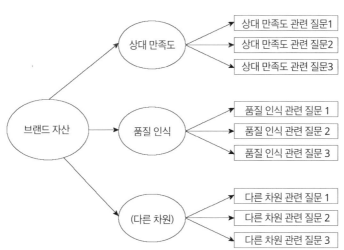

브랜드 자산은 구성개념, 상대 만족도와 품질 인식은(브랜드 자산의) 차원, 질문은 각 차원에 사용하는 측정 도구다.

나는 호텔업계 클라이언트의 사례를 들어서 '구성개념', '차원', '측정 도구', '지수'를 실용적인 말로 설명하려 한다.

- 우리는 클라이언트시가 브랜드 자신과 직원 자산(구성개념)을 측정하길 바랐다.
- 브랜드 자산에서 우리의 고객이 측정하고자 했던 차원으로는 상대 만족도, 품질 인식, 지지도, 연관성 등이 있다.
- 브랜드 자산에서 상대 만족도 같은 차원을 측정하고자, 우리는 온라인 설문 조사를 통해 다양한 질문(측정 도구)을 던졌다. 그림 20.2에서는 상대 만족도(차원)와 관련한 질문(측정 도구) 몇 가지를 사례로 보여주는데, 우리가 식음료 및 직원에 관해 물었던 것들이다.
- 상대 만족도 지수를 도출하기 위해 우리는 전체 상대 만족도 측정값을 평균 냈다. 품질 인식, 지지도, 연관성 등도 마찬가지로 계산해서 차원 지수를 얻었다. 그다음에는 차원 지수를 평균 내서 브랜드 자산 지수(구성개념 지수)를 도출했다. 이렇게 차원과 구성개념으로 도출한 '숫자'는 나중에 데이터 분석에서 사용할 수 있다.
- 그리고 나서 직원 자산으로도 마찬가지 과정을 거쳤는데, 직원 홍보, 직원 참여, 복지라는 차원을 이용해서 각각 구성개념과 차원에 해당하는 '숫자'를 도출했다.

그림 20.2 상태 만족도 측정(호텔 부문)

고객 의견

저희 음식과 음료에 관해 여러분 의견을 듣고자 합니다.

1. 내가 이용해본 다른 호텔과 비교했을 때 나는 다음에 매우 만족했다(모든 질문에 답해주십시오).

	절대 그렇다	매우 그렇다	그렇다	보통이다	그렇지 않다	매우 그렇지 않다	절대 그렇지 않다	모르겠다/해당 없음
음식 맛	○	○	○	○	○	○	○	○
음식 신선도	○	○	○	○	○	○	○	○
음식 다양성	○	○	○	○	○	○	○	○
음료 품질	○	○	○	○	○	○	○	○
음료 맛	○	○	○	○	○	○	○	○
접시 청결 상태	○	○	○	○	○	○	○	○
유리그릇 청결 상태	○	○	○	○	○	○	○	○
날붙이류 청결 상태	○	○	○	○	○	○	○	○
냅킨 품질	○	○	○	○	○	○	○	○

고객 의견

저희 직원에 관해 여러분 의견을 듣고자 합니다.

2. 내가 이용해본 다른 호텔과 비교했을 때 나는 다음에 매우 만족했다(모든 질문에 답해주십시오).

	절대 그렇다	매우 그렇다	그렇다	보통이다	그렇지 않다	매우 그렇지 않다	절대 그렇지 않다	모르겠다/해당 없음
직원의 정중함	○	○	○	○	○	○	○	○
직원의 즉각 대응	○	○	○	○	○	○	○	○
직원 모습	○	○	○	○	○	○	○	○
직원의 지식 (음식/음료 관련)	○	○	○	○	○	○	○	○

브랜드 경험 디자인 바이블

구성 관념, 차원, 측정 도구, 지수에 관해 이해하면, 추상적인 개념을 더 구체적으로 측정하는 데 도움이 될 것이다. 브랜드 경험 방정식에서 나타나는 양면, 즉 투입과 산출을 분석하는 데도 도움이 될 것이다. 우리는 이 접근법을 택해서 호텔 부문 클라이언트가 다음의 사항들을 포함한 질문에 답하도록 도왔다.

- 브랜드 자산이나 직원 자산이 매출에 더 큰 영향을 미치나?
- 상대 만족도나 품질 인식, 지지도, 연관성이 매출에 더 영향을 미치나?
- 상대 만족도나 품질 인식, 지지도, 연관성이 브랜드 자산에 더 큰 영향을 미치나?
- 직원 홍보나 참여, 복지가 이윤에 더 큰 영향을 미치나?
- 직원 홍보나 참여, 복지가 직원 자산을 좌우하는가?

더 자세한 수준에서 과학적 측정법을 채택했더니, 클라이언트가 더 정교한 인과 관계를 이해하는 데도 도움이 되었다. 덕분에 클라이언트사는 바람직한 순서대로 사건을 유발하는 활동에 노력을 집중할 수 있었다. 예를 들어, 우리는 클라이언트가 다음의 사항들을 포함한 질문에 답하도록 도왔다.

- 직원 자산과 브랜드 자산이 모두 총수익을 좌우한다면, 어

디에 먼저 집중해야 하는가?

- 상대 만족도와 품질 인식이 모두 총수익을 좌우한다면, 무엇이 우선인가?

그다음에 우리는 이 데이터를 통계 모형에 포함해서 차원이나 구성개념에 해당하는 점수가 올라가면 수익이나 이윤과 같은 재무 지표가 어떻게 바뀌는지 클라이언트가 예측하도록 도왔다.

과학적인 측정 방법의 실현 가능성

브랜드 경험을 더 과학적인 방법으로 측정하기 시작하려 한다면, 『브랜드 경영 척도 안내서The Handbook of Brand Management Scales』를 추천한다. 이 책에는 '심리측정 속성psychometric properties'에 따라 검증하여 발표한 척도가 있다. 따라서 이들 척도는 측정하기로 의도한 대상을 측정하고(유효하다), 일관되고(믿을만하다), 적당히 간결해서 실용적으로 사용하기 좋다(비용을 아낄 수 있다). 여러분은 『마케팅 척도 안내서The Handbook of Marketing Scales』을 살펴보거나 구글 학술검색에서 동료 심사를 마친 학술논문을 검색하길 원할 수도 있다. 브라커스Brakus가 발표한 브랜드 경험 척도를 보면 브랜드 경험을 어떻게 측정해야 할지 감이 잡힐 것이다.

실무자 집단에서 학술논문을 두고, 그 글이 접근하기 어렵고 연관성이 제한적이라고 비판할 때도 있지만, 이런 비판 때문에 단념하지 말자. 과학적 엄밀함과 탄탄함을 향상하기 위해 사용한 통계기법과 동료 심사 과정은 귀중하다. 척도에 관해 궁금한 점이 있다면 저자에게 연락하자. 저자는 자기 연구에 관심을 표현하는 사람한테 기꺼이 대답을 주는 경향이 있다.

어떤 측정 도구는 여러분 업계에 맞게 말을 수정해야 할 수도 있다. 예를 들어, 여러분은 회계사 사무실에서 근무하지만, 호텔업계에서 개발한 척도밖에 찾을 수 없다고 하자. 그러면 충성도 관련 측정 도구를 '나는 이 호텔을 추천할 것이다'에서 '나는 이 회계사 사무실을 추천할 것이다'로 바꿀 수 있다. 척도 측정 순수 주의자들은 새 척도를 개발하고 심리측정 속성을 확립해야 한다고 주장할 테지만, 상업적 실용성이라는 이름 아래서는 이런 접근법이면 충분할 것이다.

무엇을 측정하든 작은 것에서 시작해서, 평가한 다음, 더 정교한 접근법을 개발하자. 이렇게 하려면 직원과 브랜드, 재무 측정 도구를 몇 가지 이용해서 데이터를 채집한 다음 시간이 흐르면서 발달하는 관계를 분석하는 일도 해야 할 것이다. 다루기에 버겁고 실용적인 통찰도 제한적으로 전달하는 측정 도구를 획득하느라 시간을 쓰기보다는 더 집중적인 접근법을 채택하는 편이 낫다. 팀 앰블러Tim Ambler 교수가 마케팅 리더십 연구 위원회Marketing Leadership Research Council와 함께 진행한 연구에서는 측정 도구를 8~10개 제안한다. 좋은 조언이긴 하지만 궁극적으로는 예산과 현실성, 더 넓은 전략적 우선순위에 따라서 측정 도구를 만들어야 한다.

훌륭한 브랜드를 구축했던 관점(3장 참고)과 마찬가지로, 재무부나 인사부를 비롯한 여타 부서에서 브랜드 경험을 구축하는 데 중요한 역할을 맡은 핵심 동료를 초대해서 여러분이 획득하고 싶은 브랜드 경험 지표와 분석하고 싶은 관계를 논의한다면 바람직할 것이다. 동료한테서 동의를 구하는 일은 측정 도구를 얻는 일보다 더는 아니더라도 마찬가지로 중요하다.

결론

이 장에서는 브랜드 경험을 어떻게 과학적으로 측정하기 시작할 수 있을지에 대해 현실적으로 지침을 제공했다. 여기서 소개한 아이디어와 기법은 상당히 학술적이고 추상적이긴 하지만, 통찰을 유발함으로써 정말로 실용적인 가치를 전달할 가능성이 있다. '측정 도구'를 획득해서 '지수', '구성 관념', '차원'을 브랜드 경험 분석에 집어넣을 방법을 이해한다면, 보기 드물고 이사회에서 인정받는 수준까지 분석을 정교하게 향상할 것이다. 그러면 여러분은 주변 사람한테서 신뢰와 신용을 얻을 것이다.

21

맺음말: 브랜드 연관성을 유지하는 수단으로써 브랜드 경험 구축하기

세계에서 가장 영민한 지도자와 관리자, 경영자는 브랜드 경험을 구축할 때 브랜드 연관성을 유지할 수 있는 매력적인 길이 생긴다는 사실을 인식한다. 하지만 많은 사람이 해결하려고 분투하는 문제는, 브랜드 경험을 구축하는 노력을 어디서 시작하고 어떻게 구축해야 하는가다.

요약하자면, 브랜드 경험 청사진은 3단계짜리 과정을 통해 이 문제를 해결한다.

1. **브랜드 경험 환경**(1부)은 브랜드 경험의 핵심 요소를 개발하고 정의하는 동안 신경 써야 하는 맥락을 구성한다. 네 가지 요소를 아우르는데, 다음과 같다. 이해관계자 이해하기, 관점 미세 조정하기, 전달 기법 고려하기, 브

랜드 경험을 구축할 때 데이터 중심 접근법 채택하기.

2. **브랜드 경험의 핵심 요소**(2부)는 형체가 없는 브랜드 자산으로, 여러분이 구축하는 브랜드 경험을 형성한다. 브랜드 가치, 브랜드 에센스, 브랜드 약속, 브랜드 포지셔닝, 브랜드 개성.

3. **브랜드 경험 조력자**(3부)는 실용적이면서 실체가 있는 세 가지 방식을 이용해 브랜드 경험의 핵심 요소에 생기를 불어넣을 때 사용할 수 있는 도구다. 직원 행동, 커뮤니케이션, 디자인.

브랜드 경험이 조직에 전달하는 가치를 보여주려면, 전체론적이고 과학적으로 측정하길 권한다(4부). 여기에는 이 책에서 제안하는 도구와 기법을 활용하기 전에 직원과 브랜드, 재무에 관한 기본 측정치를 구하는 일이 수반된다. 그다음에는 미리 정해놓은 주기별로 이 작업을 반복함으로써 무엇이 효과가 있는지 알아본다. 이 접근법을 채택하면 브랜드 경험을 측정하는 활동에 엄밀함과 탄탄함을 더할 수 있고, 브랜드 경험 경영안이 이사회에서 더 큰 신뢰를 얻으면서 영향력을 발휘할 것이다. 언제라도 좋은 일이다.

나는 브랜드 경험 청사진을 참고하면서, 어떻게 하면 브랜드 경험을 통해 브랜드가 연관성을 유지할 수 있는지에 대해 실용적인 지침을 제공했다. 나는 이 청사진을 전 세계에 있는 클라이언트들과 함께 사용했다. 여러분도 그 기업들처럼 이 청사진을 유용하게 사용하기 바란다. 성공을 빈다.

그림 21.1 브랜드 경험 청사진: 실용적 관리 툴

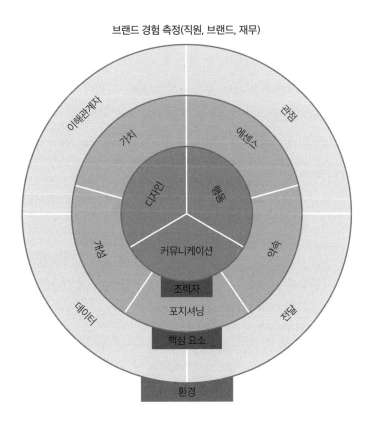

브랜드 경험 측정(직원, 브랜드, 재무)

이해관계자

관점

가치

에센스

디자인

약속

커뮤니케이션

개성

집중

조력자

포지셔닝

핵심 요소

데이터

전달

환경

브랜드 목적: 주의 사항

목적이 있는 브랜드라는 발상은 많은 브랜딩 집단에서 인기를 얻고 있다. 브랜드 목적은 브랜드가 왜 존재하는가를 고려한다. 파타고니아와 탐스 슈즈는 그 목적이 사회적 책임과 윤리적 규범에 근거를 둔 브랜드로 자주 언급된다. 네덜란드 트리오도스 은행Triodos Bank은 목적이 강력하다. 이 은행은 사회와 환경에 긍정적인 영향을 미치는 활동에만 투자한다. 목적은 사회적으로 좋은 일에만 국한되지 않는다. 프리미어 인Premier Inn은 목적이 '숙면을 통해 손님을 기분 좋게 만드는 것'이다. KPMG는 '지식을 가치로 전환하는 것'이고, 바클레이는 '사람들이 옳은 방법으로 포부를 실현하도록 돕는 것'이다.

이들 브랜드 외에도 '목적 중심' 브랜드에서는 제품과 서비스, 전달하는 경험을 두고 목적을 이루기 위한 수단으로 여기는데, 이런 요소는 이론상 브랜드 목적을 표현하기 때문이다.

사람들은 브랜드 목적이 주는 혜택을 강조했지만, 나는 우려가 되는 것이 브랜드 목적은 불필요한 용어를 도입할 수 있으며, 이미 다른 브랜드 경험의 핵심 요소로도 설명할 수 있기 때문이다. 일부 브랜드 해설자와 경영진은 채용과 전략, 넓은 범위에서 이루어지는 운영 및 전략상 사업 계획을 브랜드 목적이 어떻게 안내해야 하는지 간단히 설명한다. 여러분이 브랜드 가치를 정의했고 조직에 그 가치를 제대로 새겼다면, 가치도 이런 일을 하지 않겠는가? 다음에 브랜드의 맥락에서

'목적'이라는 단어를 보거든, '가치'로 바꾸려고 노력하길 권하는데, 내 생각에는 그것으로 충분할 것이다. 예를 들어 '우리는 브랜드 목적을 따른다'는 '우리는 브랜드 가치를 따른다'로, '우리는 브랜드 목적에 맞는 사람을 채용한다'는 '우리는 브랜드 가치에 맞는 사람을 채용한다'로 말이다.

힘든 결정을 내리거나 어려운 상황에서 회복해야 할 때는 종종 목적을 기준점으로 삼는다. 이런 일을 해야 할 때 가치에 기댈 수도 있지 않을까? 그리고 역경에 처했을 때 어떻게 반응할지는 개성이 정하는 것 아닐까?

브랜드 에센스는 브랜드가 무엇을 대표하는지와 깊은 관계가 있다. 브랜드 에센스를 더 견고하게 만들려면 '브랜드가 무엇에 관한 것'인지의 측면에서 고려하는 것이 유용하다(9장 참고). KPMG의 목적이 '지식을 가치로 변환하는 것'이라면, 브랜드가 대표하는 것이 이것이라거나 브랜드가 여기에 관한 것이라고 할 수 있지 않나? 위에서 간단히 다뤘던 여타 브랜드 에센스 관련 사례에도 마찬가지의 이야기를 적용할 수 있다. 또 흥미로워 보이는 점은 어떻게 일부 마케팅 해설자가 브랜드 목적이 브랜드 포지셔닝으로, 즉 그 자체가 브랜드 에센스와 밀접하게 관련 있는 것으로 변하리라고 생각하는가이다.

브랜드 목적을 이런 식으로 고려해보면, 목적이 꼭 필요하다는 느낌은 들지 않는다. 나는 이 주제에 관해 글을 많이 읽었고 내 관점에도 의문을 제기해봤지만, 내가 지적한 점으로 되돌아왔다. 대안이 있다면 브랜드 경험의 핵심 요소를 하나로 묶어서 목적 기술문을 작성하고 여기에 따라 브랜드 경험 조력자를 형성하는 것이다. 하지만 단순성과 단순화를 헷갈리지 말길 바란다. 브랜드 경험의 핵심 요소를 증류해서 브랜드 목적 기술문으로 만들어버리면, 브랜드가 연관성을 유지하는 데 도움을 줄 만큼 브랜드에 관해 넓고 깊게 생각하기가 어려울 것이다.

브랜드 임무와 미래상은 종종 헷갈리고 그보다 심각하게는 바꿔서 사용하기도 하는데, 이런 전략적인 주제까지 포함하여 논쟁을 넓히면, 브랜드 경험을 구축할 때 브랜드 목적이 주는 혜택은 점점 더 불분명해진다.

여러 브랜드는 수십 년 동안 이윤을 넘어서는 목적을 보유했다. 예를 들어 존슨 앤드 존슨의 유명한 '신조'는 브랜드 목적을 나타내는 사례다. 이 신조는 1943에 작성했다. 캐드버리Cadbury는 1842년에 영국 버밍엄의 부르느빌Bourneville에서 설립됐는데, 이 지역 공동체에 도덕적으로 강하게 헌신하는 데 그 뿌리를 내리고 있다. 조셉 라운트리Joseph Rowntree, 1836–1925는 독지가이자 사업가로 라운트리 제과 브랜드를 설립했으며, 사회 개혁 및 자선 활동을 벌였던 것으로 유명하다. 이런 사실은 조직이 목적을 따른다는 개념이 새롭지 않다는 점을 보여준다. 브랜딩 전문가들이 기업의 사회적 책임을 브랜드 목적이라고 다시 이름 붙인듯한 느낌을 지울 수 없다. 여기서 의문이 생기는데, 왜 이미 있는 것을 다시 발명했을까?

그래도 브랜드 목적이 중요하다고 생각한다면, 여기서 소개한 브랜드 경험의 다른 핵심 요소와 함께 그 목적을 브랜드 경험으로 통합해야 한다. 하지만 직원 행동과 커뮤니케이션, 디자인을 통해서 브랜드 경험의 핵심 요소에 생기를 불어넣을 때, 브랜드 목적을 브랜드 경험의 핵심 요소에 녹여냄으로써 특별하게 어떤 도움을 얻을 수 있는가에 대해서는 의심이 간다.

감사의 말

이 책을 쓰는 데 수많은 사람한테 도움을 받은 관계로, 감사를 표하고자 한다.

원고 초안을 검토해준 전문가로는 산드라 홀링스Sandra Horlings, 크리스티안 사라꼬Cristián Saracco 박사, 스티븐 웡커Stephen Wunker, 조지 크리스토도울리데스George Christodoulides 교수, 힐튼 바버Hilton Barbour, 벤자민 어우드Benjamin Erwood가 있다. 이분들이 보내준 지침과 헌신에 깊이 감사드린다.

클레어 크로닌은 서문을 집필해주었고, 무엇보다도 참신하고 명확한 태도로 협력해 주었다.

여러 지도자와 경영진, 고위 간부가 전문적인 통찰을 공유해주었다. 이분들이 바쁘다는 것을 알고 있으므로 시간을 내주어서 감사하고 참여해주어서 기쁘다.

추가로 조언해주고 도움을 주고 논리를 점검해준 분야별 전문가로는 에리히 요아힘스탈러Erich Joachimsthaler 박사, 리시타 존스Rishita Jones, 마크 브릴Mark Brill, 조나단 가베이Jonathan Gabay, 네보자 다브치크Nebojša Davc̆ik 박사, 로날드 H. 바톨르메Roland H. Bartholmé 박사, 아킬리아스 보키스Achilleas Boukis 박사, 타렉 코흐자Tarek Khojah, 소피 르 래Sophie Le Rae, 클라우디오 나카리Claudio Naccari, 카렌 응Karen Ng, 아흐메드 알-아므리 Ahmed Al-Aamri, 쟈오Jiyao Xun 박사, 수잔나 엔리코 간신Susanna Enrico Gansin, 마지막에 언급했지만 조금도 덜 중요하지 않은 리사 지Lisa Gee가 있다.

우리 회사를 찾는 클라이언트들은 우리를 믿고 수년 동안 다양한 프로젝트에 관한 조언을 들어주었다. 이 책에서 핵심을 차지하는 통찰과 일화는 우리가 구축한 경험에서 얻은 것이다.

출판사의 팀에도 감사를 전한다. 기획자인 제니퍼 볼리치 Jennifer Volich는 내 아이디어를 믿어주었다. 샬럿 오웬Charlotte Owen이라는 편집자는 내 원고를 헌신적으로 발전시켜 주었으며, 내가 골칫덩이처럼 굴 때도 인내해 주었다. 팀원 중에서도 특히 크리스 쿠드모어Chris Cudmore는 내 아이디어를 실현해 주었다.

데릭 다예Derrick Daye는 나를 코건 페이지 출판사에 소개해 주었지만, 여기에 대해 지금은 감사의 말을 하지 않으려 한다.

마지막으로 내 가족과 친구, 사랑하는 사람들이 있다. 딱 알맞은 시기에 이들이 보내줬던 격려와 위로는 그 무엇과도 바꿀 수 없다.

여러분의 건승을 기원한다.

브랜드 경험 디자인 바이블
가장 강력하고 지속적인 브랜딩 전략

초판 발행 2020년 1월 10일 | **1판 5쇄** 2024년 3월 25일
발행처 유엑스리뷰 | **발행인** 현호영 | **지은이** 대런 콜먼 | **옮긴이** 소슬기
주소 서울시 마포구 백범로 35, 서강대학교 곤자가홀 1층 | **팩스** 070.8224.4322 |
등록번호 제333-2015-000017호 | **이메일** uxreviewkorea@gmail.com

ISBN 979-11-88314-41-6

Building Brand Experiences
by Darren Coleman